Store Location Strategy for Luxury vs. Non-luxury

ラグジュアリーと非ラグジュアリーの
店舗立地戦略

理想の自分，現実の自分とブランドの関係

熊谷　健［著］
長沢伸也［監修］

文眞堂

監修者のことば

本書は，2019年3月に早稲田大学より博士（商学）を授与された著者，熊谷健氏の博士学位論文，「ブランド態度に対する店舗立地イメージと自己概念調和の影響：服飾品ブランドのラグジュアリー性水準に基づく店舗立地戦略の検討」を加除修正したもので，国内外の査読付学術誌に掲載された著者と監修者の共著論文を中心に構成されている。監修者はこれらの共著者であることに加え、著者の学位論文審査の主査を務めたことから本書の出版を企画した。

わが国の服飾品小売市場は長期にわたり縮小傾向にあり，価格競争が激化し，コモディティ化が深刻となっている。一方，有力ラグジュアリー企業の競争優位性は，わが国の服飾品市場においても際立っている。斯かる市場環境下，多くの服飾品企業は，程度の差こそあれ，ラグジュアリー企業のマーケティング戦略（すなわち，ラグジュアリー戦略）を参考としてブランドエクイティの向上を図っている。また，今日の服飾品業界では，服飾品企業が自ら小売店舗を運営し自社ブランドを販売する直営店モデルが主流である。当該モデルに基づく服飾品ビジネスでは，実務上，店舗立地イメージが重視されている。

本書は，このような動向を踏まえ，一般服飾品ブランドの店舗立地戦略におけるラグジュアリー戦略の有効性について論ずるものである。本書では，複数の実証研究を通じて，ラグジュアリー戦略において重視される店舗立地イメージによる服飾品ブランド態度形成インパクトと，ブランドのラグジュアリー性水準による当該インパクトの変化，並びに態度形成時の消費者心理が考察されている。これらの考察は，ラグジュアリー戦略研究，およびマーケティング論や消費者行動論における店舗と消費者行動に関する研究，並びに自己概念調和研究に関連している。

本書の主な特徴は次の通りである。

- 著者の実務家としての問題意識に基づき研究が構成されており，一連の実証研究を通じてブランドビジネスに関する戦略的示唆が示されている。

- ラグジュアリー性水準が異なる複数のブランドについて，店舗立地イメージの影響を同一のアプローチから論じている。
- 消費者に対する店舗立地イメージの影響だけでなく，その背景にある消費者心理メカニズムについて，自己概念調和理論を用いて考察している。
- 仮想的・仮説的フレームに基づく複数の実証研究から得られた示唆を，実在する企業の店舗開発事例を用いて検証している。

これらの特徴が表すように，ブランドビジネスにおける店舗立地戦略上の実務的課題について学術的視点から考察し学術的示唆を得ると共に，ブランドビジネスを営む企業に対して実務的・戦略的提言を示すことが本書の狙いである。したがって，本書はブランドビジネスに携わる実務家，経営幹部，並びにブランド戦略，マーケティング，消費者行動，消費者心理等の分野における研究者および学生を対象としている。

著者は，これまで，我が国を代表する総合商社，三菱商事㈱において，服飾品分野を中心にトレーディングや戦略投資，コンサルティング等を手掛けると共に，㈱ストライプインターナショナルやThom Browne Inc. 米国本社等，国内外の有力服飾品企業の取締役を務めている。また，服飾品ブランド事業に携わる第一人者として実績を重ねる一方，積極的に研究に取組み，服飾品マーケティング研究分野における国際的有力誌であるJournal of Global Fashion Marketing（Routledge）をはじめ国内外の査読付学術誌に多数の掲載実績がある。さらに，国内外の学術会議においても活発に研究を発表しており，複数の受賞実績がある等，一連の研究は学界で高く評価されている。

本書では，複数の実証研究を通じてブランド態度形成メカニズムを考察していることに加え，一連の研究結果について，実際の店舗開発事例に基づき，服飾品企業の店舗開発時における戦略的意図まで踏み込んで調査・検証されている。この研究手法は，服飾品企業経営に携わる著者の実務家としての知見やネットワークに基づくものであり，その独自性は高く，学界，およびブランドビジネスを営む様々な産業に対して大きく貢献するものであろう。

長沢伸也

はじめに

服飾品企業で店舗別損益をチェックすると，高級立地にある店舗の収益性がおしなべて低い。責任者に尋ねると，ブランドイメージ向上の効果を狙った店舗なので低収益でもやむを得ないという。「この店舗は本当にブランドイメージ向上に貢献しているのか？」「それは何とも……」。

著者は複数の服飾品企業で経営企画担当役員を務め，何度かこのような経験をした。そこで感じた素朴な疑問，――ラグジュアリーとかけ離れた低価格カジュアル衣料の店舗が高額家賃を必要とする高級立地に出店していると，消費者は本当にブランドを好ましく感じるのだろうか――。本書はこれをリサーチクエスチョンとして，ラグジュアリーブランドにとって望ましいとされる店舗立地の高級感や厳選性が一般のブランドにも効果的か考察するものである。

本書は10章で構成される。第1章～第2章では先行研究を概観し，消費者のブランド評価に対する店舗立地の高級感や厳選性の効果，およびブランドのラグジュアリー性水準に基づく当該効果の変化について考察する。第3章～第7章では，ブランド態度に対する店舗立地の高級感や厳選性の効果とラグジュアリー性水準に基づく当該効果の変化を分析すると共に，自己概念調和理論を用いて態度形成時の消費者心理メカニズムを考察する。第8章では，第7章までに仮想的・仮説的設定に基づき確認されたメカニズムを，服飾品企業の事例に基づき検証する。第9章では，第8章までに確認された店舗立地高級感の効果とラグジュアリー性，服飾品購買関与，およびブランドコミットメントの関係を分析し，当該効果の頑健性について考察する。第10章では，一連の実証研究を総括し，本書の実務的・学術的貢献，限界，並びに今後の研究課題を示す。

本書がブランドに関わる研究者や実務家の一助になることを期待したい。

熊谷　健

目　次

初出一覧

本書第2章〜第9章は以下の既発表論文を修正・加筆したものである。

第2章：熊谷健，長沢伸也（2018）「服飾品企業の店舗立地戦略に対するラグジュアリー戦略の適用可能性：ブランドエクイティにおける立地イメージ効果の考察」，『商品開発・管理研究』，14(2), 54-78.（査読付）

第3章：Kumagai, K. and Nagasawa, S. (2016a) The influence of social self-congruity on Japanese consumers' luxury and non-luxury apparel brand attitudes, *Luxury Research Journal, 1*(2), 128-149.（査読付）

第4章：Kumagai, K. and Nagasawa, S. (2017a) Consumers' perceptions of store location effect on the status of luxury, non-luxury, and unknown apparel brands, *Journal of Global Fashion Marketing, 8*(1), 21-39.（査読付）

第5章：Kumagai, K. and Nagasawa, S. (2019) Psychological switching mechanism of consumers' luxury and non-luxury brand attitude formation: The effect of store location prestige and self-congruity, *Heliyon, 5*(5), e01581.（査読付）

第6章：Kumagai, K. and Nagasawa, S. (2016b) The influence of perceived rarity and luxuriousness on consumers' brand attitudes: Observations in Japan, *Journal of Advanced Computational Intelligence and Intelligent Informatics, 20*(4), 504-511.（査読付）

第7章：Kumagai, K. and Nagasawa, S. (2017b) The effect of selective store location strategy and self-congruity on consumers' apparel brand attitudes toward luxury vs. non-luxury, *Journal of Global Fashion Marketing, 8*(4), 266-282.（査読付）

第8章：熊谷健，長沢伸也（2017）「服飾品ブランド態度に対する店舗立地イメージと自己概念調和の影響：ブランドのラグジュアリー性水準に基づく店舗開発戦略の検討」，『商品開発・管理研究』，14(1), 21-43.（査読付）

第9章：熊谷健（2018）「服飾品ブランド態度に対する店舗立地の高級感とラグジュアリー性の影響：服飾品購買関与とブランドコミットメントの効果に注目して」，『早稲田大学商学研究科紀要』，87, 93-114.（査読付）

第1章

序　論

1.1　研究の背景

我が国の人口は2010年前後から減少に転じており，高齢化が進んでいる（総務省, 2016）。また，多くの研究者や政府機関がライフスタイルや消費に関する価値観の多様化を指摘している（例えば, 経済産業省, 2017）。斯かる社会構造の変化を背景に我が国の家計における被服費支出は減少を続け（総務省, 2018），2006年に10.3兆円規模と推定された国内服飾品消費は2015年に9.4兆円まで縮小し，10年間で約1兆円の市場が消失した（図1-1）。市場が縮小する

図1-1　国内服飾品市場規模の推移

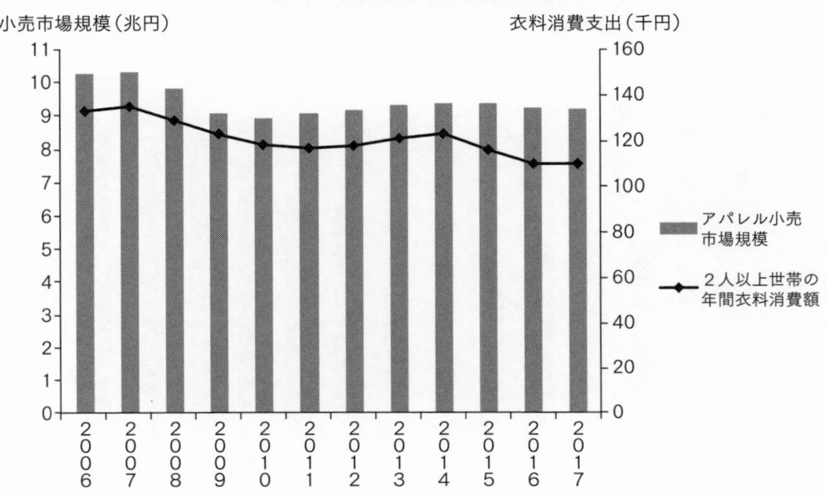

出所：総務省（2018），矢野経済研究所（2019）に基づく。

中で価格競争は激しさを増し，各社が相互にベンチマークを続けた結果，製品やマーケティング戦略の同質化が進み（杉原・染原, 2017），服飾品業界は「売上・収益の低下→コスト削減とリスク回避→商品陳腐化→消費意欲の減退→さらなる売上・収益の低下，という負のスパイラル」（寺村, 2016）に陥っている。他の産業の例に漏れず，服飾品業界においてもコモディティ化（恩蔵, 2007）が深刻となっているのである。

一方，ラグジュアリーブランドに注目すると，その市場は世界的に拡大を続けており（図1-2），2017年12月現在，ラグジュアリー製品・サービス企業80社で構成されるS&P Global Luxury Indexは過去10年における最高値圏で推移している（S&P Dow Jones, 2017）。国内市場においてもラグジュアリー消費は改めて拡大の局面にあり，Bain & Company（2016）は我が国ラグジュアリー市場の2010年～2016 年における平均成長率（CAGR）を4%，直近1年（2015年～2016年）のCAGRを10%と試算している。また，代表的なラグジュアリーブランド運営企業（以下，ラグジュアリー企業）は収益力が高く，3大コングロマリットといわれる（長沢, 2013）モエ・ヘネシー・ルイ・ヴィトン（以

図1-2　グローバル・ラグジュアリー市場規模の推移

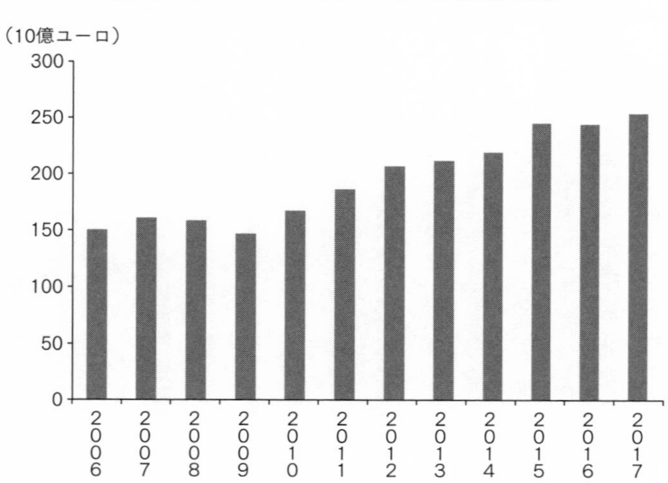

出所：D'Arpizio and Levato（2018）に基づく。

下，LVMH），ケリング，リシュモンの利益率は国内服飾品企業大手[1]と比べて高水準で推移している（図1-3）[2]。

2008年の金融危機以降，一次的な低迷はみられたものの，ラグジュアリー市場は世界的に拡大傾向が続いていることから，ラグジュアリーブランドは不況に対する耐性が強いとみられ，その特徴として収入減少局面でも消費を止めづらいという「ラチェット効果」（Kapferer and Bastien, 2012）や，不況に対する耐性を意味する「リセッションプルーフ」（Bellaiche et al., 2010）等の指摘がなされている。国内市場においても，服飾品消費が低迷する中で，ラグジュアリー消費は改めて拡大の兆しをみせていることから，有力なラグジュアリーブ

図1-3　ラグジュアリー企業と国内服飾品企業大手の利益率推移

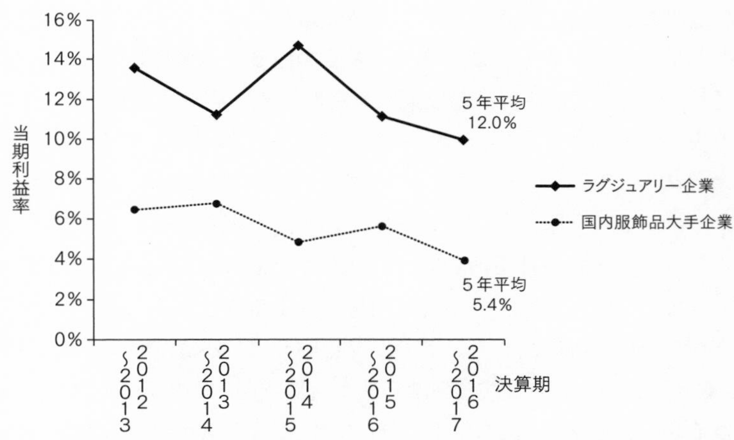

出所：3大ラグジュアリー・コングロマリット（LVMH，ケリング，リシュモン），および国内服飾品大手10社（脚注1参照）の直近5年の財務データに基づく（脚注2参照）。

1　東証一部（小売セグメント）に上場する服飾品企業売上上位10社（ユーレット，2017）（2016年上場で財務データが不足するバロックジャパンリミテッドを除く）（ファーストリテイリング，しまむら，良品計画，青山商事，アダストリア，AOKIホールディングス，ユナイテッドアローズ，パルグループホールディングス，コナカ，はるやまホールディングス）。

2　ラグジュアリー企業：LVMH，ケリングは2012年～2016年12月期，リシュモンは2013年～2017年3月期財務データに基づく。国内服飾品企業：ファーストリテイリング，コナカは2012年～2016年8月期または9月期，しまむら，良品計画，青山商事，アダストリア，AOKIホールディングス，ユナイテッドアローズ，パルグループホールディングス，はるやまホールディングスは2013年～2017年1月期，2月期，または3月期財務データに基づく。

ランドは高い競争優位性を構築しているとみられる。

ラグジュアリーブランドの動向に鑑み，コモディティ化に苦しむ一般服飾品企業は，程度の差こそあれ，ラグジュアリーブランドのマーケティング戦略（以下，ラグジュアリー戦略）を参考として，自社ブランドの価値向上に取り組んでいる[3]。ラグジュアリーブランドの持続的競争優位性に鑑みると，当該戦略によってブランドの格上げを図り，ブランドエクイティを向上させようとすることは，服飾品企業にとって自然な試みといえよう。

1.2　問題意識と本書の目的

今日の服飾品ビジネスでは，ブランドを保有し，ブランド名を付した製品を企画・製造する服飾品企業が，川下に事業領域を広げ，自ら小売を手掛ける垂直統合モデルが主流である。この場合，多くの服飾品企業では，自らのブランド名を冠し，当該ブランド製品の取扱いを専門とする店舗（以下，直営店）を運営する手法（以下，直営店モデル）が一般的である。例えば，ルイ・ヴィトンやエルメス等のラグジュアリーブランドや，ザラやH&M，ユニクロ等のマスマーケティングを行う服飾品ブランドは，いずれも直営店モデルを採用している。したがって，一般の日用消費財（FMCG: First Moving Consumer Goods）の様に，多数のブランドを扱う小売専門業者による流通を主力とするブランドとは異なり，今日の服飾品ブランドの多くはいわば「小売ブランド」と位置づけられ，製品イメージに加えて，店舗立地や店舗空間，販売サービス等，小売そのもののイメージを反映する（木下，2004）。実際に，著者が行った最近の消費者調査[4]でも，消費者が店舗立地の高級感や厳選性に基づき形成する服飾品ブランド店舗態度と，当該イメージに基づき形成するブランド態度には強いポジティブな相関が確認されている。企業がブランドを伝える手段として，店舗の重要性が以前にも増して高まっているのである（中野，2005）。

3　複数の大手服飾品企業経営幹部に対して2015年～2017年に実施したインタビューに基づく。

4　著者が，ルイ・ヴィトンとユニクロについて，首都圏（東京都，神奈川県，埼玉県，千葉県）在住の一般消費者を対象に実施したパーセプション調査（2017年7月28日；有効回答数312）では，店舗立地イメージに基づく服飾品店舗態度と服飾品ブランド態度に強い相関が確認された。

通常，服飾品の店舗開発においては，出店検討地域の市場規模や競合店の運営状況等の市場環境に基づき，店舗前通行人数，入店率，買上率，購入点数，販売単価の期待値が見積もられる。これらの積に基づく期待売上高と売上原価，店舗家賃，人件費，店舗光熱費等のアウトフローの差が，店舗が生み出す期待キャッシュフローとなる。一般的な営利企業の事業開発では，このような期待キャッシュフローに基づく事業の正味現在価値（NPV: Net Present Value）や内部収益率（IRR: Internal Rate of Return）に基づき意思決定が行われる（Brealey and Myers, 1988; 岩村，2013）。一方，直営店モデルを採用する服飾品企業の店舗開発に関する意思決定においては，期待キャッシュフローに基づくこれらの指標に加えて，店舗を設置する商業施設や商業地域（すなわち，店舗立地）のイメージが重視される点が特徴的である[5]。

製品の品質やデザイン，価格，ブランドストーリー等，ブランドそのものに関する中心的情報に対して，商業施設等，店舗立地に関する総合的な知覚（以下，店舗立地イメージ）はブランドの周辺的情報（青木他，2012）と位置づけられる。また，Kotler and Keller（2006）において，立地のイメージを生み出す「場所」は，ブランド連想の二次的源泉の1つに挙げられている（表1-1）。

表1-1　ブランド連想の二次的源泉の例

他のブランド：	提携，成分，企業，拡大
人々：	従業員，推奨者
物事：	イベント，コーズ（社会運動），第三者の推奨
場所：	カントリーオブオリジン，チャネル

出所：Kotler and Keller（2006）に基づき著者作成。

Keller (1998)による顧客ベースのブランドエクイティモデル（図1-4）の視点からみると，服飾品企業は，ブランド要素の選択やマーケティング・プログラム等に加えて，ブランドの周辺的情報（青木他，2012）と位置づけられる店舗立地イメージの心理的効果[6]を活用し，二次的ブランド連想（Keller, 1993）によ

5　脚注3を参照。

6　消費者行動に関するこれまでの研究において，製品等に対する消費者の知覚は買物環境に基づく心理的フレーミングによって変化することが報告されている（例えば，Tversky and Kahneman, 1981; 小嶋，1986）。

図1-4　顧客ベースのブランドエクイティモデル

手段と目的	知識効果	ベネフィット
ブランド要素の選択	ブランド認知	ブランドエクイティ効果
マーケティング・プログラムの開発	ブランド連想	
二次的な連想の活用		

出所：Keller (1998)，青木 (2011)。

るエクイティ向上を図っているとみることができよう[7]。

特に，ラグジュアリー戦略を参考とする服飾品企業では，ラグジュアリー戦略で重要とされ，「ラグジュアリー，象徴的，プレミアム，プレステージ，ステイタス，排他性，近寄りづらい」等の表現によって示される店舗立地の高級感や厳選イメージ（例えば，Kapferer and Bastien, 2012; Som and Blanckaert, 2015）が重視されるだろう。こうした企業では，ラグジュアリーブランドとのカテゴリー類似点連想（Keller, 1998）を構築し，格上のカテゴリーメンバーシップを獲得したいとの動機が強まるからである。

しかしながら，実際の服飾品ビジネスにおいて，店舗立地イメージの効果は定量分析が難しく，経営者の経験や肌感覚に基づいて見積もられるケースが多い。したがって，総合的なブランドエクイティに対する効果が不十分にも関わらず，高級立地に対する高額投資によって経営資源を浪費したり，ブランドの稀釈化を懸念するあまり出店を過度に絞り込み，利益機会を逸失したりする可能性がある[8]。また，先行研究で指摘されるように，ラグジュアリーブランドには「社会的地位のシグナル」，「快楽主義」（Vigneron and Johnson, 1999; Han et al., 2010）等といわれる特有の価値があり，ラグジュアリー戦略がラグジュアリーブランドの特性をコントロールしてブランドエクイティを維持・向上する

7　例えばユニクロでは，ラグジュアリーブランドと同様に高級立地を厳選して出店するケースがあり，直接的な店舗収益に加えて，ブランドイメージに対する店舗立地イメージの影響が生じているとみられる（長沢・菅波, 2012）。

8　脚注3を参照。

もの（寺崎, 2013）だとすれば，ラグジュアリー性水準が低位に留まりラグジュアリーとは特性が異なる一般のブランド（すなわち，非ラグジュアリーブランド）に対する，ラグジュアリー戦略に基づく店舗立地選定の有効性に疑問が生じる。さらに，ラグジュアリーブランド研究そのものも1990年代からようやく黎明期に入った（寺崎, 2013）に過ぎず，そのマーケティング戦略に関する研究蓄積自体，未だに十分とはいい難い。

一方，服飾品企業における店舗開発・運営コストは高額である。大手服飾品企業[9]において，店舗開発・運営の直接的コストである地代家賃は全売上高の1割を占めており，当期純利益の概ね2倍の水準で推移している（図1-5）[10]。

また，店舗運営に関わる人件費や店舗設備投資に関する原価償却費の損益に対する影響も大きい[11]。さらに，店舗に関する差入保証金の資金コストや契約期間中に退店する場合の違約金等を考慮すると，店舗開発の意思決定が服飾品企業の全社業績に与えるインパクトは甚大である。服飾品企業の損益構造の例

図1-5　大手服飾品企業の地代家賃と当期利益の売上比率推移

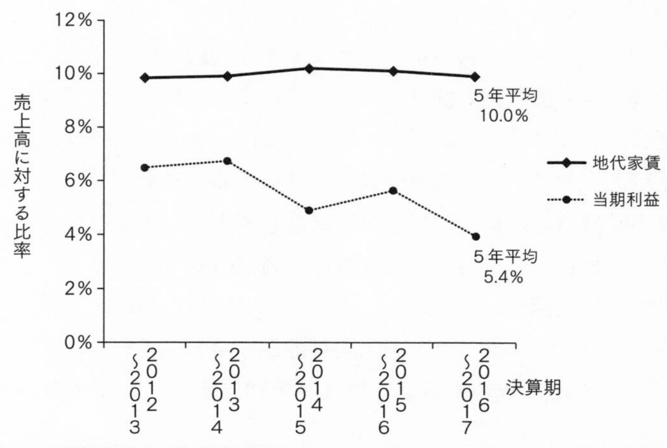

出所：国内服飾品大手10社（脚注1参照）の直近5年の財務データ（脚注2参照）に基づく。

9　脚注1を参照。

10　脚注2を参照。

11　直営店を多数運営する大手服飾品企業では，全社費用に占める間接部門経費の割合は小さくなり，地代家賃，人件費，減価償却費に占める店舗関連コストの割合が大きくなる。

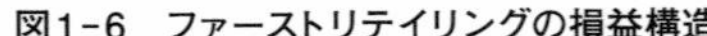

図1-6　ファーストリテイリングの損益構造

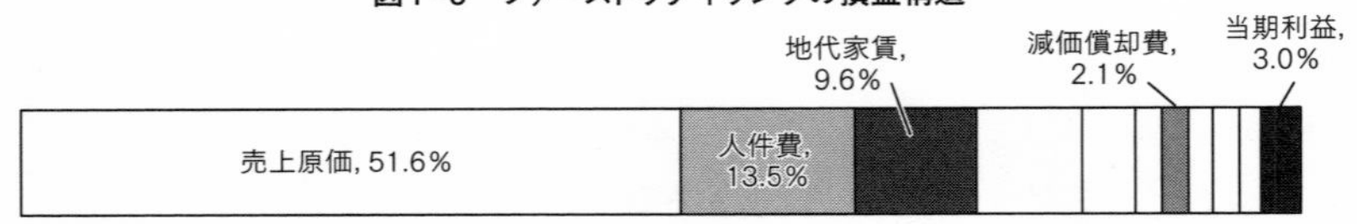

注：売上高を100%としたときの売上，費用，当期利益の割合（ファーストリテイリングの2016年８月期決算データに基づく）。売上高販管費率は43.4%である一方，店舗運営に関連の強い人件費，地代家賃，減価償却費の売上高に対する比率は25.2%となっており，販管費全体の過半を占めている。

として，我が国を代表する服飾品企業，ファーストリテイリングの2016年8月期における損益構造を示す（図1-6）。当期利益が売上高の3%に留まるのに対し，地代家賃，人件費，減価償却費は売上高の25%を占め，販管費の過半となっていることがみてとれる。

したがって，ラグジュアリー戦略を参考とする非ラグジュアリーブランド運営企業（以下，非ラグジュアリー企業）では，研究蓄積の不足により十分な戦略指針が得られず，経営者の経験や肌感覚によって店舗開発の意思決定が行われているとみられる一方，店舗開発・運営コストによる損益インパクトは甚大であることから，経営の不確実性が高められている恐れがある。

斯かる問題意識の下，本書では，ラグジュアリー戦略で重要性が指摘される店舗立地の高級感や選択的店舗立地イメージによる，消費者のブランド態度に対する影響について考察する。考察にあたっては，ブランドのラグジュアリー性水準に基づく立地イメージ効果の変化に注目する。合わせて，ブランド態度形成における消費者心理について，自己概念調和理論（Sirgy, 1982）を用いた分析を試みる（図1-7）。非ラグジュアリー服飾品企業の視点から，店舗立地イメージに基づく店舗開発戦略（以下，店舗立地戦略）におけるラグジュアリー戦略の適用とブランドエクイティ向上の可能性について考察し，ブランドのラグジュアリー性水準に基づく店舗立地戦略を検討することが本書の目的である。

今日，コモディティ化が深刻な国内市場において，服飾品企業各社が自社の管理下にあるブランド要素やマーケティング・プログラム等，中心的情報のマネジメントに注力することは当然であろう。しかし，服飾品ビジネスの同質化が懸念される今日，各社が凌ぎを削って取り組む中心的情報のマネジメントの

図1-7 本書における研究の概念図

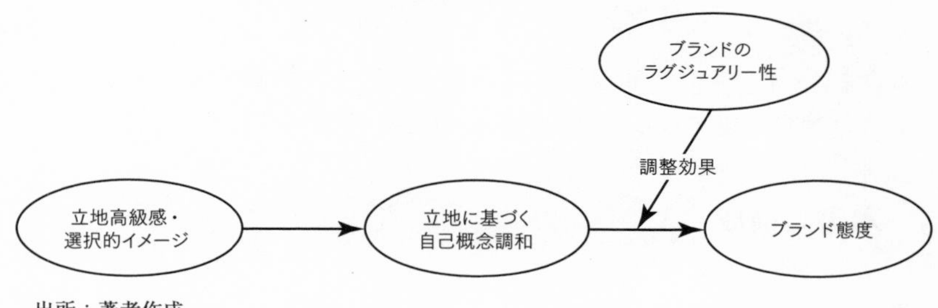

出所：著者作成。

みによる差別化には限界があると思われ，店舗立地イメージ等の周辺的情報に基づく二次的ブランド連想の重要性は増しているとみられる。したがって，服飾品企業経営において，消費者のブランド態度に対する店舗立地イメージの影響やブランドのラグジュアリー性水準に基づく影響の変化，さらに，その背景にある消費者心理を考察することは，経営者の経験や肌感覚に依存する店舗立地戦略の精度向上と，当該戦略に基づくブランドエクイティ向上に有用であると期待される。

また，従来のラグジュアリー戦略研究は，ラグジュアリーブランドに対する適用を前提とする議論が多く，非ラグジュアリーブランドに対する有効性に関する議論は限定的である[12]。加えて，ラグジュアリー戦略研究では，高級感や選択的イメージ等の店舗立地イメージがブランドエクイティに影響する重要なマーケティング要素として指摘されるのに対し，一般の店舗と消費者行動に関する研究では，主にFMCG等，ラグジュアリー性水準の低いブランド製品を取扱う店舗（以下，非ラグジュアリー店舗）を対象として，買物コスト低減に繋がる店舗立地の利便性等に焦点があたることが多い。したがって，これまでのラグジュアリー戦略研究と非ラグジュアリー店舗研究では，消費者行動に対する店舗立地の影響について，異なるアプローチから論じられてきたといえる。他

12 Kapferer and Bastien（2012）は非ラグジュアリーブランドに対するラグジュアリー戦略の適用可能性に言及しているが，幾つかの事例提示に留まっており，実証的な調査・分析は示されていない。また，Corbellini and Saviolo（2009）もラグジュアリーブランドとマスブランドの戦略を比較しているが，事例に基づくマーケティングミックスの整理に留まっている。

方，本書は，特定の店舗立地要素と消費者のブランド態度について，同一のアプローチに基づき，ラグジュアリーブランドと非ラグジュアリーブランドの比較考察を試みるものであり，従来のラグジュアリー戦略研究と一般のマーケティング研究を架橋するという点で学術的貢献が期待できる。

1.3　本書の構成

本書は10章で構成される。

第1章では，本書の背景として服飾品市場や服飾品企業の動向を提示した上で，本書における問題意識，目的，および本書の構成について述べる。

第2章では，これまでのラグジュアリー戦略研究，および店舗と消費者行動に関する研究をレビューし，消費者のブランド評価に影響する店舗立地イメージの効果について考察する。考察においては，ラグジュアリー性に基づくブランドの価値構成に注目し，ブランドのラグジュアリー性水準による店舗立地イメージ効果の変化について検討する。

第3章では，消費者のブランド評価形成に対するブランドのラグジュアリー性水準と社会心理の影響について考察する。ここでは，ラグジュアリーブランドを評価する場合と非ラグジュアリーブランドを評価する場合に社会心理的影響がどのように変化するか，自己概念調和理論を用いた分析手法を検討する。

第4章～第5章では，消費者のブランド評価に対する店舗立地高級感の影響について考察する。第4章では店舗立地ステイタスによる消費者のラグジュアリーブランド評価と非ラグジュアリーブランド評価の変化について考察する。第5章では店舗立地高級感によるブランド態度形成インパクトとブランドのラグジュアリー性水準に基づくインパクト変化を自己概念調和理論を用いて分析し，態度形成における消費者心理メカニズムを考察する。

第6章～第7章では，消費者のブランド評価に対する選択的店舗立地イメージの影響について考察する。第6章ではユーザー限定性による消費者のラグジュアリーブランド評価と非ラグジュアリーブランド評価の変化について考察する。第7章では選択的店舗立地イメージが消費者に知覚されるユーザー限定性に貢献することを確認した上で，選択的店舗立地イメージによるブランド態度形成インパクトとブランドのラグジュアリー性水準に基づくインパクト変化を，自己概念調和理論を用いて分析し，態度形成における消費者心理メカニズムを考察する。

第8章では，第7章までに仮想的・仮説的設定に基づき確認された消費者のブランド態度に対する店舗立地高級感および選択的店舗立地イメージの効果を，実際に東京都で行われた服飾品企業の店舗開発事例に基づいて検証する。合わせて，検証結果に基づき，当該企業の店舗立地戦略の妥当性を検討する。

第9章では，第8章までに確認された消費者のブランド態度，店舗立地高級感，およびブランドのラグジュアリー性水準の関係における，購買関与やブランドコミットメントの影響について分析する。分析を通じて，店舗立地高級感とラグジュアリー性水準によるブランド態度形成インパクトの頑健性について考察する。

第10章では，一連の実証研究の総括を行い，服飾品企業の店舗開発における立地選定に関し戦略的提言を行うと共に，本書の実務的・学術的貢献，限界，並びに今後の研究課題を示し本書を括る。

第2章

ブランド評価に対する店舗立地イメージの効果

2.1　はじめに

我が国の服飾品市場ではコモディティ化が進み，非ラグジュアリー服飾品ブランドが価格競争の激化と製品やマーケティング戦略の同質化に苦しむ一方，ラグジュアリーブランドは競争優位性を構築しているとみられ，その消費は改めて拡大局面にある。したがって，バリューイノベーション（Kim and Mauborgne, 1999, 2005）や経験価値マーケティング（Schmitt, 1999; Pine and Gilmore, 1999），破壊的イノベーション（Christensen, 1997, 2003）等の提案と同様に，ラグジュアリー戦略も脱コモディティ化戦略の1つとみることができるだろう。

斯かる状況に鑑み，非ラグジュアリー服飾品企業は，程度の差こそあれ，好業績を維持するラグジュアリーブランドのマーケティング戦略を参考としてブランドエクイティの向上に取り組んでいる。このような服飾品企業の店舗開発に注目すると，ラグジュアリー企業に追随し，ラグジュアリー戦略において重要なマーケティング要素とされる高級な商業施設や商業地域（すなわち，店舗立地）を厳選して店舗開発を行うケースがみられる[1]。

しかしながら，これまでのラグジュアリー戦略に関する研究の蓄積は十分とはいえない。また，服飾品ビジネスにおいて，実務上，ブランドエクイティに対する店舗立地イメージの影響を定量的に分析することは容易ではない。したがって，服飾品企業経営者は，科学的示唆が不足する中で，経験や肌感覚によって立地イメージ効果を見積もり店舗開発の意思決定を下している可能性がある。さらに，ラグジュアリー戦略が重視する立地高級感や選択的立地イメー

1　第1章脚注3を参照。

ジが特性の異なる非ラグジュアリーブランドにも効果的か判然としない。服飾品企業における店舗開発・運営コストの損益インパクトは甚大であることから，不適切な意思決定による服飾品企業経営の不確実性増大が懸念される。

斯かる問題意識の下，本章では，ブランドのラグジュアリー性を構成する価値要素に注目し，先行研究に基づきラグジュアリーブランドと非ラグジュアリーブランドの価値構成の違いについて考察する。また，本章では，これまでのラグジュアリー戦略研究，および一般の店舗やストアブランドと消費者行動に関する研究をレビューし，ラグジュアリーブランドおよび非ラグジュアリーブランドに関する消費者の好意的評価形成に寄与する店舗立地要素について考察する。これらの考察に基づき，ラグジュアリー戦略に基づく店舗立地要素が非ラグジュアリーブランドに対する消費者の評価にどのような影響をもたらすか検討する。

さらに，本章では，先行研究の考察を通じてこれまでのラグジュアリー研究と一般の店舗研究のリサーチ・ギャップを明らかにし，直営店モデルに基づく服飾品マーケティングに関する研究課題として整理する。

2.2　ブランドのラグジュアリー性を構成する要素

Kapferer and Bastien (2012) によれば，ラグジュアリーの起源は古代エジプトにおけるファラオの副葬品にみられるという。一般的に入手困難で貴重な副葬品はファラオの支配勢力を象徴する物品であり，社会的地位を示すものであった。その後，世界的な経済発展に伴いラグジュアリーは産業化し，社会階層の消失と共に徐々にその「民主化」(Kapferer and Bastien, 2012) が進んだ結果，今日では，限られた権力者だけでなく誰もが経済力に基づきアクセス可能なラグジュアリー市場が形成された。

ラグジュアリーの特性を典型的に示すのは，Veblen (1899) によって提示された顕示的消費の対象という見方だろう。顕示的消費とは社会的地位やプレステージ (名声，信望，威信，高級，一流)[2] を求めてそれを誇示するという社会的

2　プレステージ (prestige) はラテン語のpraestigium，praestigiaeを語源としており，名声，信望，威信，高級，一流等と邦訳される (研究社，2008)。

な動機によって促される消費者行動（金, 2009）であり，金銭的な力を示して高名を獲得したり維持したりする手段である（Veblen, 1899）。稀少性が高く，高額で，入手困難なラグジュアリーブランド製品を消費することは，その消費者の経済力や社会的地位の高さを他者に示すことに繋がる。「社会的目印」（Kapferer and Bastien, 2009），「社会的地位のシグナル」（Vigneron and Johnson, 1999; Han et al., 2010），「社会的声明（Social Statement）」（Kapferer and Bastien, 2012），「象徴の力」（Kapferer, 2015）等がラグジュアリーの特性としてしばしば指摘される所以である。今日の社会では，富を誇示することが他の人々の尊敬を獲得する効果的手段になっている（Mason, 1998）ことからみて，「民主化」が進んだラグジュアリーブランドは幅広い社会階層において関心の対象になると考えられる。先行研究における実際の消費者調査からも，社会的地位の向上に動機づけられた消費が収入や社会的地位と無相関であることが報告されている（Eastman et al., 1999）。

これまでのラグジュアリー研究では，ブランドのラグジュアリー性が複数の要素から構成されることが報告されている。これらの要素はラグジュアリーの特性を示すBLI（Brand Luxury Index）（Vigneron and Johnson, 2004）として論じられ，消費者調査を通じて「顕示性，象徴的価値，稀少性，高級感，高価格，社会的地位・プレステージ」等の要素が抽出されている（表2-1）。また，これまでに，BLIに関する知覚が大きいほど，ラグジュアリーブランドに対する消費者の評価は好意的になることが確認されている（熊谷・長沢, 2015）。顕示性や象徴性とは社会的声明であり，稀少性や高級感，高価格は入手困難なものを獲得する力を社会的に示す。また，社会的地位・プレステージは社会的な位置付けや評価そのものである。したがって，これらは，ブランド製品使用者の経済力や社会的地位の高さを他者に示すという点で，ラグジュアリーの社会的価値[3]を構成する要素だと捉えられる[4]。

3　本書におけるラグジュアリーブランドの社会的価値は，Sheth et al.（1991）による広義の社会的価値とは異なり，経済力や社会的地位の高さを社会的に示す価値を指す（例えば，Wiedmann et al., 2009）。したがって，例えば質素なライフスタイルを示す為に安価なブランドを身につける等の行動は当該消費者にとって社会的意味をもつが，社会的地位の高さ等を示すものではなく，本書における社会的価値とは意味が異なる。

4　Vigneron and Johnson（2004）によるBLI研究を参考とした。

表2-1　ラグジュアリー性を構成する要素（BLI）に関する主な先行研究

著者	年度	分析対象	抽出方法	ラグジュアリーブランドの要素（BLI）
Kapferer	1998	ラグジュアリー全般	消費者インタビュー	物品の美しさ，製品の卓越さ，魔力，独自性，伝承やノウハウ，創造性，製品の官能性，例外的な感じ，絶対に廃れないこと，国際的な評判，職人による生産，長い歴史，天才的なクリエイター，持っている人が少数派，購入者は殆どいない，流行の最先端
Vigneron and Johnson	1999	ラグジュアリー全般	先行研究の考察	顕示性，独自性，品質，自己拡大，快楽主義
Dubois, Laurent and Czellar	2001	ラグジュアリー全般	消費者インタビュー・質問票調査	顕示性，エリート主義，高価格，他人との差別性，稀少性，独自性，非大量生産，洗練した人，人となりを示す，喜ばせる，もっている人が殆どいない，喜び，審美性と官能性，人生を美しくする，伝統と個人的歴史，過分で非機能的，夢のある
Vigneron and Johnson	2004	ラグジュアリー全般	消費者・ブランド事業関係者インタビュー・質問票調査	顕示性，エリート主義，超高価格，富裕層向け，排他的な，貴重な，稀少な，独自の，手造りの，豪華な，最高品質，洗練された，優れた，一流の，パワフルな，価値の有る，成功した，申し分のない，魅惑的な，美しい
Wiedmann et al.	2009	ラグジュアリー全般	消費者・マーケティング研究者インタビュー・質問票調査	財務価値（価格），機能的価値（使用性，品質，独自性），個人的価値（自己アイデンティティ，快楽性，唯物的），社会的価値（顕示性，プレステージ性）
Heine and Phan	2011	ラグジュアリー全般	消費者インタビュー	（高）価格，（高）品質，審美性，稀少性，非凡性，象徴性
Kapferer and Vallete-Florence	2016	ラグジュアリー全般	消費者・ブランド事業関係者インタビュー・質問票調査	製品の卓越性，選択的流通，みんな（多くの人）の為ではない，現実的且つ独自の，エリート主義，魅惑的，流行的且つ創造的，階層と地位

一方，BLI研究では，社会的地位に関する側面と共に，ラグジュアリーに関する個人的な「快楽性」（Kapferer, 2012a）も指摘されており，「快楽主義，自己拡大」等の要素がBLIとして報告されている。さらに，「審美性，官能性」といった指摘は，ラグジュアリーブランド製品の感性的な品質が著しく高いことを示しており，ブランド製品の所有・使用から個人的に得られる快楽的価値を向上させていると考えられる。

同様の指摘は先行研究において「社会的要因（Interpersonal）と個人的要因（Personal）」（Vigneron and Johnson, 1999），「他人の為のラグジュアリーと自分の為のラグジュアリー」（Kapferer and Bastien, 2009），「社会的地位と快楽主義」（Kapferer, 2012a），「社会的側面と個人的側面」（Kapferer and Bastien,

2012),「社会的地位とブランド経験」(Luxury Institute, 2017) 等の記述によってなされており,「ラグジュアリーの二面性」(Kapferer and Bastien, 2012) と評される。これらの指摘を踏まえ，本章では，BLIに示される多属性に基づくラグジュアリー性を，ブランド製品使用者の経済力や社会的地位を使用者だけでなく他の消費者も認めることで成立する社会的価値と，ブランド製品を個人的に所有し使用することで得られる快楽的価値の2つの側面から捉え考察する。

また，ラグジュアリー研究では,「機能的便益よりもそれ以外の便益が大きい製品」(Nueno and Quelch, 1998),「機能ではなく他の付加価値からブランド価値が生まれるもの」(Dubois et al., 2001),「他の製品と比べて必要性や一般性を超えるもの」(Heine and Phan, 2011),「非機能的連想の比率が大きい」(Heine, 2012) 等の指摘もみられる。一方で，非ラグジュアリーブランドの主要価値は機能的価値だという指摘もある (Heine and Phan, 2011)。

これらの見方に基づくと，一般的なブランドにも情緒的便益や自己表現的便益等，様々な要素が含まれる (Aaker, D., 1996) ものの，その中核を成すのは機能性 (Heine and Phan, 2011) だとみることができる。さらに，これを一般的なブランド価値とすれば，ここにBLIが示す複数要素から成る，必要性や一般性を超える (Heine and Phan, 2011) 社会的価値や快楽的価値が加わると，機能的便益以外の付加価値 (Dubois et al., 2001) が大きくなり，ラグジュアリー性水準が向上すると考えられる。

以上から，ラグジュアリー性水準が高いブランドをラグジュアリーブラン

図2-1　ラグジュアリー性水準の視点に基づくブランドの価値構成

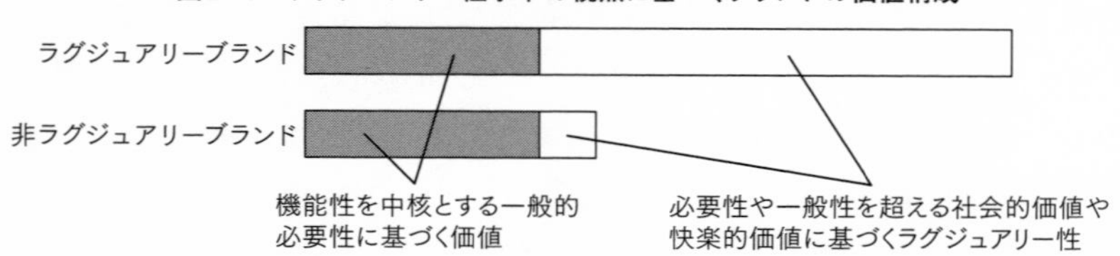

注：BLIによって示される複数要素から構成される，社会的価値や快楽的価値に基づくラグジュアリー性が高水準のブランドをラグジュアリー，低水準のブランドを非ラグジュアリーとして表記。
出所：著者作成。

ド，当該水準が低位に留まるブランドを非ラグジュアリーブランドとすると，ラグジュアリー性水準の視点に基づくブランドの価値構成は，図2-1のように示すことができるだろう。

このような価値構成を特徴とするラグジュアリーブランドには，Porter（1979, 1980）やBarney（1995, 2002）に代表される従来のマーケティング戦略が適用できないといわれ（Som and Pape, 2015），むしろ，先行研究では，FMCG 等に適用される通常の戦略とは逆のラグジュアリー戦略の特徴が指摘されている（長沢，2007; Kapferer and Bastien, 2009, 2012）。ラグジュアリー戦略を「Anti-laws of Marketing」と称し体系的に示したKapferer and Bastien（2012）によるラグジュアリー特有の戦略要素を表2-2に示す。

これまでのラグジュアリー戦略研究で注目されるのは「顧客第一主義ではなく顧客の需要に対抗すべきである」，「消費者が近寄りがたく買いづらいものに

表2-2 ラグジュアリー戦略の特徴

Anti-laws of marketing peculiar to luxury
1. Forget about ‘positioning’, luxury is not comparative
2. Does your product have enough flaws?
3. Do not pander to your customers’ wishes
4. Keep non-enthusiasts out
5. Do not respond to rising demand
6. Dominate the client
7. Make it difficult for clients to buy
8. Protect clients from non-clients, the big from the small
9. The role of advertising is not to sell
10. Communicate to those you are not targeting
11. The presumed price should always seem higher than the actual price
12. Luxury sets the price, price does not set luxury
13. Raise your prices as time goes on in order to increase demand
14. Keep raising the average price of the product range
15. Do not sell
16. Keep stars our of your advertising
17. Cultivate closeness to the arts for initiates
18. Do not relocate your factories
19. Do not hire consultants
20. Do not test
21. Do not look for consensus
22. Do not look after group synergies
23. Do not look for cost reduction
24. Just sell marginally on the internet

出所：Kapferer and Bastien（2012）（邦訳による意味合いの変化を避けるため英文表記とした）。

すべき」(Ward and Chiari, 2008; Kapferer and Bastien, 2009),「簡単には消費できない」(Heine, 2012),「顧客の希望に対応するべきでない」(Kapferer and Bastien, 2012) 等の反顧客主義ともいうべき指摘や,「芸術への接近」(Kapferer and Bastien, 2012),「威厳的で美術館のような店舗」(熊谷・長沢, 2015) 等の審美性や官能性に繋がる指摘である。一方で, 認知率が不十分ならば, ラグジュアリーブランド製品を使用していても他者はその価値に気づかず, 経済力や社会的地位の高さを他者に示すラグジュアリーとしての社会的価値は毀損されてしまうことから, マーケティング・コミュニケーションの対象は特定のターゲット層に絞るべきではなく, 幅広い消費者を対象にすべきとの指摘もある (Kapferer and Bastien, 2012)。入手困難性, すなわち, 稀少性や高級感, 高価格といったイメージを高めるのと同時に, 一般消費者の認知率を高めて憧れを喚起し, 顕示性や象徴性, 社会的地位・プレステージ, 製品の審美性や官能性等の価値を維持・向上すること, 換言すれば, ブランドの社会的価値や快楽的価値を維持・向上することこそがラグジュアリー戦略の目的と考えられるのである[5]。

ラグジュアリー戦略が社会的価値や快楽的価値の維持・向上を目指す戦略との見方に基づくと, これらの比率が小さい非ラグジュアリーに対する消費者のブランド評価に対し, 当該戦略の効果は小さくなる可能性がある。また, 一般的に, 消費者は社会的価値や快楽性の小さい非ラグジュアリーにはこれらの価値をあまり期待しないと考えられ, その場合, これらの価値の維持・向上を目指すラグジュアリー戦略は意味を成さない可能性がある。さらに, 反顧客主義ともいえるラグジュアリー戦略の特徴から, ラグジュアリー戦略は非ラグジュアリーブランドに関する消費者の評価に対してネガティブな影響を与え, ブランドエクイティを毀損する懸念すら生じる。

次項では, 本書が注目する消費者のブランド評価形成に対する店舗立地の影響について先行研究をレビューし, ブランドエクイティ向上に効果的な店舗立地要素を検討する。ラグジュアリーブランドおよび非ラグジュアリーブランド

5　Dubois and Paternault (1995) は, 米国における消費者調査を通じ, 認知率が高く購入率が低い (稀少性が高い) ほど, ラグジュアリーブランドに対する憧れが向上するという消費者心理を実証し,「稀少性の法則 (Rarity Principal)」として提案している。

に関する先行研究の比較を通じて，非ラグジュアリーブランドの店舗開発におけるラグジュアリー戦略の適用可能性を考察する。

2.3 消費者のブランド評価に対する店舗立地の影響

店舗の立地はブランドを取り巻く周辺的情報（青木他, 2012）であり，独自の連想を有することから二次的ブランド連想に繋がり，ブランドエクイティに影響すると考えられる（Keller, 1993）。店舗立地に関する連想が好ましいものであれば，消費者のマインド内でブランド知識と結びつくことで，より強く好ましいブランド連想の構築が期待される（Keller, 1993）。ブランドに対する消費者の好意的評価が形成されれば，ブランドエクイティは向上すると考えられる（Aaker, D., 1991）。消費者心理に関するフレーミング効果（Tverski and Kahneman, 1981）の観点からも店舗立地はブランドエクイティに影響すると考えられる。小嶋（1986）の報告によれば，高級イメージを伴う店舗で販売される商品の知覚価値は，廉価イメージが強い店舗の場合よりも高くなる。直営店モデルを採用し，単一ブランドを扱う店舗により製品流通を行う服飾品ブランドの場合，ブランドは小売立地や店舗空間，販売サービス等小売そのものを意味する（木下, 2004）ことから，店舗や店舗立地イメージはブランドイメージにも反映され，その知覚価値にも影響するだろう。知覚価値が増大し消費者がブランド（製品）の購入に追加的費用を支払うようになれば，ブランドエクイティ向上に繋がる（Kapferer, 2012a）と考えられる。

ラグジュアリー戦略に関する先行研究では，店舗立地の選定そのものがブランドのマーケティング戦略の一環であることを背景として，ブランド評価に対する店舗立地イメージの直接的影響について積極的に考察されている（例えば，長沢, 2007; Som and Blanckaert, 2015）。ここではこれらの研究をレビューし，ラグジュアリーブランドに対する消費者評価に貢献する店舗立地要素について考察する。

一方，非ラグジュアリーについては，直営店モデルであるか否かに関わらず，ブランド評価に対する店舗関連要素の直接的影響に関する考察は1990年代までほとんど行われておらず，これらの直接的関係について先行研究から得られる示唆は限定的である（Liljander et al., 2009）。近年，ようやく試みが始まった消費者のストアブランド評価に関する研究においても，複数の店舗関連要素についてブランド評価に対する影響が指摘されるものの，立地要素の効果に関する報告はほとんどみられない。さらに，非ラグジュアリー分野では，服飾品に関するブランドや店舗評価と店舗立地要素の関係を示す研究蓄積は乏しい。しかしながら，今日では，非ラグジュアリーブランドも含め，多くの服飾品ブランドは直営店モデルを採用しており，ブランドイメージは店舗や店舗立地イメージを反映するとみられる。最近の首都圏における服飾品ブランドに関する消費者調査においても，消費者の店舗評価とブランド評価の強い相関が確認された[6]。したがって，本章では，ブランド評価に対する店舗立地要素の直接的影響に関する研究が不足している非ラグジュアリーについては，服飾品以外の製品分野も含め，ブランド評価だけでなく店舗評価研究についても補完的にレビューする。

尚，ラグジュアリー，非ラグジュアリーを問わず多くの先行研究が店舗立地を複数の店舗・ブランド評価規定因の1つとみていることを踏まえ，以下に示す主要研究リストでは店舗立地以外の店舗関連要素もまとめて記載している。

2.3.1　ラグジュアリーブランド評価に影響する店舗立地要素

ラグジュアリー研究では消費者のブランド評価における店舗立地の重要性がしばしば強調される（例えば，Heine, 2011; Kapferer and Bastien, 2012; Som and Blanckaert, 2015）。Keller（2009）はラグジュアリーブランドのマネジメントにおける二次的ブランド連想の重要性を指摘し，流通管理の強化を提言している。流通チャネルは二次的ブランド連想の源泉であり（Kotler and Keller, 2006），今日，ラグジュアリー企業はブランドの名を冠した直営店によって流通管理を厳格に行っている（長沢, 2007）。表2-3はラグジュアリーブランドの評価形成に対する店舗の影響を指摘している主要な研究を示すものである。ラグジュアリー戦略に関する研究蓄積は豊富とはいえない（寺崎, 2013）ものの，表2-3から，消費者がラグジュアリーブランドを評価する上で影響を受ける店

6　第1章脚注4を参照。

表2-3 ラグジュアリーブランド評価に影響する店舗関連要素

著者	年度	店舗種類	取扱製品	目的変数	説明変数（店舗関連要因）	立地要素の効果
Hines and Bruce	2007	ラグジュアリーブランド店舗（旗艦店舗）	服飾品	ラグジュアリーブランド連想	立地，店舗の雰囲気	高級感（+）
長沢	2007	ラグジュアリーブランド店舗	服飾品	ブランド収益，ブランドイメージ	立地，店舗規模，店舗イベント	一等地（+）
Corbellini and Saviolo	2009	高級ブランド店舗，高級ブランド旗艦店舗	服飾品	ブランドイメージ	高級一等地	高級感，プレステージ（+）
Fionda and Moore	2009	ラグジュアリーブランド店舗	服飾品	ラグジュアリーブランド連想	グローバルでプレステージな流通，秀逸なサービス	（販売環境としての）プレステージ（+）
Dion and Arnould	2011	ラグジュアリーブランド店舗	服飾品	ブランドの正統性	芸術性及び芸術関連性，ディスプレイ，カリスマのオーラ，創業者の神話等	
Heine	2012	ラグジュアリーブランド店舗，ラグジュアリーブランド旗艦店舗	不特定	ブランドイメージ	立地，簡単に購入できないイメージ，ウェイティングリスト，店舗の雰囲気，高級なサービス，店員着装による演出，プレゼンテーション	厳選性，高級商業立地（+）
Kapferer and Bastien	2012	ラグジュアリーブランド店舗	不特定	ブランドエクイティ	立地，神秘的雰囲気，接客サービス，ショーケース・ウィンドウ，商品，価格，品揃え，旗艦店	高級感，厳選性，象徴性，認知性（+）
Ehbauer and Gresel	2013	ラグジュアリーブランド店舗	不特定	ブランドイメージ	サービス，排他性，建築，雰囲気，販売後のサービス，	
熊谷・長沢	2015	ラグジュアリーブランド店舗	不特定	ブランド評価（夢，憧れ）	威厳的で美術館のような店舗，直営・排他的チャネル	
Som and Blanckaert	2015	ラグジュアリーブランド店舗，ラグジュアリーブランド旗艦店舗	不特定	ブランドエクイティ	立地，排他性，近寄り難さ，顕示性，通行量，高級感，価格	高級感，厳選性，品質，感情的ご褒美，価格，社会的地位（立地から想起されるイメージとして）（+）
Kapferer and Valette-Florence	2016	ラグジュアリーブランド店舗，流通	不特定	ブランド願望	厳選性，少量流通，雰囲気	厳選性（+）

注：表中の符号は影響の正負を示す。

表2-4　非ラグジュアリーブランド評価に影響する店舗関連要素

著者	年度	店舗種類	取扱製品	目的変数	説明変数（店舗関連要因）	立地要素の効果
Collins-Dodd et al.	2003	ドラッグストア	不特定	ストアブランドイメージ	品揃え，品質，価格，価格に応じた価値，雰囲気，店舗全体に対する態度	
Liljander et al.	2009	百貨店	紳士シャツ	ストアブランド品質	雰囲気	
Beristain and Zorrilla	2011	ハイパーマーケット（大型スーパー）	食料品	ストアブランドエクイティ	マーケティングイメージ（利便性，品揃え，品質，サービス），社会的イメージ（環境意識，社会貢献コミットメント，誠実性，消費者の健康と幸福），戦略イメージ（経験，将来性，製品やサービスの新規性）	利便性（+）（但し，総合的利便性）
Wu et al.	2011	ドラッグストア	日用化粧品	プライベートブランドイメージ	品揃え，品質，価格，価格に応じた価値，雰囲気（分析の結果，ブランドイメージに対する有意性は確認されない）	
Diallo	2012	ハイパーマーケット（大型スーパー）	食料品	ストアブランドに対する知覚リスク，購買意向	店舗設備，レイアウト，販促品の見つけやすさ，品切れが無い，品質，品揃え，店員の知識，店員の気配り，店員の礼儀ただしさ	
Diallo et al.	2013	ハイパーマーケット（大型スーパー）	食料品	ストアブランドに対する購買意向	楽しさ，魅力的経験，品質，店員が親切	
Delgado-Ballester et al.	2013	スーパーマーケット	食料品，洗剤，化粧品等	ストアブランドに対する知覚リスク	楽しさ，品質，店員，価格，営業時間利便性，品揃え，全体的なサービス	
Diallo et al.	2015	ハイパーマーケット（大型スーパー）	食料品	ストアブランドに対する購買意向	店舗設備，レイアウト，販促品の見つけやすさ，品切れが無い，品質，品揃え，店員の知識，店員の気配り，店員の礼儀ただしさ	

注：表中の符号は影響の正負を示す。

舗立地要因として，立地の高級感や選択的イメージに関する指摘が多いことが確認できる。

2.3.2 非ラグジュアリーブランド評価に影響する店舗立地要素

1990年代までほとんど見られなかった（Liljander et al., 2009）一般ブランド評価に対する店舗関連要素の影響に関する研究は，2000年以降，ストアブランドの存在感の高まりに伴い徐々にみられるようになった。表2-4に非ラグジュアリー分野のブランド評価に対する店舗関連要素の影響に関する先行研究を示す。当該分野では店舗関連要素による影響について複数の報告がなされているものの，店舗立地を説明変数とする報告はほとんどなく，一部で買物コスト低減に結びつく利便性のブランド評価に対するポジティブな影響が報告されているのみである。また，非ラグジュアリー服飾品ブランド評価に対する店舗立地イメージの直接的影響に関する研究はみあたらない[7]。

2.3.3 非ラグジュアリー店舗評価に影響する店舗立地要素

非ラグジュアリーブランドの評価に対する店舗立地要素の直接的影響に関する研究が不足している一方，店舗と消費者の関係に関する研究は消費者行動研究の中でも最も古い研究領域の1つで（清水, 1996），消費者のストア・ロイヤルティ，ストア・パトロネージ，店舗態度等の形成要因については，1980年代を中心に多くの研究者が論じてきた。ロイヤルティやパトロネージは消費者の店舗に対する好意的評価に基づく消費者行動（清水, 1989）であり，態度は好意的（非好意的）評価（守口他, 2012）そのものであることから，これらの研究で確認された店舗関連要素は店舗に対する好意的評価に影響する要素とみなすことができるだろう。

Martineau（1958）によって概念が示された店舗イメージは消費者の店舗評価や買物行動に影響する（Blackwell et al., 2001）ことから，当該イメージの構成要素を店舗評価規定因として考察する研究の蓄積は厚い。中でも，Jones and

---

7 例えば，服飾品マーケティングに関する有力誌，Journal of Global Fashion Marketingにおいても，2010年の創刊から2016年まで，直営店モデルに基づく店舗立地イメージによるブランド評価形成インパクトに関する研究はみられない。

表2-5　非ラグジュアリー店舗評価に影響する店舗関連要素

著者	年度	店舗種類	取扱製品	目的変数	説明変数（店舗関連要因）	立地要素の効果
Huff	1962	不特定	不特定	来店確率	店舗規模，立地	店舗までの移動時間（−）
Stephenson	1969	専門店	食料品	ストアパトロネージ	広告，店舗造作（清潔性，商品の見つけやすさ等），立地，友人の影響，品揃え，店員，価格，品質	アクセスのし易さ（+）
Woodside	1973	飲食店	ファストフード	ストアパトロネージ	広告，立地，店員，品質と味，サービス	立地の良さ（+）
Kasulis and Lusch	1981	百貨店，ディスカウントストア，自動車用品・家電等7店舗	不特定	来店頻度，ニーズ適合度	価格，価格魅力度，店員の丁寧さ，店員のフレンドリーさ，店員数，商品の見つけやすさ，会計スピード，店内移動のしやすさ，立地，駐車場	立地利便性（+）
Meyer and Eagle	1982	専門店	食料品	店舗選好	価格，品揃え，立地	店舗までの移動時間の短さ（+）
Malhotora	1983	専門店	レコード	店舗選好	品揃え，サービス，価格，立地，設備	立地利便性（+）
Eagle	1984	専門店	食料品	店舗選好	品揃え，価格，立地	店までの距離の近さ（+）
野口	1987	専門店，百貨店・大型スーパー，一般商店・中小スーパー	不特定	店舗に対する総合評価	品揃え，価格，接客サービス，品質，広告宣伝，信用，雰囲気，立地，営業時間の長さ，駐車場，その他施設	立地利便性（+）
Jones and Simmons	1990	不特定	不特定	店舗売上	アクセス，近隣競合店，学校や会社が近い，人口密度，横断歩道，駅の近さ，店舗構造，新規分譲等立地特性，複数入り口，近隣人口，大きな交差点，近隣住居タイプ，近隣家族構成，交通量，駐車場，等（一部著者修正の上表記）	利便性（+），競合店舗の近さ（−）
Blackwell, Miniard, Engel	2001	不特定	不特定	店舗評価・選好	立地，品揃え，価格，広告と販促，ディスプレイ，顧客サービス，顧客の特徴，雰囲気	店舗までの距離と時間（−）
野口	2004	不特定	不特定	店舗イメージ評価	品揃え，価格，接客，品質，広告，信用，雰囲気，立地，営業時間，駐車場，その他施設	立地利便性（+）
Pan and Zinkhan	2006	不特定	不特定	ストアパトロネージ	駐車場，店員，サービス，価格，品質，雰囲気，支払スピード，品揃え，立地，営業時間，店舗のタイプ，店舗イメージ	立地利便性（+）
El-Adly	2007	ショッピングモール	不特定	モール魅力度	快適性，娯楽性，多様性，モールエッセンス（品質，価格等），利便性（立地含む），豪華さ	アクセスのしやすさ（+）
Chebat, Sirgy, Grzeskowiak	2010	ショッピングモール	不特定	ストアパトロネージ，店舗態度，クチコミ推奨意向	立地，雰囲気，価格と販促，カテゴリーの豊富さ，カテゴリー毎の品揃え	アクセスのしやすさ（+）
高橋	2014	専門店	食料品	リテール企業のブランドエクイティ，ストアロイヤルティ	品揃え，店舗施設，サービス・サポート，企業活動イメージ，店舗活動イメージ	利便性（+）

注：表中の符号は影響の正負を示す。

Simmons（1990）は店舗立地に焦点をあて，店舗評価に対して影響する立地特性を詳細に分析し，アクセスのしやすさ等，買物コスト低減に結びつく立地利便性の店舗売上に対する影響を指摘している。また，Pan and Zinkhan（2006）は80本以上の店舗研究から45本の実証研究を抽出・精査し，立地利便性がストア・パトロネージを規定する要因の１つである点を指摘している。

表2-5に消費者の店舗評価に関するこれまでの主な研究をまとめて示す[8]。店舗評価に関する論文数は膨大であることから，ここでは店舗立地を説明変数とする研究に絞り込み記載している。多くの店舗評価研究では，買物コスト低減の観点に基づく立地利便性を店舗評価規定因として挙げていることが確認できる。尚，ラグジュアリーと非ラグジュアリーの比較考察という本書の目的を踏まえ，主な取扱ブランドのラグジュアリー性水準が判別しづらい研究はリストから除外した。

2.4　考察

2.4.1　ラグジュアリーブランド評価に対する店舗立地イメージの効果

ラグジュアリー戦略研究に共通してみられるのは，立地の高級感や選択的イメージが消費者のブランド評価に繋がると強調されている点である。これらの研究では，多くのラグジュアリーブランドが直営店モデルを採用していることを背景として，ブランドと店舗が一体化して評価されるとの視点から考察が行われている。Kapferer and Bastien（2012）は，ラグジュアリーブランドの店舗はブランドの価格水準や社会的地位を示す為，象徴的で高級な通り（Luxury Street）に設置すべきであり，顧客でない一般の消費者にもブランドの社会的地位を示すと同時に，排他的流通により稀少性をマネジメントすべきだと指摘する。直営店による流通の場合，これは，厳選された立地に出店を絞り込むことによる稀少性演出ということになるだろう。他のラグジュアリー戦略研究においてもみられる同様の指摘（例えば，Catry, 2003; Kapferer, 2012b, 2015）

8　表2-5は清水（1989, 1996）のレビューを参考とし，80年代後半以降にJournal of Retailing等において発表された店舗評価研究を加え整理したもの。ただし，論文数が多いことから，ここでは立地要素を店舗評価規定因の１つとする研究に絞り込んで記載している。

は，換言すれば，店舗立地イメージによる二次的ブランド連想によってブランドの社会的価値や快楽的価値を向上させる戦略といえる。Som and Blanckaert（2015）では，ラグジュアリーマーケティングにおいては，ブランド自体はもとより，店舗立地についても社会的地位を連想させるものであるべきだという，より直接的な指摘がなされている。

非ラグジュアリーとの比較において，ラグジュアリーブランドは社会的価値が大きく，社会的地位を誇示するための顕示的消費（Veblen, 1899）の対象とみられる。したがって，消費者は，ラグジュアリーブランドに対し，自分だけでなく他の多くの一般消費者による認知と評価，すなわち，社会的認知・評価を求めると考えられる。また，ラグジュアリー戦略における経験価値の重要性（Kapferer and Bastien, 2012; Luxury Institute, 2017）に鑑みると，必要性や一般性を超えた「官能性や創造性」（Kapferer, 1998）等，快楽的価値を伴うラグジュアリーブランドに対し，消費者はブランドそのものだけでなく買物行動においても快楽性を期待するだろう。高級感が高く厳選されたイメージの立地にブランド店舗があれば，そのブランド製品を購入しようとする消費者だけでなく，その他の一般の消費者も，当該ブランドは高級で社会的地位が高く，且つ，どこでも買えるものではない（稀少性が高い），と感じるだろう。また，買物行動において消費者が個人的に感じる快楽性も，一般的な立地に比べて高まると考えられる。

以上から，直営店による販売形態を採用するラグジュアリー服飾品ブランドの場合，高級感や選択的イメージが高い立地で店舗を運営することで，ブランドに対する消費者の好意的評価が高まると考えられる[9]。また，その背景として，ラグジュアリー服飾品は社会的価値や快楽的価値が大きく，その価値を求める消費者にとっては，他の一般消費者からブランドが認識され社会的に評価されることや，消費者個人が快楽性を感じることが重要だと考えられるのである。

9　熊谷・長沢（2015）は，神田他（1995）を参考に複数のラグジュアリーブランドについて実証研究を行い，「威厳的で美術館のような店舗」や「直営・排他的チャネル」等のマーケティング要素が，BLI（Kapferer, 1998）に基づくラグジュアリー性水準を向上させ，その結果，ブランドに対する憧れを向上させていることを示唆している。

2.4.2 非ラグジュアリーブランド評価に対する店舗立地イメージの効果

非ラグジュアリー分野において，店舗立地要素の直接的影響に関する研究はほとんど確認できず，先行研究から店舗立地イメージのブランド評価形成インパクトに関する直接的示唆を得ることは難しいといわざるを得ない。

FMCGや低価格衣料等の非ラグジュアリーブランドは，伝統的に多数のブランドを扱う小売専業者を主力販路としてきた。また，店舗研究が盛んに行われた1980年代は，多ブランドを扱うGMS（General Merchandise Store）が全盛であった。ユニクロ等の製造小売（SPA: specialty store retailer of private label apparel）モデルが台頭したのは1990年代と比較的最近である。これらが，直営店モデルに基づく服飾品ブランドの評価と店舗立地要素の関係について先行研究が不足する要因だと推察される。

近年のストアブランド研究も，ナショナルブランドと共に陳列・販売されるFMCGを対象とするケースが多い。多店舗展開を行う小売企業が大量に流通する様々なブランドを取扱う状況を前提とすれば，店舗立地は小売企業の選択によるものであり，製品ブランドと立地の関係は消費者に知覚されづらいだろう。

しかし，今日，主流となっている直営店モデルを採用する服飾品ブランドの場合，店舗評価とブランド評価には強い相関があり[10]，店舗や店舗立地要素はブランドイメージに反映される（木下，2004）。また，多数のブランドを取扱う店舗において品揃えの一部を成すFMCGのストアブランドとは異なり，消費者は店舗立地をブランド戦略そのものとみなす可能性がある。さらに，当該モデルを採用する服飾品ブランドにとって，消費者の店舗選択はブランド選択そのものを意味する。したがって，直営店モデルを念頭におくと，店舗評価規定因としての立地要素は，ブランド評価にも影響すると考えられる。表2-5に示された多くの先行研究では，買物コスト低減に繋がる店舗立地の利便性の店舗評価に対するポジティブな影響が示唆されている[11]。

10　第1章脚注4を参照。

11　三坂（2011）による修正Huffモデルは，小売施設の評価を次の分数で示した：A/R（A＝小売施設魅力度，R＝小売施設に行く抵抗度）。抵抗度を経済的，物理的，心理的買物コストとみると，当該モデルは買物コスト低減が店舗評価向上に繋がるという見方を支持している。

非ラグジュアリーブランド価値の中核は機能的価値であり（図2–1），消費者が機能的便益を得る為に買物行動をとる場合に買物コストに繋がる利便性に影響されるのは，製品によって得られるコスト1単位あたりの機能的便益が買物コスト低減によって増大するからだと考えられる。とりわけ，今日では，FMCGだけでなく，服飾品についても製品属性による差別化が難しく，同質化が指摘される（例えば，寺村，2016; 杉原・染原，2017）。差別化しづらい製品の価値が便益を得る為のコストに大きく影響されることは自明であろう。

以上から，ブランド評価に対する直接的影響に関する先行研究は確認できないものの，直営店により流通する非ラグジュアリー服飾品ブランドは，利便性が高く買物コスト低減が期待できる立地で運営される店舗によって消費者から好意的に評価される可能性が示唆される。非ラグジュアリー服飾品は機能的価値の比率が大きく，その価値を求める消費者は，コスト1単位あたりの便益増大によってブランド評価を高めることが，その背景にあると考えられるのである。

2.4.3　ラグジュアリー戦略に基づく店舗立地イメージの効果

前項までの考察から，先行研究において，ラグジュアリーブランドの好意的評価に貢献するとされる店舗立地要因が非ラグジュアリーの場合と異なるのは，ブランド価値を構成する要素の比率の違いによるものだと考えられる。

社会的価値や快楽的価値が大きいラグジュアリーブランドに対して，消費者は一般的にそれらの価値に基づく便益を期待すると考えられる。この場合，当該ブランド（製品）を購入しない他の消費者からも当該ブランドの社会的価値が認められる必要があり，買物行動においても個人的な快楽性が求められる。したがって，ブランド（製品）購入者だけでなく，一般消費者も認識可能で，買物行動における快楽性にも繋がる，高級感や選択的イメージを伴う一等地が店舗立地として望ましいものとなる。また，伝統的に直営店モデルを採用するケースが多いラグジュアリーブランドの店舗立地戦略は，ブランド戦略そのものと看做され，望ましい立地への店舗設置はブランド評価を向上させると考えられる。

一方，消費者は，機能的価値を中核とする非ラグジュアリーブランドに対して，一般的に機能的便益を期待すると考えられる。この場合，店舗は，コスト１単位あたりの便益増大に繋がる買物コスト低減を連想させる立地に設置することが望ましいだろう。ただし，ブランド評価に対する立地イメージの直接的影響が先行研究において扱われていない点には留意が必要である。

ところで，ラグジュアリーブランドの社会的価値や快楽的価値が不変であると仮定すれば，ラグジュアリーについても，買物コスト低減イメージはコスト1単位あたりの便益増大を期待させるはずである。しかし，現実には，むやみに買物コスト低減に繋がる店舗開発を進めると，これらの価値を毀損する可能性がある。例えば，コンビニエンスストアのように過密出店を進めれば，消費者は手軽に買物行動をとることができ，経済的にも，物理的，心理的にも買物コストは低減される。しかし，この時，消費者は立地から高級感や厳選イメージを感じづらく，そこで販売されるブランドに社会的地位等の社会的価値や，買物行動を通じた快楽性を見出すことは難しいと考えられる。したがって，ラグジュアリー戦略において店舗アクセスのしやすさはむしろ否定され，店舗立地においても「近寄り難さ」，「排他性（Exclusivity）」等のイメージが重視されるのである（Som and Blanckaert, 2015）。

ここで，非ラグジュアリーブランドの店舗立地戦略に対するラグジュアリー戦略の効果という観点からみると，ラグジュアリー戦略に基づく店舗立地の高級感や厳選イメージは，経済的・心理的に買物コスト増大の連想に繋がると考えられる。ラグジュアリー戦略は必要性や一般性を超える社会的価値や快楽的価値の維持・向上を目指すものであり，社会的地位や稀少性，高価格等のブランド連想の向上に繋がるものであることから，ラグジュアリー戦略に基づく立地イメージによって買物コスト増大が連想されることは当然ともいえる。したがって，消費者が機能的価値を求めて非ラグジュアリーブランドを買い求める時，これらの立地イメージは非ラグジュアリー店舗評価にネガティブな影響をもたらし，直営店モデルを採用する服飾品ブランドの評価に対しても効果は期待しづらいと考えられる。さらに，直営店モデルに基づくブランドイメージは店舗イメージに影響を受け，また，店舗選択はブランド選択を意味することから，ブランド評価に対する影響はネガティブとなる可能性もあろう。

以上から，ラグジュアリー戦略に基づく店舗立地特性とラグジュアリーおよび非ラグジュアリーのブランド評価について次の図2-2に示される関係が浮かび上がる。

2.5　小括

他産業の例に漏れず，服飾品業界においてもコモディティ化が深刻となる今日，服飾品企業各社はブランド価値向上に向け様々な努力を行っている。そこでは，製品属性はもとより，テレビや紙媒体，インターネットを通じた広告宣伝，店舗における販促活動等を通じた差別化の試みが行われている。しかし，同質化が進み価格競争が激しさを増す（寺村, 2016; 杉原・染原, 2017）中で，このような，服飾品企業が自ら打ち出すブランドの中心的情報（青木他, 2012）のみによる差別化には限界があると思われる。服飾品企業が相互にベンチマークし合い模倣を繰り返すコモディティ化市場（恩蔵, 2007）においては，特定企業だけが実行可能な施策は限られるからである。したがって，このような市場環境の下では，周辺的情報（青木他, 2012）から得られる二次的ブランド連想（Keller, 1993）の活用が特に重要となるだろう。とりわけラグジュアリーブランドは二次的ブランド連想を上手く活用し（Keller, 2009），ブランドエクイティを向上させて持続的競争優位性を構築しているとみられ，その1つが，本書が考察する店舗立地イメージの活用だと考えられる。したがって，非ラグジュアリー企業経営者が，好業績を維持するラグジュアリーブランドに追随して高級で厳選された店舗立地を獲得し，立地イメージを活用してブランドエク

図2-2　ラグジュアリー戦略に基づく店舗立地イメージ（高級感・選択的イメージ）のブランド評価に対する影響

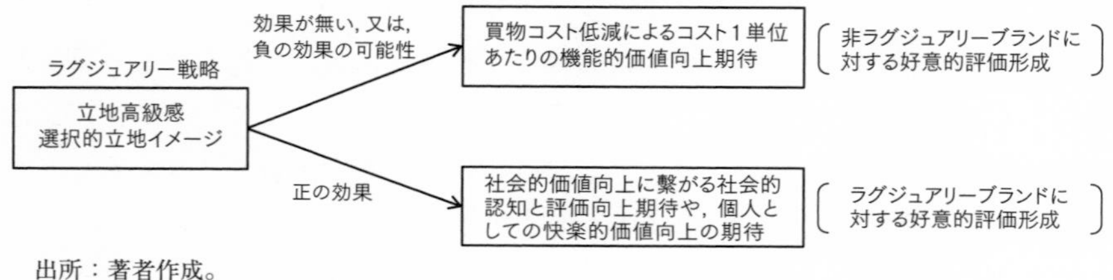

出所：著者作成。

イティを向上させようとすることは，自然な試みといえる。しかしながら，本章における考察は，非ラグジュアリーのブランドエクイティに対して，ラグジュアリー戦略に基づく店舗立地戦略の貢献は期待できず，ネガティブに作用する可能性を示唆するものである。

もちろん，非ラグジュアリーについても，Aaker, D.(1996)が指摘するように，ブランド価値が機能的価値のみで構成されるとは考えづらい。特に服飾品は，ラグジュアリーに限らず，着用する人のひととなりを示すもの（O'Cass and Frost, 2002）であり，服飾品の購買に際し，消費者は「他の人からどのようにみられるか」という社会心理に影響される（神山，1997）。服飾品の役割は，単に寒さを防いだり，身体を防御するという機能にとどまらず（O'Cass and Frost, 2002），単なる機能性を越えた社会的な意味を持つと考えられるのである。機能的価値に主眼をおくFMCGブランドの場合ならば，製品機能は立地イメージによって変化しない為，利便性が高く買物コスト低減が期待できる販売チャネル構築にマーケティングの焦点を絞ることも可能かもしれない。しかしながら，服飾品ビジネスにおける店舗立地戦略においては，ブランドの社会的価値に関する消費者心理に基づき立地イメージ効果を検討することがとりわけ重要となろう。

さらに，社会的地位の顕示に基づく消費動機は，富裕層だけでなく，非ラグジュアリーブランドの主要顧客である一般消費者にも広くみられる（Mason, 1998; Eastman et al., 1999）。したがって，ラグジュアリー戦略が，ラグジュアリーだけでなく非ラグジュアリー服飾品ブランドに対して貢献する可能性は否定できない。店舗立地戦略の観点からみると，立地高級感や選択的立地イメージによる社会的価値や快楽的価値に対する効果が，買物コスト増大イメージにより知覚されるコスト1単位あたりの機能的価値低下を相殺し，消費者のマインド内において総合的なブランドの知覚価値が向上すれば，ラグジュアリー戦略のポジティブな効果が期待できる。

こうした視点からみると，ラグジュアリー戦略に基づく店舗立地特性の効果は社会的価値や快楽的価値が大きいブランド，すなわち，ラグジュアリー性水準が高いブランドほど期待できると考えられる。また，実際の服飾品ブランドのラグジュアリー性水準はブランドによって異なることから，本章の考察のように当該水準を高低に二分するだけでは，服飾品実務における店舗立地戦略の検討は難しいだろう。したがって，服飾品企業経営者が店舗開発の精度向上を図るには，自社ブランドのラグジュアリー性水準に基づくブランドポジションを確認すると共に，店舗立地のイメージを精査することが望まれる。さらに，服飾品に関する消費者行動は，他者評価不安等，社会心理の影響が大きい（神山, 1997）ことから，服飾品の店舗立地戦略の策定においては，ブランド評価形成における社会心理的影響の検討が重要になるとみられる。

本章では，店舗・ブランド評価に対する買物コスト低減イメージの効果を示唆する一般の店舗研究と，立地の高級感や選択的イメージのブランド評価貢献を示唆するラグジュアリー戦略研究の比較考察を行った。その結果，ラグジュアリー戦略に基づく店舗立地の高級感や選択的イメージはラグジュアリーブランド評価に貢献する一方，非ラグジュアリーブランド評価には貢献せず，ネガティブな影響をもたらす可能性が浮かび上がった（図2-2）。しかしながら，これまで特定の店舗立地要素によるブランド評価形成インパクトについて，ブランドのラグジュアリー性水準に基づく変化を分析する研究はみあたらない。したがって，ラグジュアリーと非ラグジュアリーのブランド評価に対する店舗立地イメージ効果の違いについて，先行研究から得られる示唆は限定的であり，図2-2に示される関係は仮説の域を出ないといわざるを得ない。

ここで，従来の店舗と消費者行動に関する研究，およびラグジュアリー戦略研究について，本章における考察を通じて確認されたリサーチ・ギャップを以下に整理しておく。

(1)直営店モデルを採用するブランドの評価に対する店舗関連要素の影響に関する研究の不足

非ラグジュアリー分野におけるストアブランド研究の多くは品揃えの一部を成すFMCGを主たる分析対象としており，直営店モデルを採用する服飾品ブランドの店舗のようにブランドと店舗が一体とみなされるケースの研究が不足している。

(2)ラグジュアリー戦略研究における，ブランド評価に対する店舗関連要素の影響に関する量的研究の不足

ラグジュアリー戦略研究の多くはケーススタディやインタビューに基づ

く質的研究であり，消費者のラグジュアリーブランドに対する態度や行動に関する量的研究が不足している。

(3)同一の店舗関連要素がもたらす消費者のブランド評価形成インパクトのブランド特性による変化に関する研究の不足

多くの服飾品企業がラグジュアリー戦略の活用を検討する一方で，これまでのラグジュアリー研究はラグジュアリー戦略のラグジュアリーブランドに対する適用について論じており，同一の戦略を非ラグジュアリーブランドに適用した場合の効果や，ラグジュアリーに適用した場合との効果の違いに関する実証分析が不足している。

(4)ラグジュアリー性水準に基づくブランド評価における消費者心理研究の不足

ラグジュアリーブランドと非ラグジュアリーブランドの評価に対し，同一店舗立地要素の影響が異なるとすれば，評価形成における消費者心理はブランドのラグジュアリー性水準によって変化すると考えられる。先行研究においてこの消費者心理に関する考察が不足している。

非ラグジュアリーブランドの評価に対する店舗関連要素の直接的影響に関する研究蓄積の不足は，FMCGや低価格衣料等を扱う非ラグジュアリー企業が，伝統的に多ブランドを販売する小売専業者を主力の流通チャネルとしてきたことが背景にあると推察される。この場合，店舗や店舗立地に関する要素は小売専業者のマーケティング戦略によるものと解釈され，品揃えを構成する特定ブランドとの関連性は知覚されづらいだろう。

また，社会的価値が大きく，ブランド評価に対する社会心理的影響が大きいとみられるラグジュアリーブランドに関する研究の不足は，社会心理的要因による消費が伝統的な経済学の枠組みでは分析しづらく，その研究は永らく経済学の傍流（Earl, 1990）であったことが背景にあると思われる。

ラグジュアリー性水準に関わらず服飾品ビジネスにおいて直営店モデルが主流となった今日，当該モデルを前提としたマーケティング実務指針に関する服飾品企業のニーズは高まっている。また，コモディティ化が進む服飾品市場において競争優位性を持続するラグジュアリーブランドの存在感は増しており，多くの服飾品企業がラグジュアリー企業のマーケティング戦略を参考としている。したがって，上掲のリサーチ・ギャップに関する研究の必要性は，従来にも増して高まっているとみられる。

斯かる状況に鑑み，第3章以降，本書では，ラグジュアリー戦略において重視される店舗立地イメージのブランド態度形成インパクトやブランドのラグジュアリー性水準に基づくインパクト変化について実証分析を行い，本章で得られた先行研究に基づく示唆を検証する。

合わせて，本書では，ブランド態度に対する店舗立地イメージ効果が生じる背景にある消費者心理を考察する。消費者心理については，消費者が服飾品について他者評価不安等の社会心理的影響を受ける（神山，1997）ことに鑑み，特に服飾品ブランドの社会的価値に注目して，ブランドのラグジュアリー性水準と社会心理的要因の関係について考察する。

先ず，第3章では，消費者のブランド評価に対する自己概念調和の影響がブランドのラグジュアリー性水準によってどのように変化するか分析する。分析を通じて，ブランド評価における消費者心理のラグジュアリー性水準に基づく変化を考察すると共に，ブランド評価形成おける消費者心理の自己概念調和による分析可能性を検討する。

第3章

ブランド評価に対する自己概念調和の影響

3.1　はじめに

購買意思決定プロセスにおいて，購買対象となる選択肢を評価する為に製品やブランドに関する情報探索を行うことは，消費者行動研究において広く知られている（例えば，Blackwell et al., 2001）。また，当該分野におけるこれまでの研究において，意思決定プロセスにおける情報探索は消費者の知覚リスクによって活発になることが報告されている（Engel and Blackwell, 1982; 守口他，2012）。Engel and Blackwell（1982）は，消費者の購買意思決定における知覚リスクを高める要因として「高価格，長期使用，可視性に基づく社会的影響，身体的懸念，競合選択肢」の5つのファクターを示した。服飾品ブランドは多数存在し，形，色，柄，素材等，選択肢は豊富である。また，服飾品は身に付けるものであり，他者の目に触れやすいという特徴がある。これらはいずれも，「競合する選択肢」や「社会的影響」等，消費者の知覚リスクを高める要因である。また，服飾品には，単に身体を防御したり寒さを防ぐ等の機能だけでなく，「着用する人物のひととなりを示す」という役割がある（O'Cass and Frost, 2002）。斯かる服飾品の特徴に関連し，消費者は，服飾品購入にあたり，当該商品を着用した場合に「他の人からどのようにみられるか」という社会心理に基づくリスクを知覚することが，服飾品に関する消費者行動研究において報告されている（神山，1997）。神山・高木（1987a, 1987b, 1993），神山他（1993）は，一連の実証研究において，服飾品購入に関して消費者に知覚されるリスクの多くが，他者との社会的関わりに基づく社会的評価懸念に関連することを報告している（図3-1）。

以上から，消費者は服飾品の購買意思決定プロセスにおいて，社会的評価懸

図3-1　服飾品に関する知覚リスク

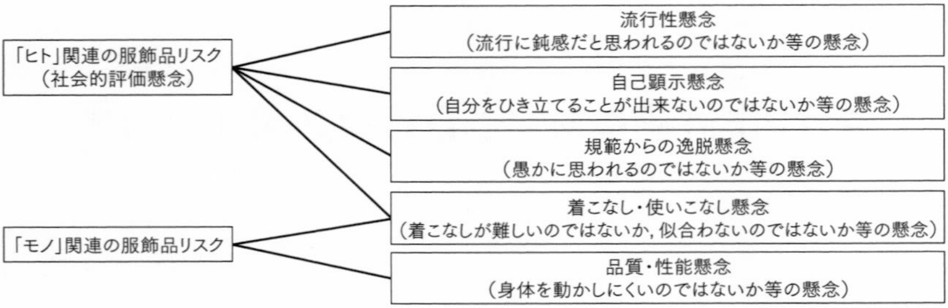

「ヒト」関連の服飾品リスク
（社会的評価懸念）
「モノ」関連の服飾品リスク
流行性懸念
（流行に鈍感だと思われるのではないか等の懸念）
自己顕示懸念
（自分をひき立てることが出来ないのではないか等の懸念）
規範からの逸脱懸念
（愚かに思われるのではないか等の懸念）
着こなし・使いこなし懸念
（着こなしが難しいのではないか，似合わないのではないか等の懸念）
品質・性能懸念
（身体を動かしにくいのではないか等の懸念）

出所：神山（1997）を修正・加筆。

図3-2　服飾品購買意思決定プロセスにおける社会心理的影響

問題認識
情報探索
購買前の選択肢評価
購買
消費
消費後の評価
活性化
社会心理的影響
（社会的評価懸念）

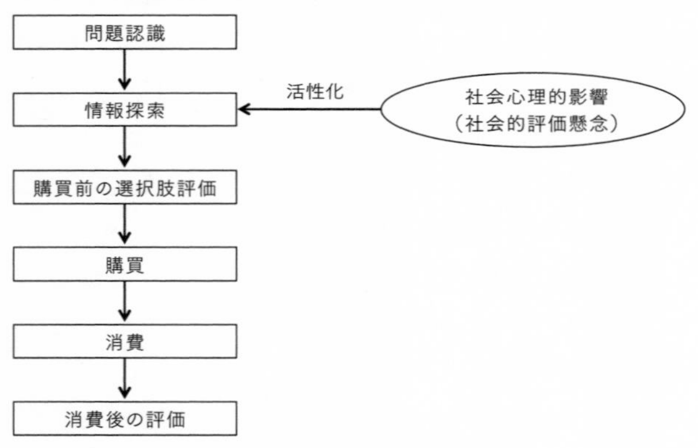

出所：Blackwell et al.（2001）を修正・加筆。

念等の社会心理に影響（以下，社会心理的影響）を受けながら情報探索を活性化させ，ブランドの中心的情報や周辺的情報を盛んに参照し，ブランドを評価していると考えられる。図3-2に，Blackwell et al.（2001）に基づく購買意思決定プロセスにおける情報探索と社会心理的影響の関係を示す。

コモディティ化が進む今日においても，有力なラグジュアリーブランドが競争優位性を維持していることから，多くの一般服飾品企業は，程度の差こそあれ，ラグジュアリー戦略を参考としてブランドエクイティの向上に取り組んでいる。ラグジュアリーブランドは周辺的情報に基づく二次的ブランドのエクイティ効果を上手く活用している（Keller, 2009）とみられることから，ラグジュアリー戦略を参考とする非ラグジュアリー企業は，ラグジュアリーブランドに倣い，周辺的情報の活用を試みるだろう。

ここで疑問が生じるのは，価値構成が異なるラグジュアリーブランドと非ラグジュアリーブランドの評価が，同一の中心的・周辺的情報によって同様の影響を受けるのだろうか，という点である。ラグジュアリーと同様のエクイティ効果が期待できない場合，ラグジュアリー戦略に基づく周辺的情報活用による二次的ブランド連想構築の試みは，非ラグジュアリー企業の経営効率を低下させる恐れがある。

図3-1，図3-2が示す服飾品に関する社会心理的影響は，ブランドそのものや消費者個人ではなく，他の人々に起因する影響であり，周辺的情報に基づく影響の1つと捉えることができる。そこで，本章では，消費者調査に基づき，ブランド評価に対するブランドの中心的情報と，周辺的情報と位置付けられる社会評価懸念等の社会心理的影響について，自己概念調和理論を用いた分析を行う。ブランド評価形成における消費者心理がブランドのラグジュアリー性水準に基づきどのように変化するか考察すると共に，評価形成における消費者心理の自己概念調和理論による分析可能性を検討することが本章の目的である。

3.2　自己概念調和理論

自己概念とは，社会的な他者との相互作用によって，個人が自分自身について抱く概念であり，「野心的な」，「知的な」等の形容語や「父親」，「医者」等の役割で表現される個人的性質に基づいて構成される概念である（Kinch, 1963）。自己概念は，個人の行動に影響し（Kinch, 1963），購買意思決定にも影響することから，効果的なマーケティング・プログラムの開発において重要（Onkvisit and Shaw, 1987）な心理的要素であると考えられる。ブランドや製品と自己概念の関係について，Grubb and Grathwohl（1967）は，シンボルとしてのブランド（Levy, 1959）に注目し，「消費行動はブランド消費に基づく自己概念の強化に向けて方向付けられる」という消費行動モデルを提案している。

自己概念調和理論は自己概念とブランドの関係に関する議論に基づき，自己概念とイメージが一致するブランドや製品を消費者が好意的に評価し行動する傾向を示す研究として，Sirgy（1982）によって体系的にまとめられた。自己概念調和（SC: Self-Congruity）は「自己概念とブランド（製品）イメージの距離」によって示され，「自己概念とブランドイメージ（または，ユーザーイメージ）の距離が近い」（すなわち，自己概念とブランドイメージ（または，ユーザーイメージ）の一致性が高い）ほど「ブランドに対するSCが高い」とされる。SCに関する実証研究では，一般的に，以下の3つの手法を用いてSCの測定が行われる（Sirgy, 1982, Sirgy et al., 1997）。

(1)絶対距離に基づく測定法：$\Sigma|B_i-P_i|$，またはその派生式

(2)ユークリッド距離に基づく測定法：$\{\Sigma(B_i-P_i)^2\}^{1/2}$，または，その派生式

（絶対距離やユークリッド距離に基づくブランドイメージ（または，ユーザーイメージ）や自己概念の測定では，ブランドパーソナリティ・スケール（例えば，Aaker J. L., 1997）が用いられる）

（ただし，B_i：ブランドイメージ（または，ユーザーイメージ）のi項目；P_i：自己概念のi項目）

(3)直接質問法

（ブランドイメージ（または，ユーザーイメージ）と自己概念の一致性に関する1つ，または，複数の質問が用いられる）

自己概念は1人の消費者にとって唯一無二の概念ではなく，1960年代から，「現実の自己概念」と共に，現実とは異なる「理想の自己概念」について議論が行われている。Dolich（1969）は，ビール，タバコ，石鹸等に関し，現実の自己概念に基づくSC（以下，現実SC）と理想の自己概念に基づくSC（以下，理想SC）によるブランド選好について消費者調査を行い，ブランド選好に対するSCによるポジティブなインパクトを実証している。同様に，Ross（1971）も，自動車や雑誌について，ブランド選好に対してこれらのSCがポジティブな影響を与えることを実証した。これらの研究では現実SCと理想SCによるブランド選好インパクトの統計的有意差は確認できなかったものの，「他者から見られる場合の理想的な自分自身」について理想SCを用いた測定の有効性がRoss（1971）によって指摘されている。

Sirgy（1982）は，これらの自己概念に関する議論をさらに発展させ，自分自

身の視点に基づく「自己概念」と，他者の視点に基づく「社会的自己概念」を定義し，これらの定義に基づく4つの自己概念を以下のように示した。

(1)現実の自己概念：現実の自分自身のイメージ

(2)理想の自己概念：なりたいと思う自分自身のイメージ

(3)現実の社会的自己概念：他者が抱いていると思われる自分自身のイメージ

(4)理想の社会的自己概念：他者に抱いてほしい自分自身のイメージ（他者から思われたい・見られたい自分自身のイメージ）

これらの自己概念に基づくSCを表3-1にまとめて示す。

また，Sirgy（1985）は，現実の自己概念は自己一致性に繋がる一方，理想の自己概念は自尊心に繋がることを示し，これらの心理的要素が購買意図形成に

表3-1　自己概念調和の類型

		考慮される視点	
		消費者自身の視点	他者からの視点
参照される自己概念	現実の 自己概念	現実の自己概念調和 （現実SC） 現実の自己概念とブランド イメージ（ユーザーイメージ） の一致性	社会的自己概念調和 （社会的SC） 社会的自己概念とブランド イメージ（ユーザーイメージ） の一致性
	理想の 自己概念	理想の自己概念調和 （理想SC） 理想の自己概念とブランド イメージ（ユーザーイメージ） の一致性	理想の社会的自己概念調和 （理想社会的SC） 理想の社会的自己概念とブランド イメージ（ユーザーイメージ） の一致性

出所：Sirgy（1982）に基づき著者作成。

表3-2　自己概念調和の効果

SCの状態	自己一致性に基づく モチベーション	自尊心に基づく モチベーション	購買に関する モチベーション
現実SC（H） 理想SC（H）	向上	向上	向上
現実SC（L） 理想SC（H）	低下	向上	コンフリクト
現実SC（H） 理想SC（L）	向上	低下	コンフリクト
現実SC（L） 理想SC（L）	低下	低下	低下

注：H：高い，L：低い。

出所：Sirgy（1982）に基づく。

与える効果を，SCを用いて表3-2のようにまとめて提案した。

これまでのSC研究において，消費者行動に対するSCの影響は，ブランドや製品の性質，ブランドや製品を評価する時の状況，消費者心理等によって変化することが明らかになっている。例えば，Graeff（1996）は，自動車やスニーカー等，保有や使用が人目に付きやすいブランドと，ビールや雑誌等，個人的に消費するブランドに対するSCの影響を分析した。その結果，セルフモニタリング[1]水準（Snyder, 1974）が高い消費者は，人目に付きやすいブランドを評価する際，理想SCの影響を受けやすいことが確認されている。また，Graeff（1997）はビールのブランドに対するSCの影響を分析した。その結果，会社の上司らとレストランで飲む場合とクラスメートとバーで飲む場合ではブランド態度が変化し，ブランド態度は消費状況に基づくSCに影響されることが確認された。これらの研究と同様に，Aaker, J. L.（1999）は服飾品や香水等について，複数のディナーの状況を設定し，斯かる状況におけるブランド評価と消費者のパーソナリティやセルフモニタリング水準（Snyder, 1974）の関係について分析した。その結果，状況に基づくSCやセルフモニタリング水準が消費者のブランド評価に影響することが報告されている。これらの研究は，消費状況やブランドの特性，消費者心理によってSCのブランド評価形成インパクトが変化することを示唆している。ブランド評価に対するSCの影響の変化がブランド特性や消費者心理を反映することが示されたことから，これらの研究は，ブランド評価に関する消費者心理分析に対する自己概念調和理論の適用可能性を示唆するものといえる。

ところで，服飾品ブランド評価に際し消費者が知覚する「他者からどのように評価されるか」という社会的評価懸念（神山, 1997）は，換言すれば，他者に抱いてほしい自分自身のイメージ（すなわち，理想の社会的自己概念）と現実にブランド製品を購入した場合の乖離に関する懸念だといえる。この懸念を低減する為に，服飾品の購買意思決定プロセスにおいて，消費者は，購買の選択肢となるブランドのイメージが理想の社会的自己概念に近いかどうかを気にす

1　セルフモニタリングは社会的状況において自己表出や自己印象の適切性を考慮して行動を制御するパーソナリティ特性で，セルフモニタリングが高水準の消費者は社会状況的に望まれる行動をとる傾向がある（Snyder, 1974）。

るだろう。したがって，理想社会的SCのインパクトがこの社会心理を最も反映すると考えられる。

第2章では，先行研究のレビューを通じて，経済力や社会的地位の高さを他者に示す社会的価値がラグジュアリーブランドの中核的価値の1つとして確認された。したがって，消費者は，ラグジュアリーブランドを評価する時，特に，社会的価値から得られる便益を期待すると考えられる。この社会的価値は，他者から社会的に評価されなければ意味を成さない。ゆえに，ラグジュアリーブランド評価に際し，消費者は，とりわけ社会的評価懸念を高め，理想社会的SCを参照すると考えられる。また，ラグジュアリーブランドは一般消費者の夢や憧れの対象とされる（Dubois and Paternault, 1995; 片平, 1999）。これらを未実現の願望と捉えると，ラグジュアリーブランド評価に際し，一般消費者は現実のライフスタイルとの一致性はさほど気にせず，現実SCは参照されづらいと考えられる。ラグジュアリーブランドに関する評価形成において，理想社会的SCは，現実SCと比べて，とりわけ重要な役割をもつと考えられるのである。

一方，第2章では，非ラグジュアリーブランドの中核的価値は機能性であることが確認された。したがって，消費者は，非ラグジュアリーブランドを評価する時，特に機能的価値から得られる便益に関心をもち，現実の自己イメージとの適合性や現実のライフスタイルにおける使用性を気にすると考えられる。したがって，非ラグジュアリーブランド評価に際し，消費者は現実SCを盛んに参照するだろう。非ラグジュアリーブランドに関する消費者の評価形成においては，理想社会的SCはもとより，現実SCが重要な役割をもつと考えられるのである。

以上から，ラグジュアリー性水準に基づく服飾品ブランド評価形成時の消費者心理の変化は，これまでの自己概念調和研究で論じられてきた4つの自己概念調和（表3-1）の内，特に理想社会的SCと現実SCに反映されると考えられる。したがって，本章ではこれらの2つのSCに注目し，これらのブランド評価形成インパクトを比較考察することで，消費者のブランド評価形成時の心理が評価対象ブランドのラグジュアリー性水準によってどのように変化するか考察する。

3.3　分析モデル

本章ではPetty and Cacioppo(1986, 1996)による精緻化見込みモデル(ELM: Elaboration likelihood Model)を参考とするモデルを用いて，消費者のブランド評価に対するSCの影響を分析する。ELMによると，消費者が情報を受容してから態度形成に至る情報処理プロセスには，説得的コミュニケーションに基づく認知的判断による中心的ルートと，周辺的手掛かりに基づく感情的判断による周辺的ルートがある[2]。

SC研究では，SCの測定に際し，ブランドイメージやユーザーイメージ（User Imagery[3]）が用いられる。ブランドの中心的情報と周辺的情報（青木他，2012）の観点からみると，ブランドイメージはブランドそのものの中心的情報であるのに対し，ユーザーイメージは，ユーザーが独自の連想を持つ一方でブランドイメージにも影響する周辺的情報であり，二次的連想をもたらす源泉(Kotler and Keller, 2006）とみることができる。また，他者評価懸念といった社会心理的影響も，ブランドそのものではなく，第三者によるブランド評価に関する情報に基づくものであることから，周辺的情報の1つと位置づけることができるだろう。この時，社会的評価懸念等の社会心理的影響は，周辺的情報による効果の表れの1つとだと考えられる。

以上の考察を踏まえ，ELMに基づき服飾品ブランドの評価プロセスをみると，消費者は中心的情報としてブランドイメージを参照して現実の自己概念と比較し，その後，周辺的情報としてブランドユーザーのイメージや他者評価を考慮し，ブランド評価を形成するという情報処理が考えられる。例えば，服飾

2　Petty and Cacioppo (1986, 1996) によるELMでは，動機付けや情報処理能力が低位に留まる消費者は周辺的手掛かりによる影響を受けやすいという報告がなされている。一方，池尾（1999）は購買関与水準が高い（すなわち，動機付けが高い）消費者は情報探索を活性化させると指摘しており，この時，中心的情報と共に周辺的情報も盛んに参照されると考えられる。斯かる議論に関し，古川他（2004）は，加藤他（2001）の報告に基づき，消費者は中心的ルート，周辺的ルートの双方から情報処理を行うとしている。尚，本章では，一般的な消費者のブランド態度に関する考察を行う目的から，動機付けや情報処理能力については考慮しない。

3　User Imageryは特定ブランドを保有・使用する消費者イメージの集合を指す（Aaker, D., 1996)。本書における「ブランドユーザー」は当該概念を示す。

図3-3　分析モデル

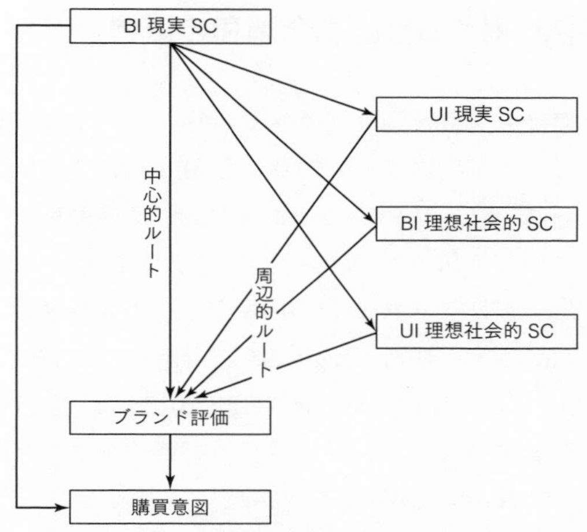

出所：Petty and Cacioppo (1986, 1996)，古川他 (2004) を参考として著者作成。

品店舗の販売員から特定ブランドについて説得的推薦を受けた場合に「当該ブランドが自分に似合うか」考え，次に，「どんな人がブランドユーザーなのか」，「他の人達からどのように評価されるか」等を考慮してブランド評価に至るというプロセスである。当該プロセスはSCを用いると，「消費者はブランドイメージに基づく現実SC（以下，BI現実SC）を参照した後，ユーザーイメージに基づく現実SC（以下，UI現実SC）や，ブランドイメージに基づく理想社会的SC（以下，BI理想社会的SC），ユーザーイメージに基づく理想社会的SC（以下，UI理想社会的SC）を参照してブランド評価に至る」と示すことができる。ここで，ブランド評価が向上すれば，ブランドに関する購買意図の向上に繋がるだろう。斯かる視点から，本章における分析モデルを図3-3に示す。当該モデルでは，ブランドイメージと現実の自己概念を参照した消費者が周辺的情報を気にせず短絡的行動をとる可能性に鑑み，中心的情報としてのBI現実SCが直接購買意図に影響するルートも考慮している。

3.4 ブランド評価に対する自己概念調和の影響

これまでの研究では，消費行動はブランド消費に基づく自己概念の強化に向けて方向付けられることが指摘されており（Grubb and Grathwohl, 1967），多くのSCに関する実証研究において，ブランド態度，購買意図，ブランド選好，満足度，ブランド・ロイヤルティ等に対し，ブランドイメージやユーザーイメージに関する4タイプのSC（表3-1）がポジティブな影響を与えることが報告されている（例えば，Ross, 1971; Sirgy,1985; Sirgy et al., 1997; Kressmann et al., 2006）。また，Liu et al.（2012）やDas（2014, 2015）は，本書が注目する服飾品ブランドやラグジュアリーブランド，服飾品店舗に対する評価についても，SCによるポジティブな効果を報告している。

以上から，本章では次の4つの仮説を提案する。

H3-1a：BI現実SCは消費者のブランド評価に正の影響を与える。
H3-1b：UI現実SCは消費者のブランド評価に正の影響を与える。
H3-1c：BI理想社会的SCは消費者のブランド評価に正の影響を与える。
H3-1d：UI理想社会的SCは消費者のブランド評価に正の影響を与える。

ところで，ラグジュアリーブランドの主要価値である社会的価値は他者から社会的に評価されなければ意味を成さない。したがって，消費者はラグジュアリーブランドを評価する時，特に「他の人々からどのように見られるか」という社会的評価懸念を高め，理想の社会的自己概念とブランドイメージの一致性を気にすると考えられる。また，ラグジュアリーブランドは，価格が高く，長期にわたって使用されることが多い。さらに，ラグジュアリーブランドにはステイタスシグナル等の役割（Vigneron and Johnson, 1999; Han et al., 2010）があることから，こうした高級ブランドの使用は人目を惹くと考えられる。これらはいずれも知覚リスク増大の要因（Engel and Blackwell, 1982）であり，消費者は，とりわけラグジュアリーブランドの購買意思決定プロセスにおいて情報探索を活性化し，中心的情報だけでなく周辺的情報も盛んに参照すると考えられる。例えば，高級で高額な服飾品ブランド製品の購入にあたり，消費者は低価格の一般的製品の購入の場合と比べて，より一層「当該ブランドはどんな人が使っているのか」，「他の人々からどのように思われるのか」を考慮し，社会心理的影響の下でブランドイメージやユーザーイメージを参照すると考えられるのである。

以上から，本章では，次の3つの仮説を提案する。

H3-2a：ラグジュアリーブランド評価に対するUI現実SCの影響は，非ラグジュアリーブランドの場合よりも正に大きい。
H3-2b：ラグジュアリーブランド評価に対するBI理想社会的SCの影響は，非ラグジュアリーブランドの場合よりも正に大きい。
H3-2c：ラグジュアリーブランド評価に対するUI理想社会的SCの影響は，非ラグジュアリーブランドの場合よりも正に大きい。

ただし，ラグジュアリーブランドに対する夢や憧れを未実現の願望として注目すると，消費者はラグジュアリーブランドを評価する際，非ラグジュアリーの場合よりも現実SCを気にしない可能性がある。この効果が知覚リスク増大に伴う周辺的情報探索の活性化による効果を上回ると，仮説H3-2aとは逆に，非ラグジュアリーブランド評価に対するUI現実SCの影響がラグジュアリーの場合より大きくなることもあり得る点には留意が必要である。

3.5　調査・分析

3.5.1　調査・分析の方法

本章では，先ず，前項で示した7つの仮説を検証するため，複数の服飾品ブランドについて，ブランドのラグジュアリー性水準，4タイプのSC，ブランド評価，および購買意図に関する消費者調査を行った。次に，複数の服飾品ブランドについて，ラグジュアリー性水準に関する因子分析およびクラスター分析を行い，ラグジュアリーブランドと非ラグジュアリーブランドに分類した。最後に，4タイプのSC，ブランド評価，購買意図の関係について図3-3に示すモデルに基づきStructual Equation Modeling（SEM）を用いてパス解析を行い，ブランド評価形成における社会心理の影響について，ラグジュアリーブランドと非ラグジュアリーブランドの比較考察を行った。

分析対象とした服飾品ブランドは，ルイ・ヴィトン，エルメス，シャネル，グッチ，プラダ，ザラ，H&M，ユニクロ，ラルフローレン，トミーヒルフィガーの10ブランドである。ルイ・ヴィトンは1854年にフランスで設立された（LVMH, 2017a）高級革製品・服飾品ブランド，エルメスは1837年にフランスで設立された高級革製品・服飾品ブランド，シャネルは1909年にフランスで設立された（長沢・杉本, 2010）高級服飾品ブランド，グッチは1921年にイタリアで設立された（Kering, 2017b）高級服飾品・革製品ブランド，プラダは1913年にイタリアで設立された（Prada, 2017）高級服飾品・革製品ブランドである。また，ユニクロは，1984年に日本で設立された（ファーストリテイリング, 2017）服飾品ブランド，H&Mは1947年にスウェーデンで設立された（H&M, 2017）服飾品ブランド，ラルフローレンは1967年に米国で設立された（Ralph Lauren, 2017）服飾品ブランド，トミーヒルフィガーは1985年に米国で設立された（Tommy Hilfiger, 2017）服飾品ブランド，ザラはスペインのInditexが1975年に立ち上げた（Inditex, 2017）服飾品ブランドである。これらのブランドは，ブランド価値評価で定評のある英国のコンサルティングファーム，Millward Brownが2014年に発表したレポート，Brand Zのラグジュアリーセグメントおよびアパレルセグメントにおけるブランド価値上位10ブランドから選定した。ブランド選定にあたっては，本書の主旨および比較検討の有効性に鑑み，スポーツ用品や時計・宝飾品等のブランドは除外すると共に，認知率が低いと消費者調査の実施が難しくなることから，矢野経済研究所（2014）に基づき国内売上高100億円未満のブランドは除外した[4]。

消費者調査は，我が国のオンライン・リサーチ最大手であるマクロミルを起用し，インターネットを介して行われた。マクロミルは学術調査だけでなく，政府機関による調査やビジネスリサーチ等を手掛けるリサーチ・ファームで，国勢調査におけるデモグラフィクスに近い2百万人以上の登録モニターを擁している（マクロミル, 2013）。回答者はこのモニターから首都圏（東京都，神奈川県，埼玉県，千葉県）に在住する20代～60代の一般消費者（男女）を無作為

4　調査時点で最新のMillward Brown（2014）および矢野経済研究所（2014）のレポートを参考として分析対象ブランドを選定した。

に抽出した[5]。回答者は分析対象ブランドの内，知っているブランドについてのみ回答した。尚，富裕層に限らず一般的な消費者の行動について調査する為，回答者の抽出にあたり回答者の所得は考慮していない。

調査では，先ず，分析対象ブランドのラグジュアリー性に関する消費者のパーセプションを確認した。ラグジュアリー性水準の測定にはKapferer（1998）による16項目のBLIを用いた。次に，消費者の各ブランドに対する評価，および購買意図を確認した。ここではAdaval and Monroe（2002）の態度測定項目から「ブランドの魅力度」を評価項目として採用した。また，購買意図の測定項目はAssarut（2008）を参考とした。さらに，各ブランドに関するBI現実SC，UI現実SC，BI理想社会的SC，UI理想社会的SCを調査した。SCについてはSirgy et al.（1997）による直接質問法に基づきAssarut（2008）を参考として測定項目を設定した。

本調査における測定項目を以下に示す。各項目に対する回答は7点尺度によるリッカートスケールに基づく（1：全くそう思わない～7：非常にそう思う）。

⑴ラグジュアリー性水準

物品の美しさ；製品の卓越さ；魔力；独自性；伝承やノウハウ；創造性；製品の官能性；例外的な感じ；絶対に廃れないこと；国際的な評判；職人による生産；長い歴史；天才的なクリエイター；もっている人が少数派；購入者はほとんどいない；流行の最先端。

⑵ブランド評価

このブランドに魅力を感じる。

⑶購買意図

このブランド製品を購入したい。

(4)SC

BI現実SC：このブランドのイメージとありのままのあなたのイメージは近い。

UI現実SC：このブランド製品を使っている（着用している）人から受けた印象と，ありのままのあなたのイメージは近い。

5　国勢調査に基づく男女・年齢別比率を目安として，性別・年齢のセグメント毎にマクロミルのモニターから無作為に回答者を抽出した。

BI理想社会的SC：このブランドのイメージと，あなたが他の人々から見られたい（思われたい）イメージは近い。

UI理想社会的SC：このブランド製品を使っている（着用している）人から受けた印象と，あなたが他の人々から見られたい（思われたい）イメージは近い。

先行研究では，ブランド評価や購買意図について単一測定項目による分析が行われるケースがみられ（例えば，小嶋，1986; Blackwell et al., 2001; Assarut, 2008），SC研究においても直接法による単一測定項目を用いたSC測定法が示されている（Sirgy et al., 1997）。また，単一測定項目を用いた計測データに基づくSEM分析の手法は，小塩（2008）において示されている。一方，本調査では，分析対象が10ブランド，BLIが16項目，SCが4項目と質問項目数が多く，回答者に対する過剰な負荷が懸念された。したがって，本章では，ブランド評価，購買意図，および4タイプのSCについて，回答負荷軽減や調査実効性を考慮して設問数を削減し，単一測定項目に基づく調査・分析を行った。

3.5.2　調査・分析の結果

調査は2015年5月20日～5月28日に行われ，420の有効回答が得られた。回答者の属性を表3-3に示す。

また，回収された調査データに基づき，16項目のBLIに基づく消費者のパーセプションについて探索的因子分析（EFA）（主因子法，バリマックスローテーション）を行った所，固有値が1以上の2つの因子が抽出された。ここで，16項目の内「流行の最先端」による因子負荷量が小さかったことから，当該項目を除く15項目のBLIを用いて，2因子モデルに基づき確証的因子分析（CFA）を行った（表3-4）。その結果，各項目の因子負荷量は.748～.888，各構成概念のCronbach's alphaは.873～.969，Construct Reliability（CR）は.871～.962，Averaged Variance Extracted（AVE）は.623～.662となった。また，各構成概念のAVEは構成概念間の相関係数の平方（r^2 = .054）を上回った。したがって，内部一貫的信頼性，収束的妥当性，弁別的妥当性が認められ（Peterson, 1994; Fornell and Larcker, 1981; Hair et al., 2014），構成概念の妥当性が確認された。尚，本章では，抽出された2つの構成概念を，それぞれを構成するBLI項目に基

表3-3　回答者属性

回答者属性		n	%
性別	男性	214	51.0
	女性	206	49.0
年齢 （単位：歳）	20－24	17	4.0
	25－29	57	13.6
	30－34	35	8.3
	35－39	63	15.0
	40－44	45	10.7
	45－49	43	10.2
	50－54	46	11.0
	55－59	28	6.7
	60－64	48	11.4
	65－69	38	9.0
職業	公務員	8	1.9
	経営者・役員	11	2.6
	会社員	182	43.3
	自営業	25	6.0
	自由業	10	2.4
	専業主婦（主夫）	88	21.0
	パート・アルバイト	49	11.7
	学生	10	2.4
	その他	5	1.2
	無職	32	7.6
世帯年収 （単位：円）	2,000,000未満	15	3.6
	2,000,000－3,999,999	64	15.2
	4,000,000－5,999,999	94	22.4
	6,000,000－7,999,999	62	14.8
	8,000,000－9,999,999	44	10.5
	10,000,000－11,999,999	26	6.2
	12,000,000－14,999,999	22	5.2
	15,000,000－19,999,999	14	3.3
	20,000,000以上	10	2.4
	無回答	69	16.4

づき，「贅沢感」，「ユーザー限定性」とした。

さらに，CFAによって算出した因子スコアに基づきクラスター分析（ユークリッド距離；ウォード法）を行い，10ブランドを2つのグループに分類した。本章では，これらのグループを，因子スコアに基づくそれぞれの特性に基づき高ラグジュアリー性グループ・低ラグジュアリー性グループと位置付け，高ラグジュアリー性グループに分類されたブランドをラグジュアリーブランド，低ラグジュアリー性グループに分類されたブランドを非ラグジュアリーブランド

表3-4　ブランドのラグジュアリー性に関するCFA

構成概念	BLI項目	因子負荷量	CR	AVE	α
贅沢感	物品の美しさ	.839	.962	.662	.969
	製品の卓越さ	.885			
	魔力	.833			
	独自性	.785			
	伝承やノウハウ	.873			
	創造性	.814			
	製品の官能性	.812			
	例外的な感じ	.748			
	絶対に廃れないこと	.783			
	国際的な評判	.757			
	職人による生産	.833			
	長い歴史	.814			
	天才的なクリエイター	.789			
ユーザー限定性	もっている人が少数派	.869	.871	.623	.873
	購入者はほとんどいない	.888			

注：2つの構成概念のAVEは，構成概念間の相関係数の平方（r^2=.054）を上回っている。

として考察する。ラグジュアリー，非ラグジュアリーに分類された10ブランドを以下に示す。

⑴ラグジュアリーブランド（高ラグジュアリー性グループ）

ルイ・ヴィトン，エルメス，シャネル，グッチ，プラダ，ラルフローレン（6ブランド）

⑵非ラグジュアリーブランド（低ラグジュアリー性グループ）

ザラ，H&M，ユニクロ，トミーヒルフィガー（4ブランド）

ラグジュアリーブランドと位置づけられた6ブランドの内，ラルフローレンを除く5ブランドはMillward Brown（2014）のブランド価値レポートにおいてラグジュアリーセグメントに分類されたブランドである。ラルフローレンは当該レポートにおいてアパレルセグメントに分類されたが，本章における消費者調査では，高ラグジュアリー性グループとしてブランドポジションが確認された。また，非ラグジュアリーブランドと位置づけられた4ブランドは全て当該レポートにおいてアパレルセグメントに分類されたブランドであった。これらの10ブランドのポジショニングマップを図3-4に示す。

次に，分析モデル（図3-3）に基づき，ラグジュアリーブランド（高ラグジュアリー性グループ），および非ラグジュアリーブランド（低ラグジュアリー性グルー

図3-4　ラグジュアリー性に基づくブランドポジション

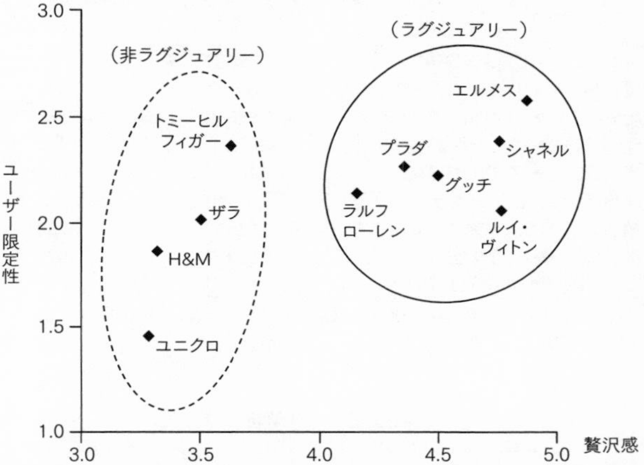

出所：著者作成。

プ）についてSEMを用いてパス解析を行った。本調査は対象が10ブランドと多く，一部回答に欠測値が生じたが，Missing at Randomの仮定に基づきFIML（Full Information Maximum Likelihood）によって分析を行った（三浦・狩野，2002）。分析の結果得られたモデル適合度は次の通りである：$\chi^2 = 86.483$, df = 6, p = .000; NFI = .997; CFI = .997; RMSEA = .057。RMSEA等の適合度指標は先行研究における基準を満たしており（Hair et al., 2014），本モデルの適合度が許容範囲にあることを示している。尚，χ^2検定は標本サイズ等による影響があることから本章における分析では参考としない（狩野・三浦，2007）。パス解析の結果を表3-5および図3-5に示す。

本調査で得られたデータに基づくと，ラグジュアリーブランド評価に対するBI現実SCの影響は統計的に有意でなかった。一方，当該SCの非ラグジュアリーブランドに対する評価形成インパクトは正であることが確認された。この結果は，仮説H3-1aを部分的に支持している。他方，UI現実SCの評価形成インパクトはラグジュアリーブランドに対してネガティブ，非ラグジュアリーブランド評価に対して統計的に有意でなかった。この結果は，仮説H3-1bを棄却するものである。

表3-5　SC, ブランド評価, および購買意図の関係（パス解析）

パス	ラグジュアリーブランド	非ラグジュアリーブランド
BI現実SC ⟶ UI現実SC	.890***	.872***
BI現実SC ⟶ BI理想社会的SC	.861***	.848***
BI現実SC ⟶ UI理想社会的SC	.826***	.838***
BI現実SC ⟶ ブランド評価	.012 n.s.	.207***
UI現実SC ⟶ ブランド評価	−.108*	.002n.s.
BI理想社会的SC ⟶ ブランド評価	.384***	.248***
UI理想社会的SC ⟶ ブランド評価	.286***	.259***
BI現実SC ⟶ 購買意図	.129***	.077***
ブランド評価 ⟶ 購買意図	.821***	.842***

注：χ^2 = 86.483, df = 6, p = .000; NFI = .997; CFI = .997; RMSEA = .057。
　***p < .001, *p < .05, n.s. = non-significant。

図3-5　パス解析

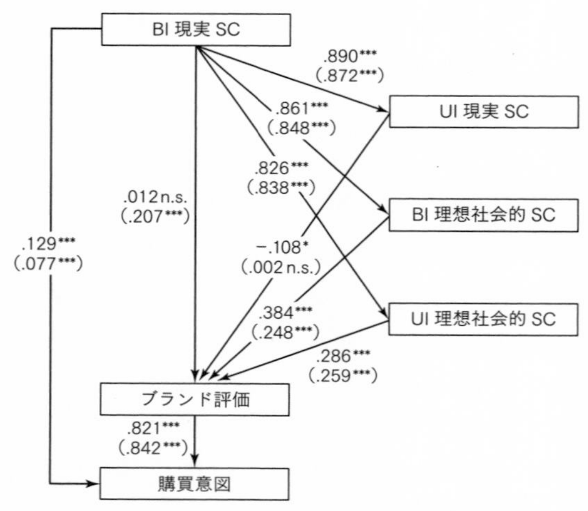

注：数値は，ラグジュアリーブランド，および（非ラグジュアリーブランド）の
　パス係数（***p < .001, *p < .05, n.s. = non-significant）。

また，BI理想社会的SC，およびUI理想社会的SCのブランド評価形成インパクトは，ブランドのラグジュアリー性水準に関わらず正であった。したがって，本調査データによって仮説H3-1c，H3-1dは支持された。

UI現実SCのラグジュアリーブランド評価に対するインパクトはネガティブであり，非ラグジュアリーの場合は統計的に有意でないことから，仮説H3-2a

は棄却された。一方，BI理想社会的SCおよびUI理想社会的SCのラグジュアリーブランド評価に対するインパクトは，非ラグジュアリーの場合よりもポジティブに大きいことから，仮説H3-2b，H3-2cは支持された。

また，本調査データから，ブランドのラグジュアリー性水準に関わらず，購買意図に対するブランド評価のポジティブなインパクト，および購買意図に対するBI現実SCのポジティブなインパクトが確認された。

3.6　考察

本章における分析結果は，服飾品ブランドの評価にあたり，消費者は「ブランドイメージとありのままの自分自身のイメージを参照した後，ブランド製品使用時の自分のイメージを考慮し，当該ブランドのユーザーイメージや社会的評価を検討する」というブランド評価形成プロセスを示唆するものと考えられる。また，ブランドに対する魅力が感じられると，消費者は当該ブランドに対する購買意図を形成することが示唆された。服飾品は着用者のひととなりを示すもの（O'Cass and Frost, 2002）であることから，「当該ブランド製品を身につけたら他者からどのように見られるか」，「当該ブランド製品を着用している人はどのような人か」等を考慮しながら，消費者はブランド評価を行うということだろう。

さらに，分析結果から，ブランドのラグジュアリー性水準を問わず，ブランドイメージとありのままの自分のイメージを参照した消費者は，短絡的に購買意図を形成する可能性が示唆された。この結果に基づけば，安価で一般的なブランドはもとより，高価格のラグジュアリーブランドであっても，衝動買いのようなヒューリスティクスに基づく購買行動があり得ると考えられる。

本章における分析結果において特に注目されるのは，ラグジュアリーブランドと非ラグジュアリーブランドの評価形成におけるSCの影響の違いである。

理想社会的SCは，参照するイメージがブランドイメージであるかユーザーイメージであるかを問わず，ラグジュアリーブランド評価に対し，非ラグジュアリーブランドの場合よりも強いポジティブな影響を与えることが示唆された。経済力や高い社会的地位を示す社会的価値が大きいラグジュアリーブランドに対し，消費者は当該価値に基づく便益を期待すると考えられる。この時，当該ブランドの使用によって社会的評価が得られなければ，ブランドの社会的価値は毀損してしまう。したがって，消費者は，ラグジュアリーブランドの評価形成に際し，非ラグジュアリーの場合よりも強く社会的評価懸念等の社会心理的影響を受けると考えられる。この社会心理的影響が，ラグジュアリーブランド評価に対する理想社会的SCの影響が大きくなる要因と思われる。

また，ラグジュアリーブランド評価に対するUI現実SCの影響がネガティブであり，BI現実SCの影響が有意でないことも注目すべき結果である。これは，一般消費者にとって「ラグジュアリーブランドのユーザーイメージが現実の自己概念と一致しない方が良い」ということであり，表3-2に示される自己一致性による消費者行動とは異なるものである。ここでは，現実SCが低位，且つ，理想SCが高位という状態が，購買意図形成における心理的コンフリクトを生じさせない。むしろ，本分析の結果から，現実SCが低く理想社会的SCが高い場合，ラグジュアリーブランド評価は向上し，結果として購買意図が向上する可能性が示唆される。

一方，非ラグジュアリーブランドの評価は，参照するイメージがブランドイメージかユーザーイメージかを問わず理想社会的SCからポジティブな影響を受けるが，その影響はラグジュアリーブランドの場合より弱いことが確認された。また，BI現実SCによる影響はポジティブであり，UI現実SCによる影響は有意でないことが確認された。この結果は，安価な非ラグジュアリーブランド製品であっても，その着用にあたっては「他の人から見られたい自分」を演出したいという消費者心理が，ラグジュアリーほどではないにせよある程度作用することを示すと考えられる。また，BI現実SCからポジティブな影響を受けるということは，非ラグジュアリーについては，自己演出と同時に普段の生活におけるより現実的な使用イメージが重視され「ありのままの自分のイメージ」に近いイメージが好まれるということであろう。

ところで，BI現実SCの影響がラグジュアリーブランド評価に対して有意でなく，非ラグジュアリーブランド評価に対してポジティブであり，UI現実SCの影響がラグジュアリーブランド評価に対してネガティブであり，非ラグジュアリーブランド評価に対して有意でないという結果には留意が必要だろう。本章における調査データは，SCによる影響が有意でないときのパス係数が0前後であることを示している。したがって，この結果は，参照イメージがブランドもしくはブランドユーザーいずれの場合においても，現実SCのブランド評価形成に対する影響が，ラグジュアリーの場合はネガティブまたは期待されないということであり，非ラグジュアリーの場合はポジティブまたは期待されないことを示すものと考えられる。一方，理想社会的SCのブランド評価に対する影響はいずれの場合もポジティブであり，ラグジュアリーの場合，当該SCの効果は非ラグジュアリーの場合より大きい。したがって，ラグジュアリー性水準に基づくSCの効果という視点から服飾品マーケティングを検討する際には，参照イメージがブランドイメージかユーザーイメージかという点よりも，当該水準によって正負が逆転する可能性のある現実SCの効果と，強弱の異なる理想社会的SCの効果に注意を向ける必要があると考えられる。

先行研究における，ラグジュアリーブランドの夢や憧れの価値（Dubois and Paternault, 1995; 片平, 1999）に関する議論に基づき，ラグジュアリーブランドが現実SCからネガティブな影響を受け理想社会的SCからポジティブな影響を受けるという分析結果に鑑みると，一般消費者はラグジュアリーに対して「現実の生活を忘れ，社会的地位の高い憧れの自分を演出すること」を期待しているとみることもできるだろう。

本章では，現実SCと理想社会的SCの効果はブランドのラグジュアリー性水準によって変化することが確認された。調査・分析の結果に鑑みると，ラグジュアリー企業がSC効果を活用し，ブランドイメージやユーザーイメージを理想の社会的自己概念に近づけると共に，現実の自己概念からこれらのイメージを遠ざけることでエクイティを向上させているとすれば，非ラグジュアリー企業が同様のマーケティング施策を進めても，ブランドエクイティ効果が減殺される可能性が懸念される。

服飾品企業がマーケティング戦略を策定する際には，自社ブランドのラグジュアリー性水準を分析した上で，服飾品購買に関する社会的評価懸念等の社会心理を考慮し，現実SCと理想社会的SCによる効果を十分検討することが求められるだろう。

3.7　小括

本章では，消費者調査に基づき，ブランド評価形成における消費者心理について自己概念調和理論を用いて分析した結果，表3-6に示される示唆が得られた。分析結果が示唆する，ブランド評価に対する現実SC効果，理想社会的SC効果，およびラグジュアリー性水準の関係は，参照イメージがブランドイメージの場合，ユーザーイメージの場合に関わらず同様であった。

本章における考察から，ラグジュアリーブランド評価形成における消費者心理は，非ラグジュアリーブランドの場合と異なることが示唆された。したがって，非ラグジュアリー企業がラグジュアリー戦略を自社の戦略に取り入れても，ラグジュアリーブランドと同様の効果は期待できない可能性が示唆された。この結果は，非ラグジュアリー企業におけるラグジュアリーの安易な模倣に対し疑問を投げかけるものである。

本章では，SCを用いた分析に基づき，ラグジュアリーブランドを評価する場合と非ラグジュアリーブランドを評価する場合に消費者心理が変化することが示唆された。ここで，SCが消費者心理の変化を反映することが確認されたことから，本章における調査・分析を通じて，評価対象ブランドのラグジュアリー性水準に基づく消費者行動における心理分析について，自己概念調和理論の適用可能性が示されたといえよう。

第4章からは，第2章で示された店舗立地イメージによるブランド態度形成インパクトや，ブランドのラグジュアリー性水準に基づく当該インパクトの変化の可能性を，消費者調査に基づく実証研究を通じて検証する。また，態度形

表3-6　ブランド評価に対するSCの効果

SCのタイプ	ラグジュアリーブランドと非ラグジュアリーブランドに対するSCの効果比較		
BI現実SC UI現実SC	非ラグジュアリーブランドの評価に対する効果	>	ラグジュアリーブランドの評価に対する効果
BI理想社会的SC UI理想社会的SC	非ラグジュアリーブランドの評価に対する効果	<	ラグジュアリーブランドの評価に対する効果

注：BI：ブランドイメージ，UI：ユーザーイメージ。
出所：著者作成。

成の背景にある消費者の心理メカニズムについて，本章で分析適用可能性が示された自己概念調和理論を用い，現実SCと理想社会的SCの影響に注目して考察する。

第4章

ブランド評価に対する店舗立地ステイタスの影響

4.1 はじめに

我が国には，商業地域とされる地区が無数に存在する。また，商業施設も多数存在し，2015年末時点で，実に3,169のショッピングモール（日本ショッピングセンター協会, 2015），224の百貨店（日本百貨店協会, 2015）が運営されている。したがって，直営店モデルを採用する服飾品企業のマーケティング戦略において，商業施設や商業地域（すなわち，店舗立地）の選択肢は多く，適切な店舗立地の選定は重要なマーケティング要素となっている。

ラグジュアリー企業において店舗立地は戦略上，致命的（vital）ともいわれるほどに重視される（Som and Blanckaert, 2015）。店舗立地のイメージが消費者のブランド評価につながり，ブランドエクイティに反映されると考えられるからである。これまでのラグジュアリー戦略研究では，特に「ラグジュアリー，象徴的，プレミアム，プレステージ，ステイタス」等の表現を用いて，店舗立地の高級感の重要性が指摘されている（例えば, Kapferer and Bastien, 2012; Som and Blanckaert, 2015）。これらの言葉から，ラグジュアリー戦略で重視される店舗立地の高級感は経済力や社会的地位の高さを示す社会的価値に基づくものと考えられる。ラグジュアリー戦略では，社会的価値を想起させる店舗立地の格，すなわち，店舗立地ステイタスのエクイティ効果が重視されるのである。実際に，多くのラグジュアリー企業は，社会的に格の高い，一流[1]の店舗立地に出店している。

服飾品企業の店舗立地選定における特徴として，立地特性に基づく来店者数

1　広辞苑第六版（2008）によれば,「一流」は「第一等の地位」や「最も優れている段階」とされる。

図4-1　服飾品企業における新規開発店舗の事業価値

立地イメージに基づく ブランドエクイティ効果	新規開発店舗 の事業価値
新規開発店舗が直接生み出す キャッシュフローのNPV	

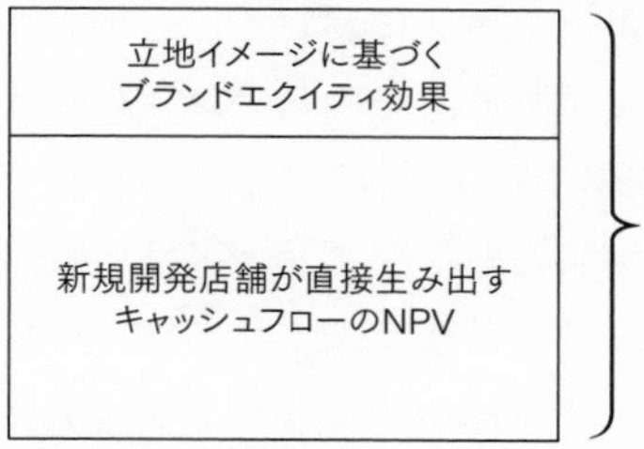

出所：著者作成。

や客単価，店舗経費等に基づくキャッシュフローだけでなく，ブランドイメージに対する店舗立地イメージの影響を重視する点が挙げられる。一般的な事業であれば，事業から直接的に生み出される期待キャッシュフローに基づくNPVやIRRによって事業価値が算出されるだろう（例えば，Brealey and Myers, 1988; 岩村, 2013）。しかし，服飾品企業では，NPVやIRRに加えて，自社ブランドに対する店舗立地イメージによる効果が見積もられ，店舗開発の意思決定がなされる。この時，服飾品企業経営者は，店舗立地イメージによる二次的ブランド連想のエクイティ効果を意図していると考えられる（図4-1）。したがって，服飾品企業では，店舗が直接生み出すキャッシュフローに基づくNPVが低位に留まるにも関わらず，店舗立地イメージによる総合的なエクイティ効果を期待して，出店が決定されるケースもみられる[2]。

コモディティ化に苦しむ非ラグジュアリー服飾品企業の多くは，ラグジュアリーブランドの競争優位性が際立っていることに鑑み，程度の差こそあれ，ラグジュアリー戦略を参考にしているとみられる。このような服飾品企業では，ラグジュアリー戦略で重視される店舗立地の高級感（Kapferer and Bastien, 2012; Som and Blanckaert, 2015）をとりわけ重視すると考えられる。こうした企業では，ステイタスの高い一流の店舗立地に自社ブランドの店舗を出店することで，ラグジュアリーブランドのカテゴリー類似点連想（Keller, 1998）を創り出し，格上のカテゴリーメンバーシップ（Kotler and Keller, 2006）を獲得し

2　第1章脚注3を参照。

ようという動機が強まるからである。

しかしながら，実際の服飾品ビジネスにおいて，店舗立地イメージの効果を定量的に測定することは容易ではなく，その効果は，経営者の経験や肌感覚に基づき見積もられるケースが多い[3]。また，ラグジュアリーブランドと特性の異なる非ラグジュアリーブランドに対し，ラグジュアリー戦略が有効なのか判然としない。さらに，第2章における考察では，ラグジュアリー戦略に基づく店舗立地の高級感は，直営店モデルを採用する非ラグジュアリーブランドにネガティブな影響を与える可能性が示唆された。服飾品企業経営において店舗開発・運営コストは甚大であることから，店舗開発が経営者の肌感覚に基づき進められると，ブランドや企業の価値が毀損される懸念が生じる。

斯かる問題意識の下，本章では，2つの消費者調査を通じて，ラグジュアリー戦略で重視される店舗立地ステイタスが服飾品ブランドのステイタスやブランド評価に与える影響，およびブランドのラグジュアリー性水準に基づくこれらの影響の変化について考察する。服飾品ブランドに関する店舗立地ステイタスのエクイティ効果を，ブランドのラグジュアリー性水準に基づき検討することが本章の目的である。

また，本章では，追加的に，消費者に知られていない未知のブランドに対する店舗立地ステイタスの影響についても考察する。本考察から得られる示唆は，服飾品企業が新規市場に初めて自社ブランドの店舗を出店する際の，店舗立地戦略の精度向上に有用であると考えられる。

4.2　ブランド評価に対する店舗立地ステイタスの影響

ステイタスとは「他の人々から受ける社会的栄誉，社会的尊敬，または社会的地位」と位置づけられる（Dawson and Cavell, 1986）。また，ステイタス消費とは，「社会的地位を自分自身や周囲の他の人々に対して象徴する製品の顕示的消費を通じ，自己の社会的地位を向上させようというモチベーションに基づく行動」である（Eastman et al, 1999）。Veblen（1899）までは，伝統的な経済

3　第1章脚注3を参照

学において社会心理に基づく消費行動は軽視され，顕示的消費のような行動はイレギュラーなものと見做されてきた。しかし，資本主義に基づく産業が発展した今日では，富裕層だけでなく一般的な消費者についても，顕示的消費は重要な消費者行動の1つとみられている（Mason, 1998）。服飾品の機能は寒さを防いだり身体を防御するといった単純な機能を越えるものであり，着用する人物の重要性や社会的地位を示す（O'Cass and Frost, 2002）といわれる。したがって，服飾品もステイタス消費の対象の1つとなるだろう。Eastman et al.（1999）は，家電製品や化粧品と並び，服飾品がステイタス消費の対象となることを実証している。さらに，この研究では，ステイタス消費の動機は社会的地位や収入水準と無相関であることが確認されている。したがって，ステイタス消費は一般的な消費行動であり，服飾品はその対象になると考えられる。

Engel and Blackwell（1982）は消費者の購買意思決定プロセスにおいて，消費者が選択肢評価に先立ち情報探索を活性化させる知覚リスクの要因として，可視性に基づく社会的影響，競合する選択肢，高価格等を挙げている。服飾品には，ブランドが多数存在すると共に，形，色，柄，素材等，選択肢は豊富であり，着用時には他者の目に触れやすい等，知覚リスクを活性化させる多くの要因がある。また，ラグジュアリーブランドの場合は，高価格というリスク要因の影響も大きくなるだろう。これまでの研究では，服飾品の購買意思決定プロセスにおいて，消費者が知覚リスクに基づき情報探索を活性化させた時，リスク低減に向けて参照される情報の1つとして店舗イメージが挙げられている（Roselius, 1971; 神山他, 1990; Delgado et al., 2013）。一方，Chebat et al.（2006）は，商業施設のイメージが高い時，施設内に設置された店舗のイメージも向上することを報告している。商業施設のイメージが店舗イメージに影響するとすれば，商業施設ではなく一般道路に面した独立店舗（以下，路面店）でも当該店舗が設置された地域のイメージの影響を受けると考えられる。購買意思決定プロセスにおいて，消費者が店舗イメージを参照し，店舗イメージは店舗立地イメージに影響を受けるならば，服飾品購買に関する知覚リスクの下で，消費者は店舗立地イメージに影響を受けながら，ブランドを評価し，購買意思決定に至ると考えられる。先行研究では，直営店モデルに基づく服飾品ブランドにおいては店舗立地要素もブランド要素の1つ（木下, 2004）であるという，より直接的な指摘もある。

意思決定問題の客観的特徴が全く同じで，かつ消費者に提示される情報の外延的な意味が同じであっても，その問題認識の心理的な構成，すなわち，決定フレームによって意思決定が異なる場合がある（守口他, 2012）。このような心理的構成によるフレーミング効果の観点からも店舗立地イメージは消費者のブランド評価に影響すると考えられる。Tversky and Kahneman（1981）は，消費者によるコストとリターンの評価が心理的フレームによって変化し，意思決定が変化することを報告している。また，小嶋（1986）およびKojima（1994）では，一般的に特売のイメージが強いスーパーマーケットで販売されている製品よりも，百貨店で販売されている製品の方が，消費者の知覚価値が高まることが確認されている。さらに，小嶋（1986）の研究では，店舗やブランドの「権威付け」が消費者の製品評価に影響する点が指摘されている。これらの報告に鑑みると，消費者が，服飾品購買意思決定プロセスにおいて，ブランド選択肢の評価に先立ち店舗立地イメージを参照すると，当該イメージによってフレーミング効果が生じることが予想される。

商業施設イメージが高いと店舗イメージが向上し，店舗の高級感が高いと製品の評価が高まるというこれまでの報告に鑑みると，購買意思決定プロセスにおける選択肢評価前の情報探索時に，ステイタスの高い店舗立地を参照し心理フレームが形成された消費者は，当該立地に店舗を構えるブランドのステイタスを高く知覚すると考えられる。また，ブランドステイタスが高く知覚されれば，ステイタス消費の対象である服飾品のブランド評価も高まるであろう。

したがって，本章では，以下の仮説を提案する。

H4-1：店舗立地ステイタスはブランドステイタスやブランド評価に正の影響を与える。

第2章で示されたように，これまでのラグジュアリー研究において，経済力や社会的地位の高さを示すラグジュアリーブランドの社会的価値の存在が示唆されている。ラグジュアリーの社会的価値については「顕示性，象徴的価値，稀少性，高級感，高価格，社会的地位・プレステージ」等の要素が指摘されており（Vigneron and Johnson, 2004; Dubois et al., 2001; Widermann et al., 2009;

Kapferer and Vallete-Florence, 2016），ラグジュアリー製品は，社会的目印（Kapferer and Bastien, 2009），社会的地位のシグナル（Vigneron and Johnson, 1999; Han et al., 2010），社会的声明（Kapferer and Bastien, 2012），象徴の力（Kapferer, 2015）等と評される。したがって，服飾品の中でも，とりわけラグジュアリーブランドは顕示的消費の対象になると共に，顕示的消費を通じて社会的地位を向上させようというステイタス消費の対象としてみられるだろう。

経済力や社会的地位，すなわち，ステイタスの高さを示す社会的価値の大きいラグジュアリーブランド製品を購入する時，消費者は，当該ブランド製品をステイタス消費の対象と看做し，非ラグジュアリーブランド製品を購入する場合に比べて，より一層ブランドのステイタスを期待すると考えられる。当該ブランドのステイタスが高ければ，消費者は消費を通じて自分自身の社会的地位を他者に顕示できるからである。

また，ラグジュアリーブランドは非ラグジュアリーブランドに比べて高価格であり，購買意思決定プロセスにおいて，消費者の知覚リスクは非ラグジュアリーの場合よりも高まると考えられる。さらに，非ラグジュアリーの場合よりもステイタス消費対象としての要素が大きいラグジュアリーブランドについて，消費者は，非ラグジュアリーの場合よりも「ブランド製品を使用した際に他者からどのようにみられるか」という社会的リスクの知覚を高めるだろう。この時，消費者は，非ラグジュアリーの場合と比べて，より一層情報探索を活性化させ，店舗立地イメージを参照し，その影響を受けると考えられる。

以上から，ラグジュアリーブランドを評価する消費者は，非ラグジュアリーの場合と比べて，より一層社会的評価懸念等のリスクを知覚しながら，店舗立地イメージを参照し，評価対象であるブランドが，所有・使用によってステイタス顕示に貢献するだけの価値があるか判断すると考えられる。この時，消費者は，ステイタスが高い立地に店舗を構えるラグジュアリーブランドの方がブランドステイタスを高く知覚すると考えられる。また，高ステイタス立地に店舗を構えるブランドは，ブランド評価者個人はもとより，他の人々からの社会的評価も期待できる。ブランドの社会的価値が他の人々からの社会的評価を得ることで成立する価値である点からみても，店舗立地ステイタスが高い時，そこに店舗を設置・運営するブランドの評価は向上するだろう。

一方，一般のブランド，すなわち，非ラグジュアリーブランドはラグジュアリーブランドと比べて低価格であり，購買意思決定プロセスにおける知覚リスクは小さいと考えられる。また，先行研究では，非ラグジュアリー製品の価値の中核は，機能的価値だと指摘される（Heine and Phan, 2011）。したがって，消費者が非ラグジュアリーブランドに対して期待するのは主に機能的便益だと考えられ，非ラグジュアリーブランド製品を消費者が購入する時，ブランドステイタスはラグジュアリーの場合ほどには求められないだろう。この時，社会的評価について消費者が知覚するリスクはラグジュアリーを購買する時に比べて低下すると考えられる。したがって，非ラグジュアリーブランドの評価に際し，消費者はラグジュアリーの場合ほどには周辺的情報を探索せず，店舗立地ステイタスの影響も低水準に留まると考えられる。

また，非ラグジュアリーに対して主に期待される機能的価値は製品属性に基づくものであり，どこで当該製品が販売されていてもこの属性は変化しない。この点からも，非ラグジュアリーブランドの評価に際して，消費者はラグジュアリーの場合ほどには店舗立地イメージを参照せず，立地ステイタスの影響は小さくなると考えられる。

もちろん，服飾品は非ラグジュアリーブランドであっても，機能的役割だけでなく着用する消費者の人となりを示すものであり（O'Cass and Frost, 2002），他の製品分野との比較においては，消費者の情緒的便益や自己表現的便益（Aaker, D., 1996）に関する期待も大きくなる可能性があろう。したがって，非ラグジュアリーについても店舗立地ステイタスの効果がないとは言い切れない。しかし，ブランドの価値構成（図 2-1）に基づけば，消費者がブランド評価において店舗立地ステイタスから受ける影響は，社会的価値の大きいラグジュアリーブランドの方が，非ラグジュアリーブランドより大きくなると考えられる。

以上から，本章では，次の仮説を提案する。

H4-2：ラグジュアリーブランドのブランドステイタスやブランド評価に対する店舗立地ステイタスの影響は，非ラグジュアリーブランドの場合よりも正に大きい。

第1章で考察したように，店舗立地イメージは，ブランドそのものに関する中心的情報に対して，ブランドをとりまく周辺的情報（青木他, 2012）と位置づけられる。この周辺的情報は，消費者の態度変容に関する情報処理の二重過程モデルとして広く支持されているELM（Petty and Cacioppo, 1986, 1996）における周辺的手掛かりの概念に近い。ELMでは，動機付けや情報処理能力が低位に留まる消費者は，説得的コミュニケーションを十分処理できず，周辺的手掛かりに影響されやすいとされる。ここで，説得的コミュニケーションを中心的情報，周辺的手掛かりを周辺的情報としてみると，情報処理能力が低水準の消費者は周辺的情報をより参照すると考えられる。したがって，ブランド知識が低位に留まる消費者は，ブランドそのものの情報を上手く処理しきれず，店舗立地イメージ等の情報を参照してブランド評価を行う可能性が高くなると考えられる。

斯かる視点から未知の服飾品ブランドに注目すると，当該ブランドについて消費者は知識が無いため，当該ブランドの評価は，有名ブランドの場合と比べて，より周辺的情報である店舗立地イメージに影響されると考えられる。

以上から，ここで次の仮説を提案する。

H4-3：未知ブランドのブランドステイタスやブランド評価に対する店舗立地ステイタスの影響は，有名ブランドの場合よりも正に大きい。

4.3　調査・分析 I

4.3.1　調査・分析の方法

H4-1～H4-3の仮説を検証する為，調査・分析 I では，有名なラグジュアリーブランド，有名な非ラグジュアリーブランド，および消費者が知らない未知のブランドという特徴が異なる3ブランドについて，イメージが異なる複数の店舗立地設定（以下，店舗立地フレーム）に基づくブランドステイタスとブランド評価に関する消費者調査を行った。

分析対象とした服飾品ブランドは，第3章で分析対象としたルイ・ヴィトンとユニクロにトーストを加えた3ブランドである。ルイ・ヴィトンとユニクロは，第3章における分析を通じて，それぞれラグジュアリー性水準が高いブランド，低いブランドに分類されている。また，これらのブランドは，Millward Brown（2019）によって，それぞれラグジュアリーブランドおよび一般アパレルブランドのグローバル・ブランド価値上位10社に位置付けられている。ルイ・ヴィトンの日本国内の売上高は国内ラグジュアリーマーケットで最大となっており（矢野経済研究所, 2017b）知名度は高く，多くのブランド研究においてラグジュアリーブランドと位置付けられている（例えば，Kim and Ko, 2010; Kapferer and Bastien, 2012）。ユニクロの日本国内の売上高は国内服飾品市場で最大であり（矢野経済研究所, 2017a）知名度は高く，多くの先行研究において大衆向けブランドとして論じられている（例えば, 斉藤, 2014; Lee et al., 2014）。トーストは1997年に英国で設立された服飾品ブランドで，英国で12店舗を運営しているのみ（Toast, 2017）で，日本国内では販売されておらず無名である。したがって，これらのブランドを，有名なラグジュアリーブランド，有名な非ラグジュアリーブランド，および未知のブランドとして分析対象とすることは，本書の目的に照らし妥当と考えられる。

ブランドを評価する際の店舗立地フレームの要素として設定したのは，商業施設として伊勢丹百貨店とイオンモール，隣接店舗としてエルメスとH&Mである。伊勢丹は1886年に創業，1930年に設立された（三越伊勢丹ホールディングス, 2017）日本を代表する百貨店であり，日本国内の百貨店店舗の中で最も売上高の大きい新宿の旗艦店（繊研新聞, 2015）によって広く知られている。イオンモールはイオングループに属する知名度の高い商業施設である。イオングループは1758年に創業した篠原屋をルーツとし，1989年にジャスコを中心に複数社が集まり設立された（イオン, 2017）日本最大の小売企業（坂口, 2015）である。エルメスは高級服飾品・革製品ブランド，H&Mは低価格カジュアル衣料チェーンで，第3章における分析を通じて，それぞれラグジュアリー性水準が高いラグジュアリーブランド，当該水準が低い非ラグジュアリーブランドに位置づけられている。これらの2ブランドはMillward Brown（2019）によるグローバル・ブランド価値上位10社に位置付けられており，日本国内における売上高は500億円を超え（矢野経済研究所, 2017b）知名度は高い。

ここでは，先ず，店舗立地要素とした商業施設とブランドのステイタスを調査した。次に，これらの店舗立地要素を用いて4つの仮想的店舗立地フレームを設定し，フレームに基づく調査対象3ブランドのブランドステイタスとブランド評価について調査した。最後に，店舗立地フレームに基づく分析対象ブランドのステイタスや評価の変化を，2つの商業施設，2つの隣接店舗（服飾品ブランド），および3つの分析対象ブランドに関する分散分析（以下，ANOVA）を用いて分析した。あわせて，ブランドステイタスとブランド評価について相関分析を行い，ブランドステイタスとブランド評価の関係を確認した。

ブランドステイタスの測定項目はDonvito et al.（2016）の高級感に関する項目から「一流」を採用した。「一流」は我が国の消費者が，社会的地位や格の高さを示す際に一般的に使用される形容語で，「第一等の地位」を示す言葉（広辞苑第六版，2008）であり，小売業に関する先行研究においても用いられている（例えば，小嶋，1986; 山本，2014）。

ブランド評価項目は，第3章と同様にAdaval and Monroe（2002）の態度項目から「魅力」を採用した。また，商業施設と隣接店舗の組合せによる店舗立地フレームに基づくブランドステイタス，およびブランド評価に関する設問文はGraeff（1997）を参考とした。回答者は店舗立地要素，および分析対象ブランド店舗の写真を参照しながら回答した。本調査に用いた測定項目を以下に示す。尚，本調査における回答は全て7点尺度のリッカートスケール（1：全くそう思わない～7：非常にそう思う）に基づく。

⑴商業施設（隣接ブランド店舗）ステイタス

伊勢丹百貨店（イオンモール；エルメス；H&M）は一流である。

⑵店舗立地フレームに基づくブランドステイタス

伊勢丹百貨店（イオンモール）にショッピングに来た時をイメージして下さい。エルメス（H&M）の隣にルイ・ヴィトン（ユニクロ；トースト）が出店していたとします。この時，あなたのルイ・ヴィトン（ユニクロ；トースト）に対する感じ方について教えて下さい。：ルイ・ヴィトン（ユニクロ；トースト）は一流である。

⑶店舗立地フレームに基づくブランド評価

伊勢丹百貨店（イオンモール）にショッピングに来た時をイメージして下さい。エルメス（H&M）の隣にルイ・ヴィトン（ユニクロ；トースト）が出店していたとします。この時，あなたのルイ・ヴィトン（ユニクロ；

トースト）に対する感じ方について教えて下さい。：ルイ・ヴィトン（ユニクロ；トースト）に魅力を感じる。

先行研究では単一測定項目による消費者の評価に関する分析手法も示されている（小嶋, 1986; Blackwell et al., 2001）ことから，過剰な回答負荷の回避，および調査の実効性を考慮し，本章におけるブランド・商業施設のステイタス，およびブランド評価については，単一項目に基づく調査・分析を行った。

データ収集は，第3章と同様に，我が国のオンライン・リサーチ最大手，マクロミルを起用して行われた。回答者は無作為抽出された首都圏（東京都，神奈川県，埼玉県，千葉県）に在住する20代～60代の一般消費者（男女）である[4]。ただし，回答バイアスを避ける為，本書における他の調査の回答者は本調査の対象からあらかじめ除外している。尚，回答者はスクリーニングにおいて，ルイ・ヴィトン，ユニクロ，伊勢丹百貨店，イオンモール，エルメス，H&Mを知っており，未知ブランドとしてのトーストを知らないことが確認された一般消費者であり，設定された全ての立地フレーム，および分析対象ブランドについて回答した。富裕層に限らず一般的な消費者の行動について調査する為，回答者の抽出にあたり所得は考慮していない。尚，本調査は，データに欠測が生じぬよう，回答者が全ての設問に答えない限り集計されない設計とした。

4.3.2　調査・分析の結果

調査は2015年10月27日～28日に行われ312の有効回答が得られた。回答者の属性を表4-1に示す。

調査データに基づき，店舗立地要素の内，商業施設について消費者のパーセプションを確認した所，伊勢丹百貨店のステイタスはイオンモールのステイタスよりも高く知覚されていることがCorrelated t-testによって確認された（$mean = 5.340$ versus 3.776; $t_{311} = 19.218$; $p < .001$）。また，隣接店舗として設定したブランドについて消費者のパーセプションを確認した所，エルメスのステイタスはH&Mのステイタスよりも高く知覚されていることがCorrelated t-testによって確認された（$mean = 5.869$ versus 3.859; $t_{311} = 23.644$; $p < .001$）。

4　国勢調査に基づく男女・年齢別比率を目安として，性別・年齢のセグメント毎にマクロミルのモニターから無作為に回答者を抽出した。

表4-1　回答者属性（調査・分析I）

回答者属性		n	%
性別	男性	160	51.3
	女性	152	48.7
年齢（単位：歳）	20－24	16	5.1
	25－29	31	9.9
	30－34	32	10.3
	35－39	32	10.3
	40－44	33	10.6
	45－49	44	14.1
	50－54	36	11.5
	55－59	22	7.1
	60－64	32	10.3
	65－69	34	10.9
職業	公務員	5	1.6
	経営者・役員	8	2.6
	会社員	117	37.5
	自営業	16	5.1
	自由業	8	2.6
	専業主婦（主夫）	67	21.5
	パート・アルバイト	47	15.1
	学生	11	3.5
	その他	9	2.9
	無職	24	7.7
世帯年収（単位：円）	2,000,000未満	19	6.1
	2,000,000－3,999,999	56	17.9
	4,000,000－5,999,999	51	16.3
	6,000,000－7,999,999	41	13.1
	8,000,000－9,999,999	38	12.2
	10,000,000－11,999,999	12	3.8
	12,000,000－14,999,999	12	3.8
	15,000,000－19,999,999	6	1.9
	20,000,000以上	3	1.0
	無回答	74	23.7

以上から，本調査では，これら4つの立地要素を高ステイタス商業施設，低ステイタス商業施設，高ステイタス隣接店舗，低ステイタス隣接店舗として，4つの仮想的店舗立地フレーム（HH, HL, LH, LL）を設定した（表4-2）。

これらの4つの立地に，ルイ・ヴィトン（有名ラグジュアリーブランド），ユニクロ（有名非ラグジュアリーブランド），トースト（未知ブランド）が出店していた場合に消費者が知覚するブランドステイタスの変化を，商業施設，隣接店舗，および分析対象ブランドに関する3-way ANOVA（within-subjects de-

表4-2　店舗立地フレーム（調査・分析I）

商業施設のタイプ		隣接店舗のタイプ：高ステイタスブランド店舗	隣接店舗のタイプ：低ステイタスブランド店舗
	高ステイタス商業施設	HH立地：伊勢丹百貨店内・エルメス店舗の隣の店舗立地	HL立地：伊勢丹百貨店内・H&M店舗の隣の店舗立地
	低ステイタス商業施設	LH立地：イオンモール内・エルメス店舗の隣の店舗立地	LL立地：イオンモール内・H&M店舗の隣の店舗立地

sign）を用いて確認した。その結果，ブランドステイタスに対する商業施設ステイタスと分析対象ブランドの交互作用，および隣接店舗ステイタスと分析対象ブランドの交互作用が確認された（$F_{2,622}=76.043$, $p<.001$, Partial $\eta^2=.196$; $F_{2,622}=21.715$, $p<.001$, Partial $\eta^2=.065$）。したがって，店舗立地ステイタスのブランドステイタスに対する影響は，ブランドのラグジュアリー性水準や認知度によって変化することが示唆された。ANOVAの結果を図4-2および表4-3に示す。

ここで，ルイ・ヴィトンのステイタスは店舗立地フレームHH, HL, LH, LLの順にしたがって低下することが確認され，4つの立地フレームにおいて消費者が知覚するブランドステイタスの変化は統計的に有意であった。一方，ユニクロのブランドステイタスは4つの店舗立地フレームにおいて僅かに上下に変化するだけで，複数の立地フレーム間においてステイタスの有意差は確認できなかった。また，トーストのステイタスはルイ・ヴィトン同様に店舗立地フレームHH, HL, LH, LLの順に低下したが，その変化は僅かであり，ユニクロと同様に複数の立地フレーム間においてステイタスの変化は有意でなかった。

同様に，3-way ANOVA（within-subject design）を用いて，4つの店舗立地フレームにおける分析対象3ブランドのブランド評価の変化を確認した。その結果，ブランド評価に対する商業施設ステイタスと分析対象ブランドの交互作用，および隣接店舗ステイタスと分析対象ブランドの交互作用が確認され（$F_{2,622}=54.017$, $p<.001$, Partial $\eta^2=.148$; $F_{2,622}=26,102$, $p<.001$, Partial $\eta^2=.077$），ブランド評価に対する立地ステイタス効果は，ブランドのラグジュアリー性水準や認知度によって変化することが示唆された。ここで，ルイ・ヴィ

図4－2　店舗立地に基づくブランドステイタスの変化（調査・分析Ⅰ）

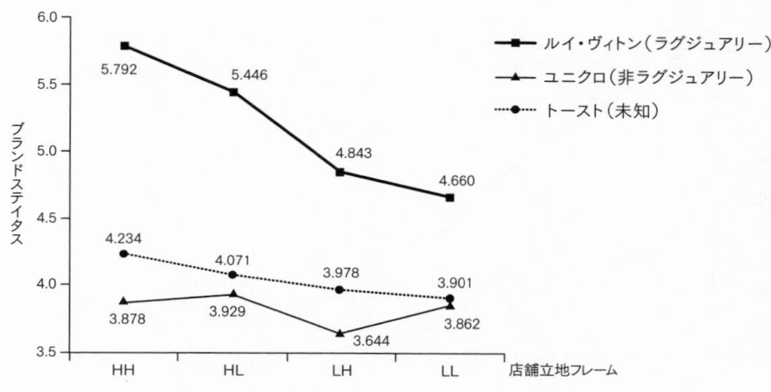

表4－3　店舗立地要素のブランドステイタスに対する影響
（3-way（2×2×3）ANOVA）（調査・分析Ⅰ）

要　因	df	F value	Partial η^2
商業施設ステイタス（主効果）	(1,311)	149.619***	.325
隣接店舗ステイタス（主効果）	(1,311)	8.348**	.026
分析対象ブランド（主効果）	(2,622)	217.565***	.412
商業施設×隣接店舗（交互作用）	(1,311)	11.949**	.037
商業施設×分析対象ブランド（交互作用）	(2,622)	76.043***	.196
隣接店舗×分析対象ブランド（交互作用）	(2,622)	21.715***	.065
商業施設×隣接店舗×分析対象ブランド（交互作用）	(2,622)	.485 n.s.	.002

多重比較（Bonferroni）		ルイ・ヴィトン（ラグジュアリー）	ユニクロ（非ラグジュアリー）	トースト（未知）
HH	HL	***	n.s.	***
HH	LH	***	***	***
HH	LL	***	n.s.	***
HL	LH	***	***	n.s.
HL	LL	***	n.s.	***
LH	LL	***	***	n.s.

注：主効果，交互作用は，分析対象ブランドのブランドステイタスに対する効果。HH：高ステイタス商業施設×高ステイタス隣接店舗，HL：高ステイタス商業施設×低ステイタス隣接店舗，LH：低ステイタス商業施設×高ステイタス隣接店舗，LL：低ステイタス商業施設×低ステイタス隣接店舗。***p<.001，**p<.01，n.s.＝non-significant。

図4-3　店舗立地に基づくブランド評価の変化（調査・分析Ⅰ）

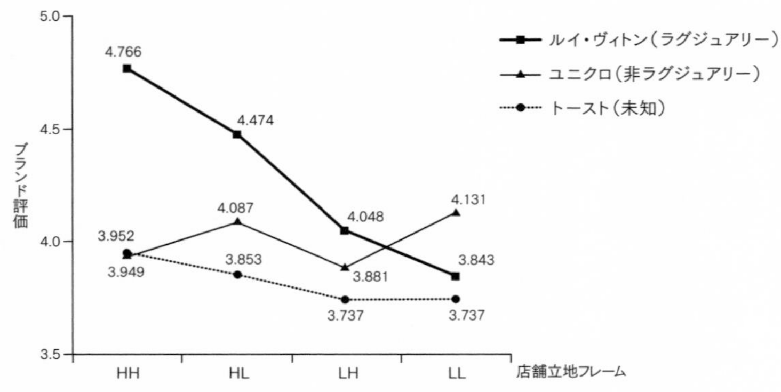

表4-4　店舗立地要素のブランド評価に対する影響
（3-way（2×2×3）ANOVA）（調査・分析Ⅰ）

要　因	df	F value	Partial η^2
商業施設ステイタス（主効果）	(1,311)	85.187***	.215
隣接店舗ステイタス（主効果）	(1,311)	1.799 n.s.	.006
分析対象ブランド（主効果）	(2,622)	20.289***	.061
商業施設×隣接店舗（交互作用）	(1,311)	6.495*	.020
商業施設×分析対象ブランド（交互作用）	(2,622)	54.017***	.148
隣接店舗×分析対象ブランド（交互作用）	(2,622)	26.102***	.077
商業施設×隣接店舗×分析対象ブランド（交互作用）	(2,622)	.054 n.s.	.000

多重比較 (Bonferroni)		ルイ・ヴィトン（ラグジュアリー）	ユニクロ（非ラグジュアリー）	トースト（未知）
HH	HL	***	n.s.	n.s.
HH	LH	***	n.s.	***
HH	LL	***	n.s.	***
HL	LH	***	**	*
HL	LL	***	n.s.	*
LH	LL	***	***	n.s.

注：主効果，交互作用は，分析対象ブランドのブランド評価に対する効果。HH：高ステイタス商業施設×高ステイタス隣接店舗，HL：高ステイタス商業施設×低ステイタス隣接店舗，LH：低ステイタス商業施設×高ステイタス隣接店舗，LL：低ステイタス商業施設×低ステイタス隣接店舗。
***p<.001，**p<.01，*p<.05，n.s.=non-significant。

トンの評価は店舗立地フレームHH，HL，LH，LLの順にしたがって低下することが確認され，4つの立地フレームにおいて消費者が知覚するブランド評価の変化は，統計的に有意であった。一方，ユニクロ，およびトーストのブランド評価は4つの店舗立地フレームにおける変化は小さく，複数の立地フレーム間においてステイタスの統計的有意差は確認できなかった。ANOVAの結果を図4-3および表4-4に示す。

尚，分析対象ブランドであるルイ・ヴィトン，ユニクロ，トーストのブランドステイタスとブランド評価について相関分析を行った所，強いポジティブな相関が確認された（$r = .657; p < .001$）。

調査・分析Ⅰでは，店舗立地ステイタスはラグジュアリーブランドのブランドステイタスにポジティブな影響を与える一方で，非ラグジュアリーブランドや未知ブランドのブランドステイタスに与える影響は判然としないことが確認された。ブランド評価についても，店舗立地ステイタスのポジティブな効果がラグジュアリーの場合は明確であったが，非ラグジュアリーブランドや未知ブランドの場合ははっきりしない結果であった。この分析結果は仮説H4-1を部分的に支持している。

また，ラグジュアリーブランドのステイタスや評価について店舗立地ステイタスの明確なポジティブな効果が確認される一方，非ラグジュアリーブランドの場合は効果が判然とせず，ラグジュアリーブランドに対する効果は非ラグジュアリーブランドの場合よりも大きいことが確認された。この分析結果は仮説H4-2を支持している。

一方，ブランドの周辺的情報である店舗立地ステイタスに基づく未知ブランドのステイタスや評価の変化は，有名ラグジュアリーブランドの場合より小さく，有名非ラグジュアリーブランドの場合と比べても大きいとはいえないことが確認された。したがって，仮説H4-3は棄却された。

4.4　調査・分析Ⅱ

4.4.1　調査・分析の方法

ブランドのラグジュアリー性水準に基づく店舗立地ステイタス効果について

より一般的な示唆を得るため，調査・分析Ⅱでは分析対象を10ブランドまで増やし，複数の店舗立地に基づくブランドステイタスおよびブランド評価の変化について考察する。

分析対象とするブランドは，第3章と同様にルイ・ヴィトン，エルメス，シャネル，グッチ，プラダ，ザラ，H&M，ユニクロ，ラルフローレン，トミーヒルフィガーの10ブランドである。ここでは議論を単純化する為，店舗立地要素は商業施設のみに絞り込む。ここで用いる店舗立地フレームの要素は，調査・分析Ⅰと同様に伊勢丹百貨店およびイオンモールである。

ここでは，先ず，第3章における調査・分析と同様に，分析対象ブランドのラグジュアリー性水準について調査し，CFAを行った。次に，店舗立地要素とした2つの商業施設のステイタスを調査した。次に，これらの店舗立地ステイタスに基づく分析対象ブランドのステイタスとブランド評価ついて調査した。最後に，店舗立地ステイタスに基づく分析対象ブランドのステイタスや評価の変化を，2つの商業施設および分析対象ブランドに関するANOVAを用いて分析した。あわせて，相関分析を行い，ブランドステイタスとブランド評価の関係を確認した。

ラグジュアリー性水準の測定はKapferer（1998）による16項目のBLIを用いた。その他の測定項目は調査・分析Ⅰと同様であり，回答は全て7点尺度のリッカートスケール（1：全くそう思わない〜7：非常にそう思う）に基づく。測定項目を以下に示す。

⑴ブランドのラグジュアリー性水準

物品の美しさ；製品の卓越さ；魔力；独自性；伝承やノウハウ；創造性；製品の官能性；例外的な感じ；絶対に廃れないこと；国際的な評判；職人による生産；長い歴史；天才的なクリエイター；もっている人が少数派；購入者はほとんどいない；流行の最先端。

⑵商業施設ステイタス

伊勢丹百貨店（イオンモール）は一流である。

⑶店舗立地フレームに基づくブランドステイタス

伊勢丹百貨店（イオンモール）にショッピングに来た時をイメージして下さい。そこにルイ・ヴィトン（エルメス；シャネル；グッチ；プラダ；ラルフローレン；トミーヒルフィガー；ザラ；H&M；ユニクロ）が出店していたとします。この時，あなたのルイ・ヴィトン（エルメス；シャネル；グッチ；プラダ；ラルフローレン；トミーヒルフィガー；ザラ；H&M；ユニクロ）に対する感じ方について教えて下さい。：ルイ・ヴィトン（エルメス；シャネル；グッチ；プラダ；ラルフローレン；トミーヒルフィガー；ザラ；H&M；ユニクロ）は一流である。

(4)店舗立地フレームに基づくブランド評価

伊勢丹百貨店（イオンモール）にショッピングに来た時をイメージして下さい。そこにルイ・ヴィトン（エルメス；シャネル；グッチ；プラダ；ラルフローレン；トミーヒルフィガー；ザラ；H&M；ユニクロ）が出店していたとします。この時，あなたのルイ・ヴィトン（エルメス；シャネル；グッチ；プラダ；ラルフローレン；トミーヒルフィガー；ザラ；H&M；ユニクロ）に対する感じ方について教えて下さい。：ルイ・ヴィトン（エルメス；シャネル；グッチ；プラダ；ラルフローレン；トミーヒルフィガー；ザラ；H&M；ユニクロ）に魅力を感じる。

調査・分析Ⅱでも，調査・分析Ⅰと同様に，過度な回答負荷の回避，および実効性の確保を考慮し，ブランド・商業施設ステイタス，およびブランド評価について単一項目を用いて測定した。また，消費者調査も，無作為抽出された回答者を対象として，調査・分析Ⅰと同様の手法を用いて実施された。ただし，回答バイアスを避ける為，本書における他の調査の回答者はあらかじめ調査対象から除外している。回答者はスクリーニングにおいて，店舗立地要素とする2つの商業施設，および分析対象とする10ブランド全てを知っていることが確認された，首都圏（東京都，神奈川県，埼玉県，千葉県）在住，20代～60代の一般消費者（男女）であり，全ての立地フレーム，および分析対象ブランドについて回答した。富裕層に限らず一般的な消費者の行動について調査する為，回答者の抽出にあたり回答者の所得は考慮していない。回答者は店舗立地要素，および分析対象ブランドの店舗写真を参照しながら回答した。尚，本調査は，データに欠測が生じぬよう，回答者が全ての設問に回答しなければ集計されない設計とした。

4.4.2　調査・分析の結果

調査は2016年2月24日～25日に行われ310の有効回答が得られた。回答者の属性を表4-5に示す。

分析対象10ブランドのラグジュアリー性水準について，16項目のBLI（Kapferer, 1998）に基づきEFA（主因子法，バリマックスローテーション）を行った所，固有値が1以上の2つの因子が抽出された。ここで，第3章における調査と同様に，16項目の内「流行の最先端」による因子負荷量が小さかったことか

表4-5　回答者属性（調査・分析Ⅱ）

回答者属性		n	%
性別	男性	155	50.0
	女性	155	50.0
年齢 （単位：歳）	20－24	23	7.4
	25－29	39	12.6
	30－34	27	8.7
	35－39	35	11.3
	40－44	34	11.0
	45－49	28	9.0
	50－54	42	13.5
	55－59	20	6.5
	60－64	26	8.4
	65－69	36	11.6
職業	公務員	6	1.9
	経営者・役員	8	2.6
	会社員	128	41.3
	自営業	21	6.8
	自由業	8	2.6
	専業主婦（主夫）	67	21.6
	パート・アルバイト	33	10.6
	学生	14	4.5
	その他	10	3.2
	無職	15	4.8
世帯年収 （単位：円）	2,000,000未満	13	4.2
	2,000,000－3,999,999	37	11.9
	4,000,000－5,999,999	69	22.3
	6,000,000－7,999,999	56	18.1
	8,000,000－9,999,999	27	8.7
	10,000,000－11,999,999	18	5.8
	12,000,000－14,999,999	16	5.2
	15,000,000－19,999,999	2	0.6
	20,000,000以上	5	1.6
	無回答	67	21.6

ら，当該項目を除く15項目を用いて2因子モデルに基づくCFAを行った。その結果，各項目の因子負荷量は.779～.897，各構成概念のCronbach's alphaは.880～969，CRは.835～.970，AVEは.715～.717となった。また，各構成概念のAVEは構成概念間の相関係数の平方（r^2=.110）を上回った。したがって，内部一貫的信頼性，収束的妥当性，弁別的妥当性が認められ（Peterson, 1994; Fornell and Larcker, 1981; Hair et al., 2014），構成概念の妥当性が確認された。構成するBLI項目に基づき，第3章における分析と同様に，本章で抽出された2つの構成概念を「贅沢感」，「ユーザー限定性」とした。CFAの結果を表4-6に示す。また，贅沢感，およびユーザー限定性に関する因子スコアの合計値に基づく分析対象10ブランドのラグジュアリー性水準の比較を図4-4に示す。

次に，店舗立地要素である商業施設について消費者のパーセプションを確認した所，調査・分析Ⅰと同様に，伊勢丹百貨店のステイタスはイオンモールのステイタスよりも高く知覚されていることがCorrelated t-testによって確認された（mean＝5.268 versus 3.545; t_{309}＝19.286; p ＜.001）。したがって，本調査では，伊勢丹百貨店を高ステイタス立地フレーム，イオンモールを低ステイタス立地フレームとして設定した。

調査・分析Ⅱでは，高ステイタス立地フレーム，低ステイタス立地フレーム

表4-6 ブランドのラグジュアリー性に関するCFA（調査・分析Ⅱ）

構成概念	BLI項目	因子負荷量	CR	AVE	α
贅沢感	物品の美しさ	.873	.970	.715	.969
	製品の卓越さ	.878			
	魔力	.856			
	独自性	.820			
	伝承やノウハウ	.897			
	創造性	.834			
	製品の官能性	.857			
	例外的な感じ	.818			
	絶対に廃れないこと	.819			
	国際的な評判	.779			
	職人による生産	.867			
	長い歴史	.856			
	天才的なクリエイター	.830			
ユーザー限定性	もっている人が少数派	.858	.835	.717	.880
	購入者はほとんどいない	.835			

注：2つの構成概念のAVEは，構成概念間の相関係数の平方（r^2=.110）を上回っている。

図4-4　分析対象ブランドのラグジュアリー性水準（調査・分析Ⅱ）

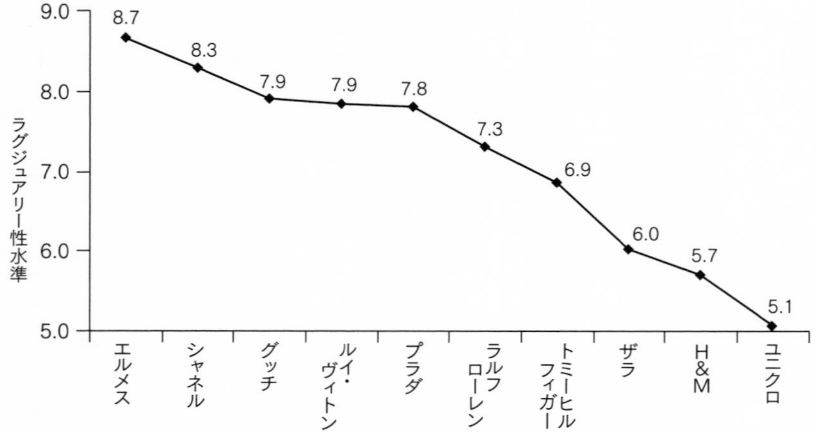

注：ラグジュアリー性水準のスコアは贅沢感，ユーザー限定性に関する因子スコアの合計値。

に，分析対象10ブランドが出店していた場合に消費者が知覚するブランドステイタスの変化を，ブランド毎に分析した。分析は，商業施設，および分析対象10ブランドに関する2-way ANOVA（within-subject design）を用いた。その結果，ブランドステイタスに対する店舗立地と分析ブランドの交互作用が確認された（$F_{9,2781}=68.596$; $p<.001$, Partial $\eta^2=.182$）。したがって，ブランドステイタスに対する店舗立地ステイタスの効果は，ブランドのラグジュアリー性水準によって変化することが示唆された。ANOVAの結果を図4-5および表4-7に示す。

ここでは，ラグジュアリー性水準が高いエルメス，シャネル，グッチ，ルイ・ヴィトン，プラダ，ラルフローレン，トミーヒルフィガーの7ブランドは，高ステイタス立地フレーム（伊勢丹百貨店）に店舗がある場合の方が，低ステイタス立地フレーム（イオンモール）の場合よりもステイタスが高くなることが確認された。逆に，ラグジュアリー性水準が低位に留まるH&M，ユニクロの2ブランドは，低ステイタス立地フレーム（イオンモール）に店舗がある場合の方が，高ステイタス立地フレーム（伊勢丹百貨店）の場合よりもステイタスが高くなることが確認された。また，ラグジュアリー性水準が，高ラグジュアリー性7ブラン

図4-5　店舗立地に基づくブランドステイタスの変化（調査・分析Ⅱ）

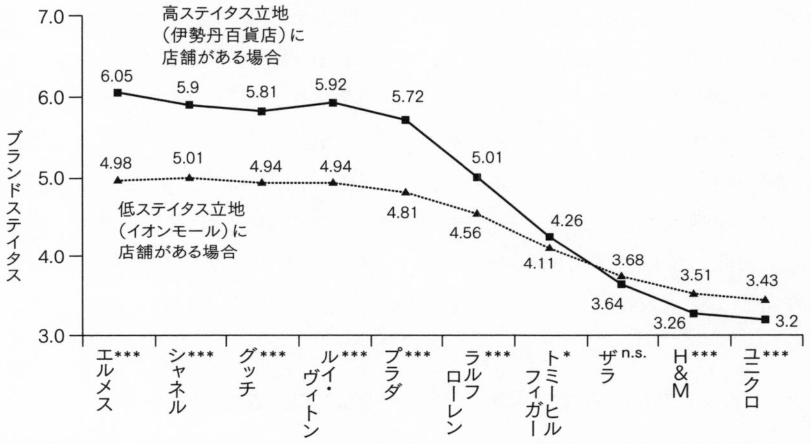

注：高ステイタス立地フレームと低ステイタス立地フレームにおけるブランドステイタス知覚差異の有意性（Bonferroni）：***p＜.001，*p＜.05，n.s.＝non-significant。

表4-7　店舗立地要素のブランドステイタスに対する影響
（2-way（2×10）ANOVA）（調査・分析Ⅱ）

要　因	df	F value	Partial η^2
店舗立地（主効果）	（1,309）	75.275***	.196
分析対象ブランド（主効果）	（9,2781）	320.524***	.508
店舗立地×分析対象ブランド（交互作用）	（9,2781）	68.596***	.182

注：主効果，交互作用は，分析対象ブランドのブランドステイタスに対する効果。***p＜.001。

ド，低ラグジュアリー性2ブランドの間に位置する（図4-4）ザラは，2つの立地フレームにおけるブランドステイタスに統計的有意差が確認されなかった。

同様に，2-way ANOVA（within subject design）を用いて，2つの店舗立地フレームにおける分析対象10ブランドのブランド評価の変化を確認した。その結果，ブランド評価に対する店舗立地と分析ブランドの交互作用が確認された（$F_{9,2781}=50.263$; $p<.001$, Partial $\eta^2=.140$）。したがって，ブランド評価に対する店舗立地ステイタスの効果は，ブランドのラグジュアリー性水準によって変化することが示唆された。ANOVAの結果を図4-6および表4-8に示す。

ここでは，ラグジュアリー性水準が高いエルメス，シャネル，グッチ，ルイ・

ヴィトン，プラダ，ラルフローレンの6ブランドは，高ステイタス立地フレーム（伊勢丹百貨店）に店舗がある場合の方が，低ステイタス立地フレーム（イオンモール）の場合よりも評価が高くなることが確認された。逆に，ラグジュアリー性水準が低位であるH&M，ユニクロの2ブランドは，低ステイタス立地フレーム（イオンモール）に店舗がある場合の方が，高ステイタス立地フレーム（伊勢丹百貨店）の場合よりも評価が高くなることが確認された。また，ラグジュアリー性水準が，高ラグジュアリー性6ブランド，低ラグジュアリー性2ブランドの間に位置する（図4-4）トミーヒルフィガー，ザラの2ブランドは，2つの立地フレームにおけるブランド評価に有意差が確認されなかった。

図4-6　店舗立地に基づくブランド評価の変化（調査・分析Ⅱ）

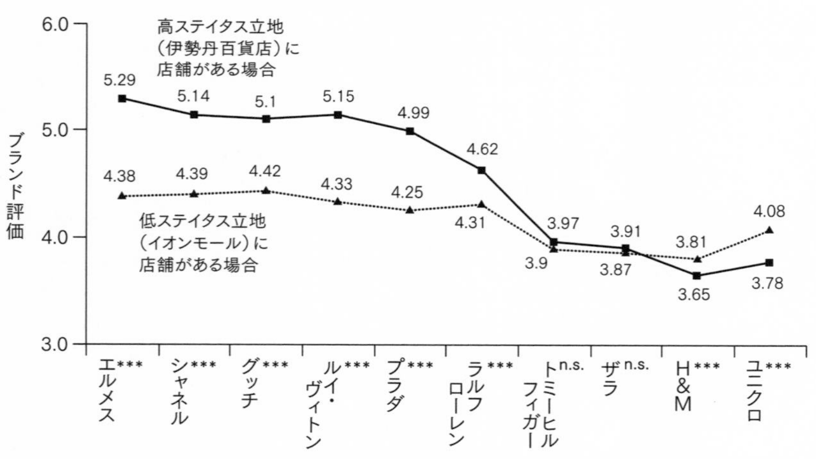

注：高ステイタス立地フレームと低ステイタス立地フレームにおけるブランド評価差異の有意性（Bonferroni）：***p<.001，n.s.=non-significant。

表4-8　店舗立地要素のブランド評価に対する影響
（2-way（2×10）ANOVA）（調査・分析Ⅱ）

要　因	df	F value	Partial η^2
店舗立地（主効果）	（1,309）	69.557***	.184
分析対象ブランド（主効果）	（9,2781）	60.278***	.163
店舗立地×分析対象ブランド（交互作用）	（9,2781）	50.263***	.140

注：主効果，交互作用は，分析対象ブランドのブランド評価に対する効果。***p<.001。

尚，分析対象とした10ブランドについて，ブランドステイタスとブランド評価について相関分析を行った所，これらの要素に関する消費者のパーセプションには強いポジティブな相関が確認された（$r = .697; p < .001$）。

調査・分析Ⅱでは，高ステイタス立地フレームに出店している場合，ラグジュアリー性水準の高いブランドはステイタスが向上したものの，一部のブランドではステイタスの変化が有意でなく，ラグジュアリー性水準が低いブランドはステイタスが低下した。また，ブランド評価についても同様の結果が得られた。したがって，仮説H4-1は部分的に支持された。

さらに，ブランドステイタスやブランド評価に対する店舗立地ステイタスによる影響は，ブランドのラグジュアリー性水準が高いほど正に大きくなることが確認された。また，立地ステイタスによる効果はラグジュアリー性水準が低下すると小さくなり，当該水準が非常に低い場合には影響がネガティブとなることが確認された。この分析結果は仮説H4-2を支持している。

4.5　考察

調査・分析Ⅰ，調査・分析Ⅱでは，共に，消費者がブランドステイタスの知覚を高めるとブランド評価を向上させることが確認された。本調査で用いたブランド評価の測定項目はブランドの魅力度であり，当該指標が向上すれば消費者の購買意図が向上することは第3章における消費者調査で示唆されている。したがって，服飾品企業がブランドステイタスを向上させようとすることは，マーケティング戦略上，間違いではないだろう。

調査・分析Ⅰでは，店舗立地ステイタスが高いほど，ラグジュアリーブランドであるルイ・ヴィトンのブランドステイタスは向上し，ブランド評価が高まることが確認された。この結果から，ラグジュアリーブランドが「ラグジュアリー，象徴的，プレミアム，プレステージ，ステイタス」等と表現される店舗立地の高級感（例えば，Kapferer and Bastien, 2012; Som and Blanckaert, 2015）を重視し，ステイタスが高い立地に戦略的に出店することは妥当と考えられる。

一方，調査・分析Ⅰの結果をみると，非ラグジュアリーブランドであるユニクロについては，店舗立地ステイタスによる効果が判然としない。この結果は，非ラグジュアリーブランドがラグジュアリー戦略に基づき高級感の高い店舗立地を獲得しても効果が期待しづらいことを示唆している。

調査・分析Ⅱでは，ラグジュアリー性水準が高いブランドほど，ブランドステイタスやブランド評価に対する店舗立地ステイタスのインパクトが正に大きいことが確認された。一方，ラグジュアリー性水準が非常に低位に留まる場合，店舗立地ステイタスの効果は期待できないどころか，むしろ，ネガティブとなる可能性が示唆された。すなわち，調査・分析Ⅱの結果に基づけば，ラグジュアリーブランドは高級立地に出店すると消費者のブランド評価向上が期待できる一方，非ラグジュアリーブランドがラグジュアリー戦略に倣って高級立地に出店すると，ブランド評価が悪化する可能性がある。

さらに，調査・分析Ⅱで分析対象とした10ブランドのラグジュアリー性水準と，高ステイタス立地と低ステイタス立地に基づくブランドステイタスの変化量に注目すると，変化量はブランドのラグジュアリー性水準が高いほど正に大きいことが確認された。ここで，ブランドのラグジュアリー性水準を説明変数，立地ステイタス効果によるブランドステイタス変化量を目的変数とする回帰分析を行った所，これらのリニアな関係が確認された（図4-7）。同様に，ブランドのラグジュアリー性水準と高・低立地ステイタスにおけるブランド評価変化量の関係もリニアとなっていることが確認された（図4-8）。

2つの調査・分析結果に鑑みると，ラグジュアリー性水準が高位のブランドは，ラグジュアリー戦略に基づきステイタスが高い高級な店舗立地に出店した場合にブランドエクイティ向上が期待される。一方，ラグジュアリー性水準が低位のブランドは，高ステイタスの高級立地によるポジティブなブランドエクイティ効果は期待しづらく，むしろネガティブな影響が生じる可能性があるとみられる。この結果は，第2章において，先行研究に基づく考察を通じて得られた示唆（図2-2）に合致している。

本章の調査・分析によって示唆されたブランドのラグジュアリー性水準と立地ステイタス効果の関係に鑑みると，服飾品企業が二次的ブランド連想のエクイティ効果を期待してラグジュアリー戦略に基づき店舗立地戦略を策定する場合には，自社ブランドのラグジュアリー性水準と店舗立地高級感によるエクイティ効果を充分検討することが求められるだろう。高額家賃が求められるステイタ

図4-7　立地ステイタスに基づくブランドステイタスの変化量と
ブランドのラグジュアリー性水準の関係（調査・分析Ⅱ）

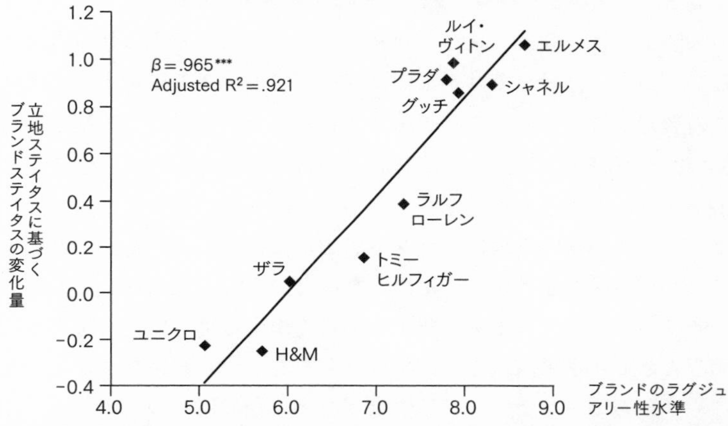

注：図中の回帰直線は，ブランド別の平均ラグジュアリー性水準を説明変数，ブランド別の平均ステイタス変化量を目的変数とする回帰分析による（β＝標準偏回帰係数；***$p<.001$）。ラグジュアリー性水準は，BLIに基づく「贅沢感」と「ユーザー限定性」の因子スコアの合計値。

図4-8　立地ステイタスに基づくブランド評価の変化量と
ブランドのラグジュアリー性水準の関係（調査・分析Ⅱ）

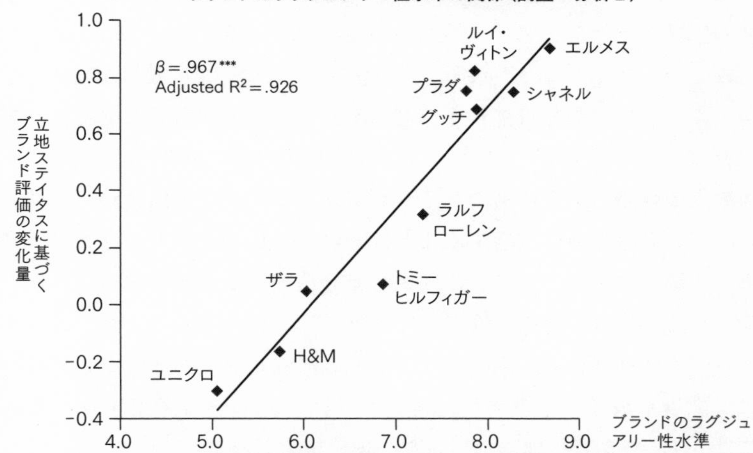

注：図中の回帰直線は，ブランド別の平均ラグジュアリー性水準を説明変数，ブランド別の平均評価変化量を目的変数とする回帰分析による（β＝標準偏回帰係数；***$p<.001$）。ラグジュアリー性水準は，BLIに基づく「贅沢感」と「ユーザー限定性」の因子スコアの合計値。

スの高い高級店舗立地を，店舗が生み出す直接的キャッシュフローを犠牲にしてまでも確保すべきかどうかは，ブランドのラグジュアリー性水準に基づき変化する立地ステイタスの効果に基づき判断されるべきだと考えられるのである。

ところで，調査・分析Ｉでは，未知ブランドのトーストに対する店舗立地ステイタスの影響が僅少であることが確認された。この結果は，ELM（Petty and Cacioppo, 1986, 1996）における，「消費者の情報処理能力が低位に留まる場合，周辺的手がかりの影響が大きくなる」との示唆に一致しない。これは，今日の消費者は，高級感の高い立地にブランド店舗が設置されているからといって，当該ブランドが高級だとは安易に信用しないということだろう。この結果に鑑みると，非ラグジュアリー企業が新規市場に進出する場合に，高級立地に店舗を設置することで「本来高級でないブランドをあたかも高級ブランドのようにみせかける」類のマーケティング手法は，なかなか通用しづらいということを示唆している。

4.6　小括

本章では，2つの消費者調査を通じて，消費者の知覚に対する店舗立地ステイタスの影響はラグジュアリー性水準が高いブランドについてポジティブに大きい一方で，ラグジュアリー性水準が低いブランドについては効果が判然とせず，影響がネガティブになる可能性が確認された。この結果は第2章において先行研究に基づく考察から得られた示唆に合致している。非ラグジュアリー企業は，店舗立地戦略の策定にあたり，ラグジュアリー戦略を模倣し，安易にステイタスの高い高級立地に出店することは避け，自社ブランドのラグジュアリー性水準と店舗立地イメージによる効果を充分精査することが求められよう。

第5章では，改めて消費者調査・分析を行い，ブランドのラグジュアリー性水準に基づく店舗立地高級感のブランド態度形成インパクトについて考察すると共に，態度形成時の消費者の心理メカニズムについて考察する。考察にあたっては，自己概念調和理論を用いた心理分析を試みる。

第5章

店舗立地高級感によるブランド態度形成メカニズム

5.1　はじめに

第2章および第4章では，先行研究並びに2つの消費者調査に基づき，ラグジュアリー戦略において重視される店舗立地の高級感は，ラグジュアリーブランドについてはエクイティ効果が期待できる一方，非ラグジュアリーブランドについては当該効果が期待しづらく，場合によっては効果がネガティブとなる可能性が示唆された。本章では，店舗立地の高級感によるブランド態度形成インパクトや，ブランドのラグジュアリー性水準に基づくインパクトの変化について，改めて複数の服飾品ブランドと複数の店舗立地に基づく消費者調査を行い，ブランド態度に対する店舗立地高級感の効果について再現性や強度（守口他, 2012）を確認する。ここでは，第4章から測定項目を増やし，より精緻な調査・分析を試みる。合わせて，自己概念調和理論（Sirgy, 1982）を用い，立地高級感の効果がブランドのラグジュアリー性水準によって切り替わる背景にある消費者の心理メカニズムを考察する。

コモディティ化が深刻化する今日においても，ラグジュアリーブランドが競争優位を持続している状況に鑑み，非ラグジュアリー企業経営者は，程度の差こそあれ，ラグジュアリー戦略を模倣し自社ブランドのエクイティ向上を図っているとみられる。しかし，第2章および第4章の結果に鑑みると，当該戦略の安易な模倣は非ラグジュアリー企業の経営効率低下や経営資源の毀損に繋がる可能性がある。本章における，ブランド態度に対する店舗立地高級感の効果や，効果が生じる背景にある消費者心理に関する考察結果は，非ラグジュアリー企業における店舗立地戦略の精度向上に貢献する示唆として期待される。

尚，本章では第4章と同様に，新規市場におけるブランド店舗の立地戦略について追加的示唆を得るべく，未知のブランドを分析対象に加えている。

5.2 ブランド態度に対する店舗立地高級感と自己概念調和の影響

第4章までの考察に基づくと，消費者は服飾品について「他者評価懸念」等の社会心理的影響の下で店舗立地イメージを参照し，その影響を受けながら，ブランドを評価していると考えられる。ここで，他者評価懸念とは，他者に抱いてほしい自分自身のイメージ（すなわち，理想の社会的自己概念）と実際にブランド製品を購入した場合の乖離に関する懸念だとみることができるだろう。理想の社会的自己概念とブランドやブランドユーザーイメージの一致性（すなわち，理想社会的SC）が高まればこの懸念は低下し，消費者のブランド態度は向上すると考えられる。実際に第3章における消費者調査データから，ブランドやブランドユーザーイメージに基づく理想社会的SCのブランド評価に対する効果が確認されている。

ここで，店舗立地イメージが消費者のブランド評価に影響しているとすれば，消費者はブランドイメージやブランドユーザーイメージだけでなく，店舗立地イメージからも理想の社会的自己概念と現実にブランド製品を購入した場合の乖離がどの程度となるか考慮している可能性があろう。例えば，他者評価懸念を知覚した消費者は，ブランド店舗がある商業施設や商業地域のイメージに基づく消費者のイメージを思い浮かべ，理想の社会的自己概念との乖離がないか気にしながら，ブランド評価を行うことが想定される。社会的願望に基づく自己イメージとかけ離れた消費者ばかりがいるような立地で店舗を設置・運営するようなブランドは，一般の消費者にとって魅力的とはいえないだろう。逆に，当該店舗立地で買物をしている消費者や店舗を設置・運営しているブランドのユーザーイメージに関する理想の社会的SCが高まると，消費者のブランド態度は高まると考えられる。

以上から，本章では，店舗立地高級感と，店舗立地に基づく消費者イメージに関するSC（LSC: Location Self-Congruity），および消費者のブランド態度の関係について，他者評価懸念等の社会心理的影響に注目して考察を行う。第3章における実証研究の結果を踏まえ，社会心理的影響は，ブランド態度形成における理想の社会的LSC（以下，理想社会的LSC）の影響を，現実のLSC（以下，現実LSC）の影響と比較することにより分析する。本章で用いる2つのLSCを以下の通り定義する。

⑴現実LSC

　　現実の自己概念と特定の店舗立地に基づく買物客イメージの一致性。

⑵理想社会的LSC

　　理想の社会的自己概念と特定の店舗立地に基づく買物客イメージの一致性。

また，消費者はブランド情報を参照し，自己概念との一致性に鑑みてブランドを評価するという第3章の示唆を踏まえ，本章における分析モデルを図5-1の通り設定する。ただし，ここでLSCに適用する買物客とは，ブランドが特定されなくても，純粋に店舗立地から想起される買物客を意味する点に留意する必要がある。特定のブランドを示さず，店舗立地のみによって想起される消費者は，店舗立地イメージによる影響測定に有効だと考えられる。

買物行動は一般的に商業施設や商業地域で行われるものであり，社会的に可視性が高い消費者行動である。したがって，店舗立地のイメージは，そこで買物行動をとる消費者の社会的評価に影響すると考えられる。ラグジュアリー戦略において重視される店舗立地の高級感は「ラグジュアリー，象徴的，プレミアム，プレステージ，ステイタス」等の表現によって示され（例えば，Kapferer and Bastien, 2012; Som and Blanckaert, 2015），経済力や社会的地位の高さを示す社会的価値に基づくものだと考えられる。この様な高級感の高い立地における買物客は，他者から社会的地位が高いとみられるだろう。ステイタス消費（Eastman et al., 1999）は一般的な消費者行動であることから，こうした見方は

図5-1　店舗立地イメージとLSCに基づくブランド態度形成モデル

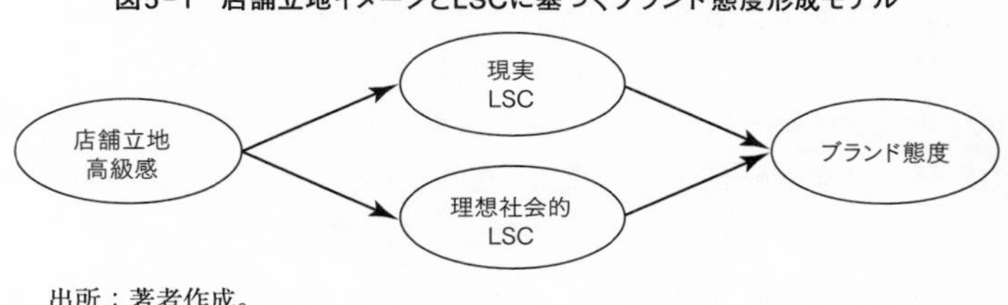

出所：著者作成。

社会的に一般的なものであると考えられる。また，高級感の高い立地で買物行動をとる消費者自身も，立地の高級感が自己のステイタス顕示に繋がっていることを意識すると考えられる。したがって，自己概念調和理論の観点からみると，高級感の高い店舗立地で買物をする消費者は，一般消費者の理想の社会的自己概念に近づくと考えられる。一方，一般消費者の普段の生活イメージと近い消費者が多数いる店舗立地はもはや高級ではなく，その立地イメージは一般的なものとなるだろう。換言すれば，高級な店舗立地にいる消費者は一般消費者の現実の生活イメージから遠くなると考えられる。

以上から，本章では次の仮説を提案する。

H5-1：店舗立地の高級感は理想社会的LSCに正の影響を与える一方，現実LSCに負の影響を与える。

これまでのラグジュアリー研究では，「社会的目印」（Kapferer and Bastien, 2009），「社会的地位のシグナル」（Vigneron and Johnson, 1999; Han et al., 2010），「社会的声明」（Kapferer and Bastien, 2012），「象徴の力」（Kapferer, 2015）等の表現を用いて，経済力や社会的地位の高さを示すラグジュアリーブランドの社会的価値が指摘されている。また，Nueno and Quelch（1998）はラグジュアリーを「機能的価値よりも社会的シチュエーションにおける効用（Situational Utility）の比率が大きいもの」と定義している。したがって，一般の消費者はラグジュアリーブランドに社会的価値を期待すると考えられる。この時，消費者は，ブランド評価において，非ラグジュアリーブランドを評価する場合よりも，他者評価懸念や社会的評価願望の影響を強く受けると考えられる。他者からの社会的評価が得られなければ当該ブランドは「社会的地位のシグナル」とはならず，ラグジュアリーとしての社会的価値は消失するからである。

一方，非ラグジュアリーブランドの中心的価値は機能的価値であるといわれる（Heine and Phan, 2011）。したがって，消費者は非ラグジュアリーブランドを評価する際，社会的価値よりも機能的価値を期待すると考えられる。この場合，消費者はブランド評価にあたり，社会心理的要因よりも現実の生活における機能性や利便性を重視すると考えられる。

したがって，自己概念調和理論の観点からみると，ラグジュアリーブランドに対する態度（以下，ラグジュアリーブランド態度）形成において，消費者は理想の社会的自己概念を主に参照し，非ラグジュアリーブランドに対する態度（以下，非ラグジュアリーブランド態度）形成において，消費者は現実の自己概念を主に参照すると予想される。第3章の考察では，ラグジュアリーブランド評価に対する理想社会的SCの効果が非ラグジュアリーブランドの場合よりも正に大きく，非ラグジュアリーブランド評価に対する現実SCの効果がラグジュアリーブランドの場合よりも正に大きいことが示唆された（表3-6）。この結果からも，ラグジュアリーブランド態度形成時には，主に理想の社会的自己概念が参照され，非ラグジュアリーブランド態度形成時には，主に現実の自己概念が参照されることが予想される。

以上から，ここで次の2つの仮説を提案する。

H5-2：理想社会的LSCは，消費者のラグジュアリーブランド態度に対して，非ラグジュアリーブランドの場合よりも正に強い影響を与える。

H5-3：現実LSCは，消費者の非ラグジュアリーブランド態度に対して，ラグジュアリーブランドの場合よりも正に強い影響を与える。

5.3 調査・分析

5.3.1 調査・分析の方法

本章では，H5-1～H5-3の仮説を検証する為，性質が異なる3つの服飾品ブランドに関する消費者のパーセプションについて，性質が異なる6つの店舗立地フレームに基づく調査・分析を行った。分析対象としたブランドは，第4章における調査・分析Ⅰと同様にルイ・ヴィトン（有名ラグジュアリーブランド），ユニクロ（有名非ラグジュアリーブランド），トースト（未知ブランド）の3ブランドである。

消費者調査の為に設定した店舗立地フレーム要素は，伊勢丹百貨店新宿店（以下，新宿伊勢丹），丸の内ビルヂング，銀座地区，イオンレイクタウン，ららぽーと東京ベイ，および池袋地区である。これらの商業施設や商業地域は，服飾品業界において，店舗開発の際に参照されるベンチマークとして首都圏を代表する店舗立地とみられている[1]。

新宿伊勢丹は東京都新宿区に所在する日本で最も年間売上高の大きい百貨店で（繊研新聞, 2015），ラグジュアリーブランド店舗やアッパーミドルブランドの店舗が多数出店している。丸の内ビルヂングは東京都千代田区に所在し東京駅丸の内口と皇居の間に位置する，商業フロアとオフィスフロアの両方を有する複合ビルである。当該ビルは日本企業の企業力ランキングトップ300において不動産企業で2番目に高く評価されている三菱地所（東洋経済, 2016）が運営しており，流行の服飾品を販売する店舗等が所在している。銀座は，東京都中央区内の有名な商業地区であり，土地の価格が日本で最も高い（日本経済新聞, 2017a）ことで知られている。多くのラグジュアリーブランドや非ラグジュアリーブランドの旗艦店舗が当該地区に所在している。イオンレイクタウンは，東京のベッドタウンである埼玉県越谷市に所在する大型商業施設である。当該施設には多くのカジュアル衣料店舗，および日常の食品等を販売する大型スーパーマーケットが所在している。当該施設は我が国最大の小売企業グループであるイオングループ（坂口, 2015）が運営している。ららぽーと東京ベイは東京のベッドタウンである千葉県船橋市に所在する大型商業施設である。当該施設には多くのカジュアル衣料店舗が所在している。当該施設は，日本企業の企業力ランキングトップ300において不動産企業で最も高く評価されている三井不動産（東洋経済, 2016）が運営している。池袋地区は東京都豊島区内の商業地区であり，多数のカジュアル衣料店舗が所在している。また，日本で2番目に乗降客が多いJR池袋駅（JR東日本, 2016）付近には，複数の百貨店が所在している。

分析対象とする3つの服飾品ブランドと6つの店舗立地フレームは，それぞれラグジュアリー性水準や立地の高級感が異なるとみられることから，ブランド態度に対する店舗立地高級感のインパクトやブランドのラグジュアリー性水準に基づくインパクトの変化を分析する，という本書の目的に照らし妥当と考えられる。

1　第1章脚注3を参照。

本調査・分析では，先ず，店舗立地フレームとした各立地の高級感を調査した。次に，これらの立地フレームに関する消費者の現実LSC，理想社会的LSCを調査した。次に，これらの立地フレームに店舗が所在する場合の消費者のブランド態度を調査した。最後にブランド態度の変化をANOVAを用いて比較すると共に，店舗立地高級感，LSC，およびブランド態度の関係をSEMを用いて分析し，ブランドのラグジュアリー性水準に基づく変化について比較した。

店舗立地高級感の測定項目はDonvito et al.(2016)による4項目を採用した。また，LSCの測定項目はSirgy et al.(1997)による直接質問法に基づく3項目を採用し，設問文はAssarut(2008)を参考として設定した。ブランド態度の測定項目はAdaval and Monroe(2002)による3項目を用い，設問文はGraeff(1997)を参考として設定した。本調査における設問は，全て7点尺度のリッカートスケール（1：全くそう思わない～7：非常にそう思う）に基づき設計した。本調査で用いた測定項目を以下に示す。

(1)店舗立地高級感

次に挙げるイメージについて，以下の6つの商業施設（エリア）にそれぞれどの程度あてはまると思うか回答して下さい。：上流階級のイメージがある；一流である；(商品が) 高価である；高所得者層向けである。

(2)現実LSC

この商業施設（エリア）でショッピングをしている人は，ありのままの（素の）私のようなタイプだ；この商業施設（エリア）でショッピングをしている人は，ありのままの（素の）私と似ている；この商業施設（エリア）でショッピングをしている人は，ありのままの（素の）私みたいだ。

(3)理想社会的LSC

この商業施設（エリア）でショッピングをしている人は，他の人々からみられたい（思われたい）私のようなタイプだ；この商業施設（エリア）でショッピングをしている人は，他の人々からみられたい（思われたい）私と似ている；この商業施設（エリア）でショッピングをしている人は，他の人々からみられたい（思われたい）私みたいだ。

(4)店舗立地フレームに基づくブランド態度

伊勢丹新宿店（丸の内ビルヂング；銀座；イオンレイクタウン；ららぽー

と東京ベイ；池袋）にルイ・ヴィトン（ユニクロ；トースト）が出店していたとき，このブランドに魅力を感じる（このブランドは好ましい；このブランドが好きだ）。

データ収集は，第3章および第4章と同様に，我が国のオンライン・リサーチ最大手，マクロミルを起用し，インターネットを介して行われた。回答者は無作為抽出された首都圏（東京都，神奈川県，埼玉県，千葉県）に在住する20代～60代の一般消費者（男女）である[2]。回答者はあらかじめスクリーニングにおいて，分析対象ブランドであるルイ・ヴィトンとユニクロ，および店舗立地フレームとした6つの店舗立地を全て知っており，トーストを知らないことが確認された一般消費者である。回答バイアスを避けるため，本書における他の調査の回答者はあらかじめ対象から除外した。また，富裕層に限らず一般的な消費者の行動について調査する為，抽出にあたり回答者の所得は考慮していない。回答者は店舗立地およびブランド店舗の写真を参照して回答した。尚，本調査は，データに欠測が生じぬよう，回答者が全ての設問に回答しなければ集計されない設計とした。

5.3.2　調査・分析の結果

調査は2016年7月1日～2日に行われ，312の有効回答が得られた。回答者の属性を表5-1に示す。

調査データに基づき，店舗立地の高級感，現実LSC，理想社会的LSC，およびブランド態度の各構成概念についてCronbach's alphaを計算した所，各構成概念について.953～.971と十分な値が得られた。これらの構成概念についてCFAを行った所，各項目の因子負荷量は.896～.971となった。また，各構成概念のCRは.953～.971，AVEは.836～.918と十分な値が得られた。さらに，AVEはそれぞれ構成概念間の相関係数の平方を上回った。したがって，各構成概念について内部一貫的信頼性，収束的妥当性，弁別的妥当性が認められ，構成概念の妥当性が確認された（Peterson, 1994; Fornell and Larcker, 1981; Hair et al., 2014）。CFAの結果を表5-2，表5-3に示す。

2　国勢調査に基づく男女・年齢別比率を目安として，性別・年齢のセグメント毎にマクロミルのモニターから無作為に回答者を抽出した。

表5-1　回答者属性

回答者属性		n	%
性別	男性	159	51.0
	女性	153	49.0
年齢（単位：歳）	20－24	16	5.1
	25－29	38	12.2
	30－34	32	10.3
	35－39	42	13.5
	40－44	35	11.2
	45－49	30	9.6
	50－54	35	11.2
	55－59	20	6.4
	60－64	36	11.5
	65－69	28	9.0
職業	公務員	7	2.2
	経営者・役員	7	2.2
	会社員	123	39.4
	自営業	18	5.8
	自由業	5	1.6
	専業主婦（主夫）	67	21.5
	パート・アルバイト	43	13.8
	学生	7	2.2
	その他	12	3.8
	無職	23	7.4
世帯年収（単位：円）	2,000,000未満	11	3.5
	2,000,000－3,999,999	53	17.0
	4,000,000－5,999,999	67	21.5
	6,000,000－7,999,999	47	15.1
	8,000,000－9,999,999	33	10.6
	10,000,000－11,999,999	16	5.1
	12,000,000－14,999,999	8	2.6
	15,000,000－19,999,999	3	1.0
	20,000,000以上	4	1.3
	無回答	70	22.4

本調査では，目的変数と独立変数を単一の回答者に尋ねる方法を採用しており，Common Method Biasが生じる可能性あることから，Harman's One Factor Testを行った（Podsakoff and Organ, 1986; Jakobsen and Jensen, 2015）。店舗立地高級感，現実LSC，理想社会的LSC，およびブランド態度を構成する13項目を用い，回転のない主因子法に基づくEFAを行った所，固有値が1以上の因子が複数抽出され，第1因子の寄与率は50%を下回ることが確認された。したがって，本調査においてCommon Method Biasは問題とはならないことが

表5-2　構成概念に関するCFAの結果

構成概念	測定項目	因子負荷量	CR	AVE	α
立地高級感	上流階級	.912	.953	.836	.953
	一流	.896			
	高価	.928			
	高所得	.922			
現実LSC	私のようなタイプ	.947	.971	.917	.971
	私みたい	.964			
	私と似ている	.962			
理想社会的LSC	私のようなタイプ	.953	.971	.918	.971
	私みたい	.950			
	私と似ている	.971			
ブランド態度	魅力	.958	.960	.888	.959
	好ましい	.952			
	好き	.917			

表5-3　構成概念に関する弁別的妥当性

構成概念	立地高級感	現実LSC	理想社会的LSC	ブランド態度
立地高級感	.836			
現実LSC	.019	.917		
理想社会的LSC	.027	.379	.918	
ブランド態度	.050	.033	.041	.888

注：表は構成概念間の相関係数の平方を示しており，対角線には各構成概念のAVEを記載している。

確認された。

ここで，店舗立地高級感に関する構成概念の信頼性・妥当性が確認されたことから，構成項目の平均値を当該概念を示す合成変数として用い（Hair et al., 1998），店舗立地の高級感に関する消費者のパーセプションについて1-way ANOVA（within-subject design）を用いて比較した所，図5-2および表5-4に示される結果が得られた。

ここでは，店舗立地の高級感の変化が統計的有意に確認されている（$F_{5,1555} = 650.079$, $p < .001$, $\eta^2 = .676$）。また，多重比較（Bonferroni）の結果，丸の内ビルヂングと伊勢丹新宿店の高級感の差異は有意でなかったが，その他の立地の間には統計的有意差が確認された。また，本調査データからは，店舗立地フレームとして設定した6つの立地の内，銀座の高級感が最も高く，イオンレイクタウンの高級感が最も低いことが確認された。さらに，全体的にみると，銀

図5-2　店舗立地の高級感の比較

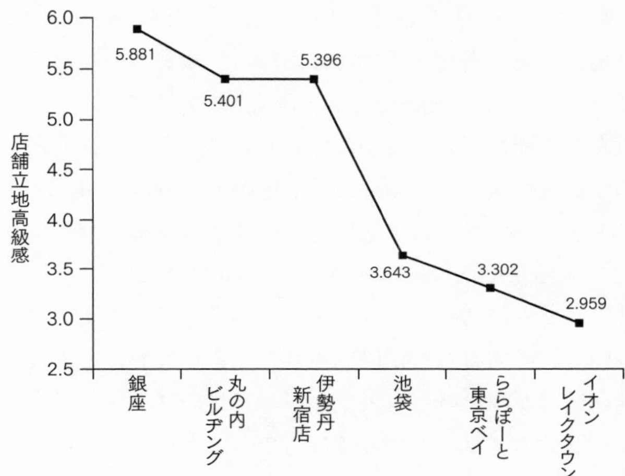

表5-4　店舗立地の高級感比較（1-way（6-levels）ANOVA）

要　因	df	F value	Partial η^2
店舗立地（主効果）	（5,1555）	650.079***	.676

多重比較（Bonferroni）		立地高級感の差異
銀座	丸の内ビルヂング	***
銀座	伊勢丹新宿店	***
銀座	池袋	***
銀座	ららぽーと東京ベイ	***
銀座	イオンレイクタウン	***
丸の内ビルヂング	伊勢丹新宿店	n.s.
丸の内ビルヂング	池袋	***
丸の内ビルヂング	ららぽーと東京ベイ	***
丸の内ビルヂング	イオンレイクタウン	***
伊勢丹新宿店	池袋	***
伊勢丹新宿店	ららぽーと東京ベイ	***
伊勢丹新宿店	イオンレイクタウン	***
池袋	ららぽーと東京ベイ	***
池袋	イオンレイクタウン	***
ららぽーと東京ベイ	イオンレイクタウン	***

注：*** $p<.001$，n.s.＝non-significant。

座，丸の内ビルヂング，伊勢丹新宿店の高級感が高く，池袋，ららぽーと東京ベイ，イオンレイクタウンの高級感が低いことが図5-2からみてとれる。

これらの立地に店舗が所在する場合における，消費者のブランド態度の変化について2-way ANOVA（within-subject design）を行った。ブランド態度についても構成概念の信頼性・妥当性が確認されたことから，構成項目の平均値を当該概念を示す合成変数として用いた（Hair et al., 1998）。図5-3，表5-5に示すANOVAの結果から，ブランド態度に対する店舗立地とブランドの交互作用が確認された（$F_{10,3110}=95.926$, $p<.001$, Partial $\eta^2=.236$）。

各店舗立地フレームに基づくブランド態度の変化は，ルイ・ヴィトンおよびユニクロについて統計的有意性が確認された。本章における消費者調査の結果は，店舗立地高級感が高いほど有名ラグジュアリーブランドであるルイ・ヴィトンに対する消費者のブランド態度は高くなることを示している。一方，本調査の結果は，店舗立地高級感が高いほど，有名非ラグジュアリーブランドであるユニクロに対する消費者のブランド態度は低下することを示している。また，未知ブランドであるトーストに対する消費者のブランド態度は，店舗立地の高級感が変化してもほとんど変化しないことが確認された。

ANOVAの結果は，消費者のブランド態度に対する店舗立地高級感の影響に

図5-3　店舗立地に基づくブランド態度の変化

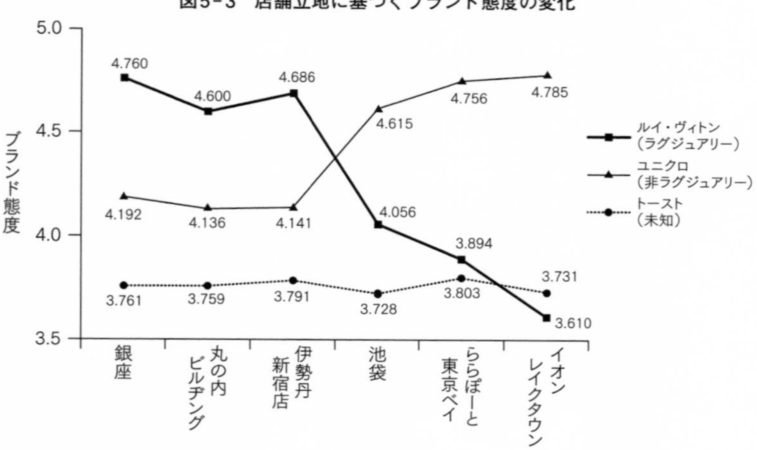

表5-5　店舗立地に基づくブランド態度の変化（2-way（3×6）ANOVA）

要　因	df	F value	Partial η^2
商業立地高級感（主効果）	（5,1555）	8.893***	.028
分析対象ブランド（主効果）	（2,622）	51.180***	.141
商業立地×分析対象ブランド（相互作用）	（10,3110）	95.926***	.236

多重比較（Bonferroni）		ルイ・ヴィトン（ラグジュアリー）	ユニクロ（非ラグジュアリー）	トースト（未知）
銀座	丸の内ビルヂング	**	n.s.	n.s.
銀座	伊勢丹新宿店	n.s.	n.s.	n.s.
銀座	池袋	***	***	n.s.
銀座	ららぽーと東京ベイ	***	***	n.s.
銀座	イオンレイクタウン	***	***	n.s.
丸の内ビルヂング	伊勢丹新宿店	n.s.	n.s.	n.s.
丸の内ビルヂング	池袋	***	***	n.s.
丸の内ビルヂング	ららぽーと東京ベイ	***	***	n.s.
丸の内ビルヂング	イオンレイクタウン	***	***	n.s.
伊勢丹新宿店	池袋	***	***	n.s.
伊勢丹新宿店	ららぽーと東京ベイ	***	***	n.s.
伊勢丹新宿店	イオンレイクタウン	***	***	n.s.
池袋	ららぽーと東京ベイ	n.s.	*	n.s.
池袋	イオンレイクタウン	***	***	n.s.
ららぽーと東京ベイ	イオンレイクタウン	***	n.s.	n.s.

注：主効果，交互作用はブランド態度に対する効果。***$p<.001$，**$p<.01$，*$p<.05$，
n.s.＝non-significant。

ついて，ラグジュアリーブランドの場合と非ラグジュアリーブランドの場合に正負が逆転することを示している。

ANOVAで確認された，店舗立地高級感のブランド態度形成インパクトが，ラグジュアリーブランドと非ラグジュアリーブランドで切り替わる背景にある消費者心理について，図5-1に示された分析モデルに基づき，SEMを用いてパス解析を行った。パス解析の結果得られたモデル適合度は次の通りである：χ^2＝2166.873, df＝180, p＝.000; AGFI＝.915; NFI＝.977; CFI＝.979; RMSEA＝.044。RMSEA等のモデル適合度指標は，それぞれ先行研究における基準を満たしている（Hair et al, 2014; 狩野・三浦, 2007）。

パス解析の結果を表5-6および図5-4に示す。パス解析の結果，店舗立地の高級感は理想社会的LSCにポジティブな影響を与える一方，現実LSCにネガティブな影響を与えることが確認された。この結果はH5-1の仮説を支持している。

表5-6　店舗立地高級感, LSC, ブランド態度, およびブランドのラグジュアリー性の関係（パス解析）

パス	ルイ・ヴィトン（ラグジュアリー）	ユニクロ（非ラグジュアリー）	トースト（未知）
店舗立地高級感 ⟶ 現実LSC	−.139***	−.139***	−.138***
店舗立地高級感 ⟶ 理想社会的LSC	.167***	.163***	.164***
現実LSC ⟶ ブランド態度	−.055n.s.	.227***	.112***
理想社会的LSC ⟶ ブランド態度	.287***	.005n.s.	.161***

注：χ^2＝2166.873, df＝180, p＝.000; AGFI＝.915; NFI＝.977; CFI＝.979; RMSEA＝.044。
　***p＜.001, n.s.＝non-significant。

図5-4　店舗立地高級感, LSC, ブランド態度, およびブランドのラグジュアリー性の関係（パス解析）

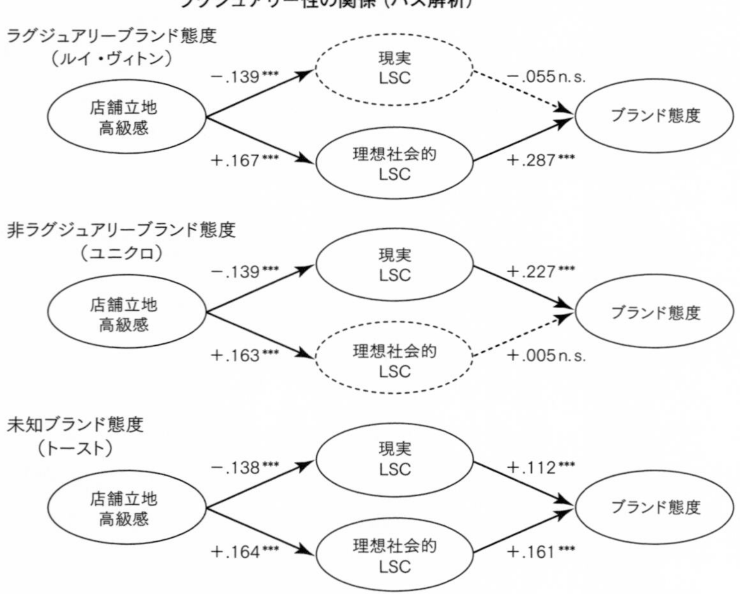

注：***p＜.001, n.s.＝non-significant。

また，理想社会的LSCはラグジュアリーブランド態度にポジティブな影響を与える一方，非ラグジュアリーブランド態度に与える影響は統計的に有意でなかった。さらに，現実LSCは非ラグジュアリーブランド態度にポジティブな影響を与える一方，ラグジュアリーブランド態度に与える影響は統計的に有意でなかった。

したがって，ラグジュアリーブランド態度に対する理想社会的LSCの影響は，非ラグジュアリーブランドの場合よりもポジティブに大きいことが示唆された。この結果は仮説H5-2を支持している。また，非ラグジュアリーブランドに対する現実LSCの影響は，ラグジュアリーブランドの場合よりもポジティブに大きいことが示唆された。この結果は仮説H5-3を支持している。

さらに，パス解析の結果から，未知ブランドに対する態度形成は，理想社会的LSCおよび現実LSCの両方から弱い影響を受けていることが確認された。

5.4 考察

本章における調査・分析結果から，店舗立地高級感が高い時，ラグジュアリーブランド態度は向上する一方，非ラグジュアリーブランド態度は低下することが統計的に有意に確認された。第4章における調査・分析では，店舗立地ステイタスによるラグジュアリーブランド態度形成インパクトはポジティブだったが，非ラグジュアリーブランド態度の場合は影響が確認できない，または，僅かにネガティブだった。本章の結果は，第4章で確認されたラグジュアリーブランドに関する店舗立地イメージの効果を裏付け，さらに，非ラグジュアリーブランドに対する店舗立地イメージの効果をより鮮明に示すものと考えられる。

本章における調査・分析結果は，一般の消費者は，ラグジュアリー性水準が高いブランドの店舗が高級な立地に所在していると，ますますそのブランドに魅力を感じ，好ましいと評価することを示唆している。ラグジュアリーブランドについては，ラグジュアリー戦略に基づき高級な立地に店舗を設置・運営することで，周辺的情報（青木他, 2012）である店舗立地イメージを源泉とする二次的ブランド連想（Keller, 1993）に基づくブランドエクイティ効果（Keller, 1998; 青木他, 2012）が期待できると考えられる。

一方，本章の結果から，ラグジュアリー性水準が低い非ラグジュアリーブランドは，高級な立地に店舗を設置・運営した場合，ブランドの魅力が減じられ，一般の消費者から好ましくないと思われる可能性が示された。非ラグジュアリーブランドは主要価値が機能的価値であり（Heine and Phan, 2011），消費者は非ラグジュアリーブランドに対して機能的価値を期待すると考えられる。この場合，非ラグジュアリーブランドが高級立地で店舗を設置・運営し，ラグジュアリーブランドと同様の，経済力や社会的地位の高さを示す社会的価値を演出しようとしても，ブランド価値に対する消費者の期待とは齟齬を生じてしまうだろう。実用衣料として一定の機能が得られれば十分とみられるブランドであれば，高級感が高い立地に店舗が所在していても，買物コスト上昇が懸念され，ブランドが敬遠されてしまう可能性もある。この場合，買物コスト1単位あたりで得られる機能的便益の期待値は低下すると考えられる。非ラグジュアリー企業が安易にラグジュアリー戦略を模倣し，高級立地に出店してラグジュアリーブラントとのカテゴリー類似点連想（Keller, 1998）を構築し，格上のカテゴリーメンバーシップ（Kotler and Keller, 2006）を獲得しようとしても，ブランドエクイティ効果は期待しづらいと考えられる。

本章における調査・分析結果から，店舗立地の高級感は理想社会的LSCにポジティブな影響を与えることが示唆された。この結果は，高級な立地に所在する店舗で買物をする消費者は，一般的な消費者から経済力や社会的地位が高いとみられ，それらのイメージは一般消費者が他の人からみられたい（思われたい）自己のイメージに近づくことを示している。高級立地の買物客は，一般的な消費者の社会的願望を反映していると考えられるのである。一方，店舗立地の高級感は現実LSCにネガティブな影響を与えることが確認された。この結果は，高級な立地に所在する店舗で買物をする消費者は，一般的な消費者の現実の生活感からは乖離していることを示すと考えられる。

また，本章における調査・分析の結果から，理想社会的LSCはラグジュアリーブランドに対する消費者のブランド態度にポジティブな影響を与えることが確認された。一般的な消費者は，社会的価値の大きいラグジュアリーブランドに社会的価値に基づく便益を期待すると考えられる。社会的価値は社会的評価が得られなければ意味を成さないことから，ラグジュアリーブランドを評価する時，消費者は他の人々からどのように見られるか（思われるか）という社会的評価懸念を高めると考えられる。この時，消費者は，ブランドの中心的情報だけでなく，ブランド店舗が所在する立地で買物行動をとる消費者を周辺的情報として参照することが，本章における調査データから示唆された。参照する消費者のイメージが理想の社会的自己概念と近い時，消費者は当該立地で店舗を設置・運営するラグジュアリーブランドの社会的価値に対する期待を高め，ブランド態度を向上させると考えられる。

一方，現実LSCは非ラグジュアリーブランドに対する消費者のブランド態度にポジティブな影響を与えることが確認された。一般的な消費者は，機能的価値の比率が大きい非ラグジュアリーブランドに機能的価値に基づく便益を期待するだろう。消費者が非ラグジュアリーブランドを評価する時，当該ブランド製品の機能的価値は現実生活における使用時の有用性に結び付けられて評価されると考えられる。この時，消費者は，ブランドの中心的情報だけでなく，店舗立地にいる消費者を参照し，当該消費者のイメージが現実の自己概念と近い時，当該立地で店舗を設置・運営する非ラグジュアリーブランドに対する有用性の期待を高め，ブランド態度を向上させると考えられる。

同一の店舗立地イメージが理想社会的LSCに与える影響が現実LSCの場合と正負逆転するという本章における調査・分析の結果は，一般的な消費者の理想の社会的自己概念と現実の自己概念には相反する要素が含まれていることを示唆する。また，理想社会的LSCと現実LSCのブランド態度形成インパクトが連動しないという結果は，現実SCが高く（低く）と理想SCが低い（高い）状態において自己一致性と自尊心の葛藤によるコンフリクト（表3-2）が生じない場合があり得ることを示している。この結果は，第3章における実証研究において得られた示唆と近い。

本章における調査・分析を通じて得られた最も重要な示唆は，消費者のブランド態度形成において，ラグジュアリーブランドと非ラグジュアリーブランドの場合に切り替わる心理メカニズムである（図5-4，表5-7）。消費者は，ラグジュアリーブランドに対する態度を形成する時，主に理想の社会的自己概念を参照することが示唆された。一方，非ラグジュアリーブランドに対する態度を形成する時，主に現実の自己概念を参照することが示唆された。第4章および本章では，店舗立地高級感に基づくブランド態度形成インパクトが，ブランドのラグジュアリー性水準に基づき変化することが確認された。この変化は，ブランドのラグジュアリー性水準によって，消費者が参照する自己概念が切り替わることで引き起こされていると考えられる。

表5-7　ラグジュアリー性水準に基づくブランド態度形成時の消費者心理

ブランド種類 （ラグジュアリー性水準）	主に参照する自己概念 （消費者の関心）	ブランド態度に対するLSCの効果 （店舗立地を参照する際の視点）
ラグジュアリーブランド （高ラグジュアリー性）	理想の社会的自己概念 （社会的評価）	理想社会的LSCによる正の影響 （店舗立地から想起される消費者のイメージは，理想の社会的自己概念と一致するか）
非ラグジュアリーブランド （低ラグジュアリー性）	現実の自己概念 （現実生活における有用性）	現実LSCによる正の影響 （店舗立地から想起される消費者のイメージは，現実の自己概念と一致するか）

出所：著者作成。

ところで，本章における調査データからは，店舗立地高級感による未知ブランドに対するブランド態度形成インパクトは確認されなかった（図5-3，表5-5）。この結果は第4章と同様であり，消費者が初めて目にするブランドについて，高級立地に出店しているというだけで安易に態度を向上させることはありえないということを改めて示唆する結果である。また，未知ブランドに対する影響は現実LSCも理想社会的LSCも同様にポジティブであったが，有名ラグジュアリーブランドや有名非ラグジュアリーブランドとの比較においてインパクトは弱かった（図5-4，表5-6）。これは，消費者のマインド内に明確にブランドポジションが形成されておらず，参照する自己概念が有名ブランドの場合と比べて定まっていないことを示すものと考えられる。

本章で得られた示唆に基づくと，服飾品企業経営者は自社ブランドの店舗立地戦略の策定にあたり，店舗立地高級感や自社ブランドのラグジュアリー性水準に加えて，店舗立地に基づく消費者の現実LSCと理想社会的LSCをあらかじめ精査することが有効だと考えられる。

5.5　小括

本章では，店舗立地高級感に基づくブランド態度形成インパクトが，ブランドのラグジュアリー性水準によって変化することが確認された。さらに，本章における調査・分析から，態度形成インパクトの変化を引き起こす消費者心理が示された。

本章において確認された，ブランドのラグジュアリー性水準による態度形成インパクトの変化に基づくと，特定ブランドの評価に貢献していると思われる店舗立地に他のブランドが出店しても逆効果になる場合があると考えられる。また，その背景には，消費者がブランドのラグジュアリー性水準によって参照する自己概念を切り替えるという心理メカニズムの存在が示唆されるのである。

ところで，ラグジュアリー戦略では，店舗立地高級感と並び選択的店舗立地イメージが重視される（例えば，Kapferer and Bastien, 2012; Som and Blanckaert, 2015）。第4章および本章では，立地高級感や高級感に繋がると考えられる立地ステイタスによるブランド態度形成インパクトについて考察した。第6章では，選択的店舗立地イメージによって創出されるとみられるユーザー限定性のブランド評価に対する影響について，ブランドのラグジュアリー性水準に基づく影響の変化に注目して考察する。

第6章

ブランド評価に対するユーザー限定性の影響

6.1　はじめに

経済力や社会的地位の高さを示す社会的価値が大きいラグジュアリーブランドがブランドエクイティの維持・向上を目指す際，「多くの人々が容易にアクセスし入手しやすい」というブランド連想は回避すべきだと考えられる。「ブランドユーザーが限定されず，所有者が多数存在する」というブランドイメージは，当該ブランドユーザーの経済力や社会的地位が一般的な水準にあることを連想させ，ラグジュアリーブランドの社会的価値を毀損してしまうからである。したがって，ラグジュアリー戦略では「入手しづらさ」が重視され（例えば，Heine, 2012），その店舗立地については，高級感と並び，流通や店舗立地の厳選性（すなわち，選択的店舗立地イメージ）が重要といわれる（例えば，Kapferer and Bastien, 2012; Som and Blanckaert, 2015）。ラグジュアリーブランドの店舗は，コンビニエンスストアのように利便性の高い場所に多数存在すればよいものではなく，「ブランド本来の雰囲気を伴う厳選された立地に設置」され「少量生産の製品」を販売している，というイメージが期待されるのである（Kapferer and Valette-Florence, 2016）。

ラグジュアリーの起源は古代エジプトのファラオの墓地にみられるといわれる（Kapferer and Bastien, 2012）。そこには，副葬品として，入手困難で稀少な宝石や製品が埋葬され，ファラオの権力や社会的地位を象徴している。斯かるルーツを背景として，現在でも多くの研究者がラグジュアリーのブランド価値として「稀少性」を挙げている（例えば，Dubois et al., 2001; Vigneron and Johnson, 2004）。Kapferer and Bastien（2012）は稀少性をラグジュアリーの中核とみなし，その重要性を強調している。稀少性の高い製品は入手しづらく，

表6-1　自然要因に基づく稀少性と仮想的稀少性：稀少性と事業規模の両立性

	稀少性の要因	事業規模との両立性
自然	原料・部品の不足，供給能力の限界，稀少な技術職人	限定的
↓	技術的成約，イノベーション，新製品，新しい製品特色	↓
	限定版，カスタムオーダー，ワンツーワン・リレーション	
仮想	情報，マーケティング，ブランド，バリューチェインの階層化等に基づく稀少性	物理的な限界はない

出所：Catry（2003）を著者が一部修正，簡略化。

経済力や社会的地位の高い消費者だけが入手可能であることを想起させることから，稀少性はラグジュアリーの社会的価値に関連する要素だと考えられる（Vigneron and Johnson, 2004）。

しかし，ラグジュアリーがブランドビジネス化された今日，ラグジュアリー企業であっても投資家から一定の事業成長が求められるだろう。したがって，ラグジュアリー企業の経営者にとって，事業成長を阻害するような物質的な供給の絞り込みによってブランドの希少性を創出することは現実的でない。ゆえに，今日のラグジュアリー企業では，ラグジュアリー戦略を用いて自社ブランドの稀少性が高いというイメージを意図的に創出することが重要となる（Catry, 2003; Kapferer, 2015）（表6–1）。ラグジュアリー戦略における店舗立地戦略の観点からみると，ラグジュアリー企業は選択的店舗立地イメージを重視して厳選された立地に店舗を設置（すなわち，選択的店舗立地戦略）し，「購入者はほとんどいない」，「もっている人が少数派」（Kapferer, 1998）等のユーザー限定性を演出し，稀少性が高い印象を創り出すことで社会的価値を維持・向上させていると考えられる。Keller（1993; 1998）に基づくと，ラグジュアリー企業は，選択的店舗立地イメージによる二次的ブランド連想によって，仮想的な希少性（Catry, 2003）を創出し，ブランドエクイティを向上させているとみることができよう。

今日，価格競争の激化に苦しむ非ラグジュアリー企業は，程度の差こそあれ，コモディティ化市場においてなお競争優位性を持続するラグジュアリーブランドのマーケティング戦略を参考としている。こうした服飾品企業では，ラグジュアリーブランドに追随し，ラグジュアリー企業が重視する選択的イメージが高い店舗立地を獲得してユーザー限定性を演出しようとする可能性がある。この時，各社は，ラグジュアリーブランドと同様にユーザー限定性を演出することによって，自社ブランドの社会的価値を向上させようとしているとみられる。

しかしながら，第2章では，先行研究に基づく考察を通じて，ラグジュアリー戦略で重視される店舗立地高級感や選択的店舗立地イメージが非ラグジュアリーブランドについては効果的でない可能性が示唆された。また，第4章，第5章における調査・分析では，これらの店舗立地要素の内，立地高級感によるブランドエクイティ効果が，ラグジュアリーブランドでは期待できる一方，非ラグジュアリーブランドでは期待できず，当該効果がネガティブとなる可能性が示唆された。さらに，第5章では，消費者がブランドのラグジュアリー性水準によってブランド態度形成時の心理を切り替えることによって，店舗立地イメージの影響が変化することが示唆された。これらの示唆に鑑みると，店舗立地高級感と同様に，非ラグジュアリー企業がラグジュアリー戦略において重視される選択的店舗立地戦略を推進しユーザー限定性のイメージを高めても効果が得られない可能性がある。実際の服飾品ビジネスにおいては，店舗立地イメージによるブランドエクイティ効果の定量分析は困難であり，経営者の肌感覚に基づいて店舗開発の意思決定がなされる[1]ことに鑑みると，ユーザー限定性イメージの効果が経営者の期待ほど得られず，ブランド評価に貢献していない場合もあろう。この場合，店舗開発は多額のコストを要することから，経営資源の浪費に繋がる懸念がある。

斯かる問題意識の下，本章では，服飾品ブランドに関するユーザー限定性の知覚が，消費者のブランド評価や購買意図の形成に対してどのように影響するか考察する。考察にあたっては，ブランドのラグジュアリー性水準に基づく影響の変化に注目する。選択的店舗立地の獲得等のマーケティング活動によってユーザー限定性イメージを創出し，稀少性を演出してブランドエクイティを向上させようとするラグジュアリー戦略（Catry, 2003; Kapferer, 2015）が，非ラ

1　第1章脚注3を参照。

グジュアリーブランドに対して適用可能か検討することが本章の目的である。

6.2　ブランド評価に対するユーザー限定性の影響

一般的に，消費行動の目的は製品そのものの機能活用に留まらない。消費者は，製品やブランドを自らのシンボルとみなし（Levy, 1959），機能的便益に加えて，情緒的便益や自己表現的便益（Aaker, D., 1996）等を目的とした消費を行っていると考えられる。機能活用を目的とする場合に比べ，シンボルとしてブランドが評価される時，他者との関わりの中で生じる社会的価値（Sheth et al., 1991）[2]のブランド価値における重要性は増すだろう。とりわけ経済力や社会的地位の高さを示す社会的価値が大きいラグジュアリーブランドについては，ラグジュアリーとしての社会的価値[3]に基づく便益の期待が高まると考えられる。

社会的関わりに基づく影響について，Leibenstein（1950）は経済学における外部性の観点から「消費の外部性」について下記の通り整理した（図6-1）。ここで「消費の外部性」とは，消費者行動に対する，他者の消費行動による社会心理的影響を意味している。

図6-1　消費動機の要因

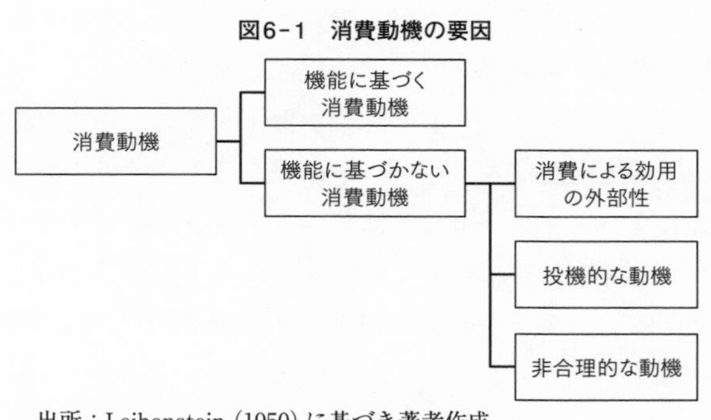

出所：Leibenstein（1950）に基づき著者作成。

2　Sheth et al.（1991）による社会的価値は，経済力や社会的地位の高さを示すラグジュアリーの社会的価値より広義であり，他者との社会的関わりの中で生じる多様な価値を意味する。

3　第2章脚注3を参照。

Leibenstein（1950）が指摘する消費の外部性に関する効果の内，ユーザー限定性に関連が大きいと思われる効果はバンドワゴン効果とスノッブ効果である。青木他（2012）はこれらの効果を以下の通り整理している。

(1)バンドワゴン効果

同じアイデアや製品を用いる人が多ければ多いほど，そのアイデアや製品の魅力が高まる効果。

(2)スノッブ効果

同じアイデアや製品を用いる人が増えてしまうと，そのアイデアや製品の魅力が減じられてくる効果。

あるブランドのユーザー限定性が高い時，当該ブランドは誰もが所有できるものではなく，ユーザー限定性が低い時に比べて稀少性は高く知覚されるだろう。したがって，稀少性がブランド価値の中核（Kapferer and Bastien, 2012）とされるラグジュアリーブランドの場合，消費者のブランド評価に対してユーザー限定性はポジティブな影響を与えると考えられる。

ラグジュアリーブランドに関するスノッブ効果についてはDubois and Paternault（1995）による実証研究でも示唆されている。ここでは，米国における消費者調査を通じて，ラグジュアリーブランドに対する消費者の憧れは，ブランド認知からポジティブな影響を受け，ブランド購買からネガティブな影響を受けることが実証されている。ここで，購買からネガティブな影響を受けるということは，多くの人々が特定ブランドの製品を入手することによって稀少性の知覚が低下すると，当該ブランドの評価が低下することを意味するものと捉えられる。ユーザー限定性は入手しづらさに繋がると考えられることから，この実証研究の結果は，ユーザー限定性に基づきブランドの稀少性が高められると，ラグジュアリーブランドに対する評価が高まる可能性を示すものと考えられる。斯かる視点に基づき，Dubois and Paternault（1995）は当該研究から得られたラグジュアリーブランドに関する示唆を「稀少性の法則（Rarity Principal）」と呼んだ。

熊谷・長沢（2015）も，日本国内における消費者調査を通じ，消費者は，稀少性に繋がるユーザー限定性を知覚すると，ラグジュアリーブランドに対する憧れ（夢）を高めることを報告している。日本国内においても，ラグジュアリーブランドに関するスノッブ効果の存在が示唆されるのである。

一方，Phau and Prenergast（2000）のシンガポールにおける調査では，稀少性の法則（Dubois and Paternault, 1995）が，ラグジュアリーの場合でもブランドによっては当てはまらないことが確認された。ここでは，ロレックスやティファニーに対する憧れは購買とネガティブな相関がありブランド評価に対する稀少性の効果が示唆されたものの，バーバリーやカルティエでは相関に統計的有意性は確認されなかった。また，ルイ・ヴィトンやピエールカルダンについては購買とブランドに対する憧れのポジティブな相関（すなわち，稀少性と憧れのネガティブな相関）が確認されている。当該結果の背景について，Phau and Prenergast（2000）は，東洋と西洋のラグジュアリー消費文化が異なる点を指摘している。

Markus and Kitayama（1991）によれば，文化的背景により，西洋の消費者は独立的な自己概念が強い一方，東洋の消費者は相互依存的自己概念が強いという。Kapferer（2015）は，東洋思想の文化的背景をもつ日本の消費者は，ルイ・ヴィトンのようなラグジュアリーブランドについても，差別化と同時に社会的同調性を求め，他者との差別化と社会的帰属感を同時に感じたいという傾向があることを報告している。

Torelli（2006）の研究では，独立的自己概念や相互依存的自己概念が消費者の心理的状況によって変化することが確認されている。ここでは，複数の実験を通じ，先行刺激に基づくプライミング効果により独立的自己概念が高められた消費者は個人的信念に基づく態度を形成し，相互依存的自己概念が高められた消費者は他者に同調的な態度を形成することが実証されている。

杉本（1993），杉本他（1997）は日本国内における消費者のファッションブランド志向について調査を行い，シンボルとしてのブランド（Levy, 1959）を志向する背景には他者との差別化欲求と集団への同調欲求が混在することを確認している。また，神山（1997）も一連の服飾品に関する知覚リスク研究（神山・高木, 1987a, 1987b, 1993; 神山他，1993）に基づき，服飾品に関して消費者は「個人的な差別化の欲求」と「社会的な同調の欲求」の両方をもつと考察している。さらに，Kastanakis and Balabanis（2012）は，ラグジュアリー時計に関する消費者調査を通じて，ラグジュアリーブランドに関するバンドワゴン効果の存在を報告している。

上掲の先行研究に鑑みると，多くのラグジュアリーブランド研究では中核的ブランド要素としての稀少性が指摘され，その消費についてはスノッブ効果が予想されるものの，ブランド特性の違いや地域的・文化的背景，心理的状況等によって消費者の同調欲求が強まり，スノッブ効果が減じられる可能性がある。差別化欲求と同調欲求が混在する場合，ユーザー限定性の過度な高まりは社会規範からの逸脱懸念（神山, 1997）を高め，ブランド評価の低下に繋がる可能性もあろう。

また，一般的なブランド研究でも独立的自己概念や相互依存的自己概念の議論がなされ，差別化欲求と同調欲求の混在が指摘されている。したがって，消費者による服飾品ブランドの評価や購買意図に対するユーザー限定性の効果，およびブランドのラグジュアリー性水準に基づく当該効果の変化は未だに判然としないといわざるを得ない。

しかしながら，これまでの研究において，これらの要素によるブランド評価や購買意図に対する影響について，ブランドのラグジュアリー性水準に基づく変化に関する直接的な考察はほとんど行われていない。

以上から，本章では下記の2つのリサーチクエスチョンについて検討する。

RQ6-1：消費者によるユーザー限定性の知覚は，ラグジュアリーブランドおよび非ラグジュアリーブランドの評価に貢献するのか？

RQ6-2：消費者によるユーザー限定性の知覚がどの程度向上するとブランド評価に貢献するのか？

6.3　調査・分析

6.3.1　調査・分析の方法

本章では，第3章における消費者調査データに基づき，第3章においてラグジュアリー性に関するEFA（主因子法，バリマックスローテーション）によって抽出されたブランドの「贅沢感」と「ユーザー限定性」の2因子を用い，これらの因子がブランド評価や購買意図にどの程度影響するか分析した。ブランド評価や購買意図と各因子の関係については，多属性態度モデル（Fishbein and Ajzen, 1975）に基づく線形モデルを仮定し，各因子によるブランド評価や購買意図に対するインパクトを重回帰分析で推定した。

本章における分析対象ブランドは，第3章および第4章（調査・分析Ⅱ）と同様に，ルイ・ヴィトン，エルメス，シャネル，グッチ，プラダ，ザラ，H&M，ユニクロ，ラルフローレン，トミーヒルフィガーの10ブランドである。

消費者調査はインターネットを介して行われた。回答者は無作為抽出された首都圏（東京都，神奈川県，埼玉県，千葉県）に在住する20代～60代の一般消費者（男女）である。回答者は分析対象ブランドの内，知っているブランドについてのみ回答した。一般的な消費者の行動について調査する為，回答者の抽出にあたり回答者の所得は考慮していない。

ラグジュアリー性水準の測定にはKapferer（1998）による16項目のBLI，ブランド評価はAdaval and Monroe（2002）の態度測定項目から「ブランドの魅力度」を用いた。また，購買意図の測定項目は，Assarut（2008）を参考とした。本調査における設問については第3章を参照願いたい。

6.3.2 調査・分析の結果

調査は2015年5月20日～5月28日に行われ420の有効回答が得られた。回答者の属性については表3-3に示す通りである。

調査データに関する16項目のBLIに基づくEFA（主因子法，バリマックスローテーション）では，固有値が1以上の2つの因子が抽出された（表6-2）。

本分析では，各測定項目の因子負荷量は.610～906であった。また，各因子のCronbach's alphaは.873～.968となり，内容一貫的信頼性が確認されている（Peterson, 1994）。本章では，第3章と同様に，各因子を構成するBLI項目に基づき2つの因子をそれぞれ「贅沢感」，「ユーザー限定性」として考察した。図6-2に分析対象とした10ブランドの因子スコアを示す。ここでは，各ブランドを贅沢感スコアの大きい順に左から記載した。

図6-2から，消費者が知覚するブランドの贅沢感はエルメスが最も大きくH&Mが最も小さいことが確認できる。また，消費者が知覚するユーザー限定性はエルメスが最も大きく，ユニクロが最も小さくなっている。

表6-2　対象ブランドのラグジュアリー性に関するEFA

構成概念	BLI項目	因子負荷量	α
贅沢感	製品の卓越さ	.890	.968
	伝承やノウハウ	.884	
	物品の美しさ	.865	
	創造性	.849	
	魔力	.846	
	職人による生産	.834	
	官能性	.829	
	長い歴史	.821	
	独自性	.820	
	絶対に廃れないこと	.814	
	国際的な評判	.811	
	天才的なクリエイター	.807	
	例外的な感じ	.763	
	流行の最先端	.610	
ユーザー限定性	購入者はほとんどいない	.906	.873
	もっている人が少数派	.843	

図6-2　ラグジュアリー性に関する分析対象ブランドの因子スコア

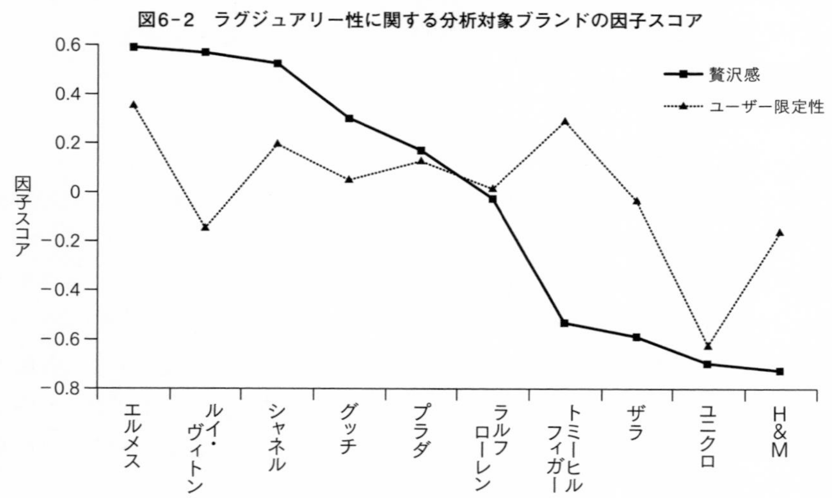

本調査データに基づくと，ルイ・ヴィトンは非常に贅沢である一方で，それなりに普及しているブランドだと知覚されていることが分かる。また，ザラやH&Mは贅沢品ではないが，消費者の知覚に基づく市場浸透度はユニクロを下回っているとみられる。

次に，ブランド評価，および購買意図に対する2因子の影響について，多属性態度モデル（Fishbein and Ajzen, 1975）を参考として，以下の線形モデル（式6-1）に基づき考察した。当該モデルにおける贅沢感のインパクト（β_G）およびユーザー限定性のインパクト（β_U）については，目的変数をブランド評価（A）または購買意図（P），説明変数を贅沢感（G）およびユーザー限定性（U）とする重回帰分析によって推定した。

$$A(P) = \beta_G G + \beta_U U \quad \cdots\cdots \text{式6-1}$$

注：A=ブランド評価，P=購買意図，G=贅沢感，U=ユーザー限定性，β_G=ブランド評価（購買意図）に対する贅沢感のインパクト，β_U=ブランド評価（購買意図）に対するユーザー限定性のインパクト。

回収されたデータ全体について，重回帰分析を用いて算出した各インパクトの推定値（β_G，β_U）を表6-3に示す。

分析対象10ブランドに対する総合的な分析では，ブランド評価や購買意図に対する贅沢感の影響が明確に確認された。しかし，これらの目的変数に対するユーザー限定性の影響は判然としない結果となった。

そこで，EFAを用いて算出した贅沢感，ユーザー限定性の2つの因子スコアに基づきクラスター分析（ユークリッド距離，ウォード法）を行い，分析対象ブランドを高ラグジュアリー性グループと低ラグジュアリー性グループに分類した。その結果，第3章における分析と同様の分類結果が得られ，以下の通り，高ラグジュアリー性ブランドをラグジュアリーブランド，低ラグジュアリー性ブランドを非ラグジュアリーブランドと位置付けた。

(1)ラグジュアリーブランド（高ラグジュアリー性グループ）

ルイ・ヴィトン，エルメス，シャネル，グッチ，プラダ，ラルフローレン

表6-3　ブランド評価・購買意図に対する贅沢感およびユーザー限定性の影響（分析対象10ブランドに関する総合的な分析結果）

目的変数	β_G	β_U	Adjusted R^2
ブランド評価	.674***	.020 n.s.	.454
購買意図	.593***	−.025 n.s.	.351

注：β_G=贅沢感のインパクト，β_U=ユーザー限定性のインパクト（いずれも標準偏回帰係数），***$p<.001$，n.s.=non-significant。

表6-4　ブランド評価・購買意図に対する贅沢感およびユーザー限定性の影響（ラグジュアリーブランドと非ラグジュアリーブランドの比較）

目的変数	ブランド分類	β_G	β_U	Adjusted R^2
ブランド評価	ラグジュアリー	.654***	.096***	.419
	非ラグジュアリー	.701***	−.087***	.486
購買意図	ラグジュアリー	.602***	.081***	.356
	非ラグジュアリー	.627***	−.168***	.400

注：β_G＝贅沢感のインパクト，β_U＝ユーザー限定性のインパクト（いずれも標準偏回帰係数），***p<.001。

（6ブランド）

⑵非ラグジュアリーブランド（低ラグジュアリー性グループ）

ザラ，H&M，ユニクロ，トミーヒルフィガー（4ブランド）

これらのグループ毎に，ブランド評価，および購買意図に対する贅沢感とユーザー限定性の影響について，式6-1に示す線形モデルに基づき重回帰分析を行った所，表6-4に示す結果が得られた。

ラグジュアリーブランドと非ラグジュアリーブランドをグループ毎に分析した場合は，贅沢感だけでなく，ユーザー限定性についても，ブランド評価や購買意図に対する影響が統計的に有意であった。ここでは，ブランド評価や購買意図に対するユーザー限定性の影響が，ラグジュアリーブランドの場合にはポジティブ，非ラグジュアリーブランドの場合にはネガティブであった。一方，贅沢感による影響は，ラグジュアリー，非ラグジュアリーいずれの場合もポジティブであった。

さらに，式6-1に基づく重回帰分析を，分析対象10ブランドについて個別に行った結果を表6-5および表6-6に示す。

本章における各ブランドのデータは同一の調査に基づくものであり，回答者や設問は同一である。したがって，ブランド毎の分析に基づく標準偏回帰係数を比較することによって，ブランド評価や購買意図に対する贅沢感やユーザー限定性による影響の向きおよび大きさを推定することができると考えられる。

表6-5および表6-6に示された結果から，分析対象ブランドに関する消費者の評価や購買意図に対する贅沢感のポジティブな影響は明確である。一方，ブランド評価や購買意図に対するユーザー限定性の影響は，贅沢感が高いブラン

表6-5 ブランド評価に対する贅沢感およびユーザー限定性の影響
(分析対象10ブランド個別の分析結果)

ブランド		贅沢感	ユーザー限定性	β_G	β_U	Adjusted R^2
ラグジュアリー	エルメス	.586	.353	.644***	.103***	.416
	ルイ・ヴィトン	.567	−.138	.654***	.183***	.410
	シャネル	.528	.198	.724***	.138***	.352
	グッチ	.293	.054	.679***	.080*	.407
	プラダ	.172	.126	.705***	.069 n.s.	.511
	ラルフローレン	−.027	.008	.679***	.018 n.s.	.454
非ラグジュアリー	トミーヒルフィガー	−.533	.289	.705***	−.034 n.s.	.494
	ザラ	−.578	−.035	.695***	−.119**	.467
	ユニクロ	−.700	−.620	.739***	−.038 n.s.	.543
	H&M	−.725	−.160	.668***	−.033 n.s.	.439

注：β_G＝贅沢感のインパクト，β_U＝ユーザー限定性のインパクト(いずれも標準偏回帰係数)，***$p<.001$，**$p<.01$，*$p<.05$，n.s.＝non-significant。

表6-6 購買意図に対する贅沢感およびユーザー限定性の影響
(分析対象10ブランド個別の分析結果)

ブランド		贅沢感	ユーザー限定性	β_G	β_U	Adjusted R^2
ラグジュアリー	エルメス	.586	.353	.619***	.073 n.s.	.381
	ルイ・ヴィトン	.567	−.138	.586***	.147***	.326
	シャネル	.528	.198	.536***	.102*	.282
	グッチ	.293	.054	.621***	.083*	.371
	プラダ	.172	.126	.673***	.085*	.441
	ラルフローレン	−.027	.008	.662***	.047 n.s.	.424
非ラグジュアリー	トミーヒルフィガー	−.533	.289	.673***	−.040 n.s.	.451
	ザラ	−.578	−.035	.597***	−.170***	.348
	ユニクロ	−.700	−.620	.669***	−.124**	.454
	H&M	−.725	−.160	.627***	−.053 n.s.	.384

注：β_G＝贅沢感のインパクト，β_U＝ユーザー限定性のインパクト(いずれも標準偏回帰係数)，***$p<.001$，**$p<.01$，*$p<.05$，n.s.＝non-significant。

ドの場合にはポジティブとなり，贅沢感が非常に低いブランドについてはネガティブとなる傾向がみられる。また，贅沢感が中位程度のブランドについては，ユーザー限定性の影響に統計的有意性は確認できない。

そこで，分析対象10ブランド個別のブランド評価や購買意図に対する贅沢感やユーザー限定性の影響(β_G，β_U)と，各ブランドの贅沢感の関係を分析した所，図6-3および図6-4に示す線形の関係が確認された。ここでは，ブランド評価や購買意図に関するβ_Uを目的変数，ブランドの贅沢感を説明変数とする

図6-3　ブランド贅沢感・ユーザー限定性によるブランド評価形成インパクトとブランド贅沢感の関係

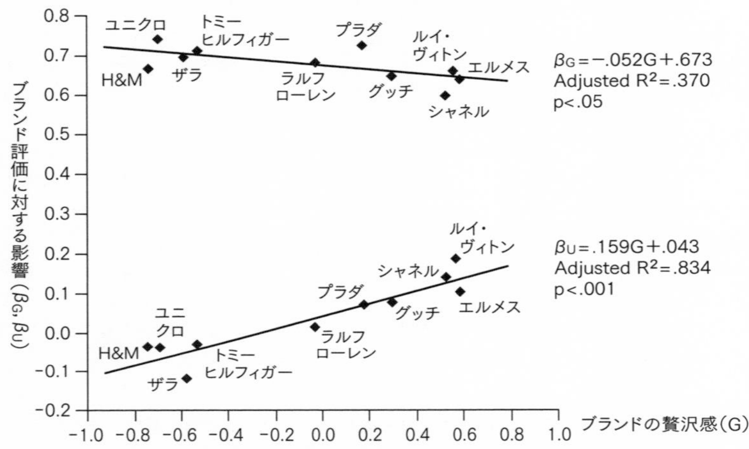

注：図中の回帰直線は，贅沢感によるブランド評価形成インパクト（β_G），ユーザー限定性によるブランド評価形成インパクト（β_U）を目的変数，ブランド贅沢感（G）を説明変数とする回帰分析による。

図6-4　ブランド贅沢感・ユーザー限定性による購買意図形成インパクトとブランド贅沢感の関係

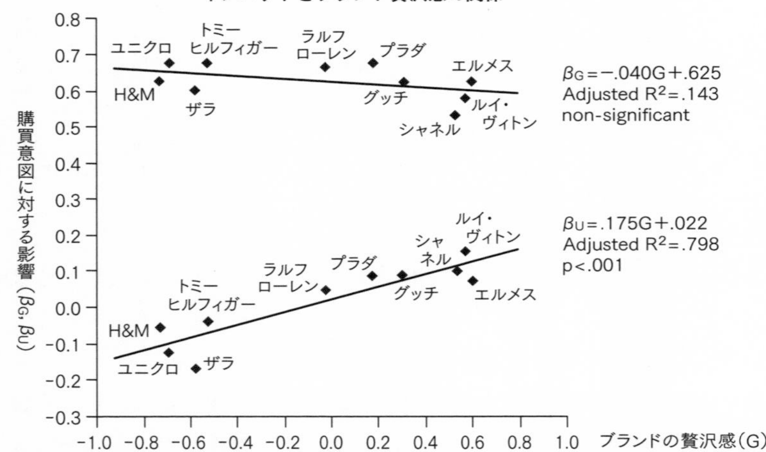

注：図中の回帰直線は，贅沢感による購買意図形成インパクト（β_G），ユーザー限定性によるブランド評価形成インパクト（β_U）を目的変数，ブランド贅沢感（G）を説明変数とする回帰分析による。

回帰直線の傾きがポジティブであることが示唆された。

表6-5, 表6-6と図6-3, 図6-4を合わせて確認すると，ユーザー限定性によるブランド評価形成インパクトおよび購買意図形成インパクトは，ブランドの贅沢感が高いほどポジティブに大きくなる一方，贅沢感が低いほど小さくなり，贅沢感が非常に小さい場合にはネガティブとなる傾向が明確に現れている。ユーザー限定性によるインパクトと，形成されたブランド評価や購買意図の関係に線形性が確認されたことに鑑みると，贅沢感が中位程度のブランドについてユーザー限定性による影響に統計的有意性が確認できないのは，インパクトが0に近いからだと考えられる。

ここで，贅沢感が低位に留まり，ブランド評価および購買意図に対するユーザー限定性による影響が共にネガティブであるブランドは，分析対象10ブランドの内，トミーヒルフィガー，ザラ，ユニクロ，H&Mの4ブランドである（表6-5, 表6-6）。本章，および第3章における調査・分析の結果（図3-4）をみると，これらのブランドはラグジュアリー性水準が低位に留まる非ラグジュアリーブランドに分類され，Millward Brown（2014）の報告でもこれらはラグジュアリーセグメントから外されている。したがって，本章における調査・分析結果に基づきRQ6-1についてみると，消費者によるユーザー限定性の知覚は，ラグジュアリーブランドの評価には貢献する一方，非ラグジュアリーブランドの評価には貢献しない傾向があるといえるだろう。

また，RQ6-2についてみると，ユーザー限定性のポジティブな影響が確認されたラグジュアリー性水準が高いブランドについては，ユーザー限定性の知覚が高いほどブランド評価が高まると考えられる。一方，ユーザー限定性の影響がネガティブだったラグジュアリー性水準が非常に低いブランドについては，ユーザー限定性の知覚が低いほどブランド評価が高まるとみることができるだろう。

この結果は，非ラグジュアリー企業が安易にラグジュアリー戦略を模倣し，選択的店舗立地戦略を推進することでユーザー限定性を演出することが，自社のブランドエクイティに対してあまり貢献せず，ネガティブな影響を与える可能性を示唆するものである。厳選された立地に出店を絞り込むことでブランド製品が限定的であるかのような演出は，ブランドの稀少性に関する消費者の知覚を高めるかもしれないが，ラグジュアリー性水準が低位に留まるブランドの場合，このイメージは一般的な消費者から敬遠される可能性があるとみられる。

一方，ラグジュアリーブランドについては，一般的な消費者はユーザー限定性を知覚するとブランドの魅力に関する知覚を高めると共に購買意図を高めることが示唆された。これは，稀少性の演出を重要なマーケティング要素と位置づけるこれまでのラグジュアリー戦略研究（例えば，Catry, 2003; Kapferer and Bastien, 2012; Som and Blanckaert, 2015; Kapferer, 2015）における指摘を支持するものである。

Kapferer（2012b）はブランドの普及率を制御し稀少性を管理することによって，ラグジュアリー性水準を向上させるマーケティング戦略を検討している。しかし，不特定多数の消費者のマインド内に形成されたラグジュアリー性に関するブランド知覚を修正し，ブランドポジションをラグジュアリーとして位置付けていくには，相応の年月が必要とされるだろう。実際に，同一の分析対象10ブランドについてKapferer（1998）に基づく同一のBLIを用いて行った，第3章と第4章における消費者調査では，調査時期に9ヶ月程のギャップがあり，回答者が異なるにもかかわらず，確認されたブランドポジションはほとんど変化していない（図3-4，図4-4）。有名服飾品ブランドのラグジュアリー性水準に基づくブランドポジションは，我が国の消費者のマインド内に強固に定着していると考えられるのである。

長期的視点に立てば，ブランドの普及率を管理することによって，ブランドのラグジュアリー性水準を向上させるという戦略も検討可能かもしれない。しかし，例えば，株主の事業成長に関する圧力に晒されないファミリービジネス形態に基づく企業，とりわけ，十分な資金力を有し短期的利益が得られなくても経営が継続可能な非上場企業等でもなければ，このような視点に基づく長期的マーケティング戦略を採用することは難しいだろう。

今日，投資家圧力の下で単年度，あるいは3年～5年の中期経営計画において事業成長を求められる多くの服飾品企業経営者にとって現実的なのは，むしろ，現在の自社ブランドのラグジュアリー性水準に基づくマーケティング戦略の最適化だと考えられる。本書が検討する店舗立地イメージに基づくブランド

図6-5　ブランドのラグジュアリー性と消費の外部性（バンドワゴン効果・スノッブ効果）の関係

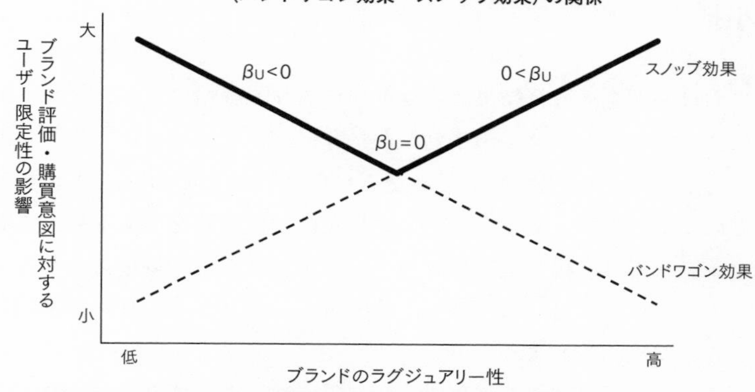

注：β_U＝ブランド評価・購買意図に対するユーザー限定性の影響。
出所：著者作成。

エクイティ効果についてみると，現時点におけるブランドのラグジュアリー性水準を前提として，「選択的店舗立地戦略を通じてどの程度ユーザー限定性を演出すれば，消費者のブランド評価や購買意図を向上させることができるか」が，多くの服飾品企業経営者が直面するマーケティング課題だと考えられる。

ブランドの贅沢感が低いほどブランド評価や購買意図に対するユーザー限定性のポジティブな影響は小さくなり，贅沢感が非常に低い場合にはユーザー限定性の影響がネガティブになるという本章の示唆に鑑みると，一般消費者におけるバンドワゴン効果はブランドのラグジュアリー性水準が低いほど大きくなる可能性がある。一方，ブランドの贅沢感が高いほどブランド評価や購買意図に対するユーザー限定性のポジティブな影響は大きくなることに鑑みると，一般消費者におけるスノッブ効果はブランドのラグジュアリー性水準が高いほど大きくなる可能性がある。

以上から，本章における分析結果に基づくと，ブランドのラグジュアリー性と消費の外部性（バンドワゴン効果・スノッブ効果）（Leibenstein, 1950）について図6-5に示す関係が示唆される。

6.5 小括

本章における調査・分析結果は，ラグジュアリー戦略によるユーザー限定性の演出によるブランドエクイティ効果が，非ラグジュアリーブランドの場合は小さくなる，あるいはネガティブとなる可能性を示しており，非ラグジュアリー企業によるラグジュアリー戦略の安易な模倣に疑問を呈するものである。服飾品企業経営者は店舗立地戦略等のマーケティング戦略策定にあたり，自社ブランドのラグジュアリー性水準を十分分析し，ラグジュアリー戦略の効果を精査することが求められよう。

第7章では，本章で確認されたユーザー限定性によるブランド評価・購買意図形成インパクトのラグジュアリー性水準に基づく変化を踏まえて，選択的店舗立地戦略に基づくユーザー限定性演出のブランド態度に対する効果を考察する。考察にあたっては，ブランドのラグジュアリー性水準に基づく選択的店舗立地効果の変化や，その背景にある消費者の心理メカニズムに注目し，自己概念調和理論を用いて現実LSCと理想社会的LSCの影響を分析する。

第7章
選択的店舗立地イメージによる ブランド態度形成メカニズム

7.1　はじめに

第2章および第6章では，先行研究および消費者調査に基づき，ラグジュアリー戦略において重視される選択的店舗立地イメージやユーザー限定性は，ラグジュアリーブランドについてエクイティ効果が期待できる一方，非ラグジュアリーブランドの場合は当該効果が期待しづらく，効果がネガティブとなる可能性が示唆された。

今日，コモディティ化に苦しむ非ラグジュアリー企業の多くは，ラグジュアリーブランドの競争優位性が際立っていることから，程度の差こそあれ，ラグジュアリー戦略を参考としてブランドエクイティの向上を図っているとみられる。しかしながら，第2章および第6章で確認された結果は，非ラグジュアリー企業がラグジュアリー戦略にしたがって店舗開発を行う場合，経営者の思惑とは逆にブランドエクイティを毀損する可能性を示唆している。服飾品ビジネスにおいて店舗開発・運営コストは非常に大きいことから，不適切な店舗立地戦略は服飾品企業の経営全体に重大な損害をもたらす懸念がある。

斯かる問題意識の下，本章では，第2章および第6章で得られた示唆を，消費者調査を通じてより精緻に検討する。本章では，先ず，ユーザー限定性に関する消費者のパーセプション形成に対する選択的店舗立地イメージの効果を分析し，当該イメージによるユーザー限定性演出の効果を検証する。また，本章では，選択的店舗立地イメージによって消費者のブランド態度がどの程度変化するか考察する。考察にあたっては，ブランドのラグジュアリー性水準に基づく，立地イメージによる態度形成インパクトの変化に注目する。さらに，選択的店舗立地イメージに基づくブランド態度形成の背景にある消費者の心理メカニズムについて，自己概念調和理論を用いた分析を行う。

尚，本章では第4章，第5章と同様に，新規市場におけるブランド事業展開に関する示唆を得ることを目的として，未知ブランドについても追加的に考察する。

7.2　ブランド態度に対する選択的店舗立地イメージと自己概念調和の影響

服飾品はステイタス消費の対象の1つとなり得ることがEastman et al.（1999）の実証研究で明らかとなっている。今日，ステイタス消費は一般的な消費行動の1つである（Mason, 1998; Eastman et al., 1999）ことから，一般的に消費者は服飾品消費を通じて，自分自身の社会的地位がどのように他者からみられるか気にするだろう。すなわち，消費者は，服飾品について社会的評価懸念をもちながら（神山, 1997）情報探索を行い（Blackwell et al., 2001），ブランド態度を形成していると考えられる。第4章，第5章の調査・分析結果に鑑みると，この時，ブランドの中心的情報はもとより，店舗立地イメージ等の周辺的情報（青木他, 2012）も消費者のブランド態度形成に影響しているとみられる。

他者評価懸念は，理想の社会的自己概念と実際に製品を購入，使用した場合の自己イメージとの乖離に関するリスクとみることができるだろう。店舗立地イメージの効果に注目すると，他者評価懸念に基づく社会心理的リスクを知覚した消費者は，知覚リスクを低減するため，ブランド店舗がある商業施設や地域を参照し，当該立地で買物をする消費者や当該立地で店舗を設置・運営するブランドのユーザーイメージと理想の社会的自己概念の乖離を気にしながらブランド態度を形成すると考えられる。思い浮かべた当該立地の買物客や当該立地で店舗を設置・運営するブランドのユーザーイメージと理想の社会的自己概念の一致性が高い時，すなわち，理想社会的LSCが高い時，消費者の知覚リスクは低減され，ブランド態度は向上するだろう。

以上から，ブランド態度形成時の消費者心理を考察する為，本章では，第5章と同様に理想社会的LSCによるブランド態度形成インパクトについて，現実

LSCの場合と比較分析を行う。本章におけるLSCの定義を以下に示す。

⑴現実LSC

現実の自己概念と，特定の店舗立地で店舗を設置・運営するブランドのユーザーイメージの一致性。

⑵理想社会的LSC

理想の社会的自己概念と，特定の店舗立地で店舗を設置・運営するブランドのユーザーイメージの一致性。

ただし，ここで挙げるブランドユーザーとは，ブランドが特定されなくても，純粋に店舗立地から想起されるブランドユーザーを意味する点に留意する必要がある。特定のブランドを示さず，店舗立地のみによって想起されるブランドユーザーは，店舗立地イメージによる影響測定に有効であると考えられる。

本章における考察は，第5章と同様のモデルに基づくものである（図7-1）。ただし，分析手法が第5章とは異なる為，本章における当該モデルはあくまでConceptual Frameworkである。

ラグジュアリーブランドの価値を構成する要素として，これまで多くの先行研究において稀少性の存在が指摘されてきた（例えば，Dubois et al., 2001; Vigneron and Johnson, 2004）。ラグジュアリーの起源の1つとされる古代エジプトにおけるファラオの副葬品（Kapferer and Bastien, 2012）がファラオの経済力や社会的地位の高さを示すのも，当該副葬品が稀少で入手困難な品々であるからである。ラグジュアリーブランドが，ステイタスシグナル（Vigneron and Johnson, 1999; Han et al., 2010）や社会的目印（Kapferer and Bastien, 2102）と

図7-1　店舗立地イメージとLSCに基づくブランド態度形成モデル

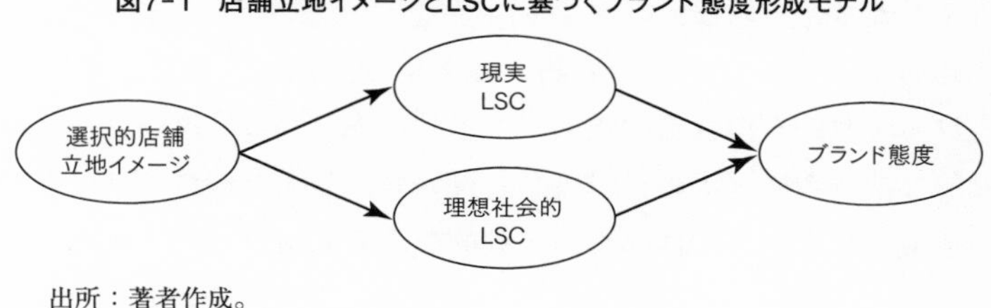

出所：著者作成。

して，経済力や社会的地位の高さを示す社会的価値の高さが認められる理由の1つは，稀少性がブランドの中核を成している（Kapferer and Bastien, 2012）からだと考えられる。逆に，多くの人々が一般的に使用しているブランドや製品は，ラグジュアリーとは認められづらいだろう。

一方，ラグジュアリー製品の生産や販売が1つの産業となった今日では，ラグジュアリー企業であっても経済的成長が求められる。したがって，物理的に供給を絞り売上を抑制して稀少性を高めることは，事業の性質上，難しいと考えられる。ゆえに，LVMH等のグローバル・コングロマリットは，大企業となった今日でも，出店や流通を管理することで，いわば仮想的に稀少性イメージを維持している。チャネル戦略に基づき，ユーザーが限定的で稀少性が高いブランドというイメージを巧みに演出しているのである（Catry, 2003; Kapferer, 2015）。店舗立地戦略の観点からみると，厳選された店舗立地に出店を絞り込んで，消費者に対しユーザー限定性を知覚させることが重要となるだろう。例えば，最近，ルイ・ヴィトンは中国においてブランドの過剰露出を避ける為（Bloomberg, 2015）店舗数を削減した（Hara, 2016）。このようなマーケティング手法は厳選された立地に店舗を絞り込むという選択的店舗立地戦略の表れとみられ，この時，消費者は当該ブランドが誰でも簡単に入手できるものではないと感じると考えられる。

したがって，店舗が選択的店舗立地イメージの高い立地に所在する場合，当該店舗を運営するブランドについて消費者はユーザー限定性を知覚するだろう。この時，こうした立地で店舗を設置・運営するブランドのユーザーは，例え，当該ブランドがどのブランドか特定されなくても，社会的地位が高く知覚される可能性があろう。ステイタス消費は一般の消費者にみられる行動であることから，このようなブランドユーザーは一般的な消費者の理想の社会的自己概念に近づくと考えられる。

一方，選択的イメージが高い店舗立地で店舗を設置・運営するブランドのユーザーは，一般的な消費者の現実の生活イメージからは遠い存在となるだろう。一般的な消費者の現実の自己概念と近いユーザーを持つブランド店舗の所在地は，厳選された立地ではなく，一般的な店舗立地だと考えられるからである。

したがって，本章では，以下の仮説を提案する。

H7-1：選択的店舗立地イメージは理想社会的LSCに正の影響を与える一方，現実LSCに負の影響を与える。

経済力や社会的地位の高さを示す社会的価値が大きいラグジュアリーブランドを評価する時，消費者はその社会的価値を期待すると考えられる。社会的価値は他者から社会的に評価されなければ失われることから，ラグジュアリーブランドについて消費者はとりわけ他者評価懸念等の社会心理的影響を受け，理想の社会的自己概念と実際に当該ブランド製品を消費する場合の乖離を気にするだろう。

一方，中心的価値が機能的価値である非ラグジュアリーブランドについて，消費者は機能的価値を期待し，現実の生活における有用性を期待すると考えられる。この場合，消費者は現実の自己概念と実際に当該ブランド製品を消費する場合の乖離を気にするだろう。

第5章における調査・分析の結果からも，消費者は，ラグジュアリーブランドを評価する際は理想の社会的自己概念を主に参照する一方，非ラグジュアリーブランドを評価する際は現実の自己概念を主に参照することが示唆されている（表5-7）。したがって，ここで以下の仮説を改めて提案する。

H7-2：理想社会的LSCは，消費者のラグジュアリーブランド態度に対して，非ラグジュアリーブランドの場合よりも正に強い影響を与える。

H7-3：現実LSCは，消費者の非ラグジュアリーブランド態度に対して，ラグジュアリーブランドの場合よりも正に強い影響を与える。

7.3　調査・分析

7.3.1　調査・分析の方法

本章では，H7-1～H7-3の仮説を検証する為，特徴が異なる3ブランドに関し，2つの店舗立地フレームに基づく消費者のブランド態度を調査・分析する。分析対象とする服飾品ブランドは第4章の調査・分析Ⅰ，および第5章と

図7-2　店舗立地フレーム（仮想的店舗分布図）

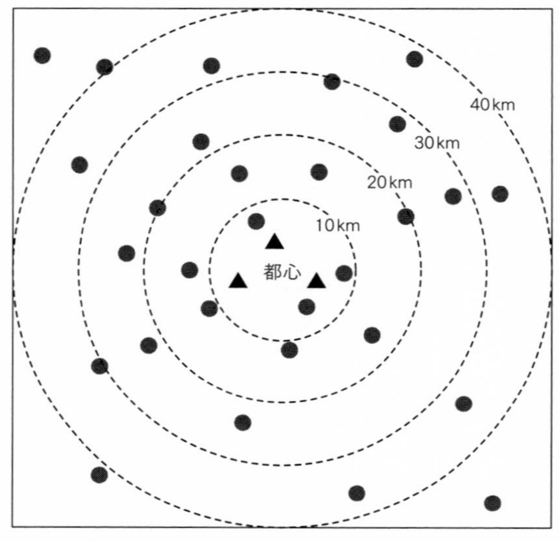

注：●：ブランドA，▲：ブランドBとして回答者に提示。
出所：著者作成。

同様に，ルイ・ヴィトン（有名ラグジュアアーブランド），ユニクロ（有名非ラグジュアリーブランド），トースト（未知ブランド）の3ブランドである。

ブランド態度，およびLSCの測定に用いた店舗立地フレームを図7-2に示す。当該立地フレームは，実在する立地イメージによる回答バイアスを回避する為，仮想的な店舗分布に基づいており，幾何学的なものとしている。ここでは，●で示された店舗をブランドAの店舗，▲で示された店舗をブランドBの店舗と設定した。

本調査・分析では，先ず，店舗立地フレームとして設定した2つの仮想的店舗分布に対して消費者が知覚する選択的店舗立地イメージを測定しmanipulation checkを行った。次に，これらの立地フレームに基づいて消費者が知覚するブランドのユーザー限定性を調査し，ユーザー限定性に対する選択的店舗立地イメージの影響について，ANOVAを用いて確認した。次に，2つの店舗立地フレームに基づく現実LSC，および理想社会的LSCについて調査した。次にこれらの立地フレームに基づく消費者のブランド態度を調査した。最後に，立地フレームに基づくLSCやブランド態度の変化をANOVAを用いて比較すると共に，現実LSCおよび理想社会的LSCによるブランド態度形成インパクトをSEMを用いたパス解析を用いて分析し，図7–1に基づく各要素の関係について考察した。

選択的店舗立地イメージの測定項目は，Kapferer and Vallete-Florence（2016）による3項目を採用した。ユーザー限定性はKapferer（1998）による16項目のBLIから，第3章，第4章，および第6章において確認された2項目を用いた。LSCの測定項目はSirgy et al.（1997）による直接質問法に基づく3項目を採用し，設問文はAssarut（2008）を参考として設定した。ブランド態度の測定項目はAdaval and Monroe（2002）による3項目を用い，設問文はGraeff（1997）を参考として設定した。LSCおよびブランド態度の測定項目は第5章と同様である。本調査は，データに欠測が生じぬよう，回答者が全ての設問に回答しなければ集計されないようあらかじめ設計した。設問は，全て7点尺度のリッカートスケール（1：全くそう思わない〜7：非常にそう思う）に基づく設計である。本調査における設問項目を以下に示す。

⑴選択的店舗立地イメージ

ブランドA（●）（ブランドB（▲））に対する感じ方について回答して下さい：どこにでもあるわけではない，選ばれた流通（立地）である；大量生産ではなく少量生産である；本来の雰囲気を伴う厳選された店舗である。

⑵ユーザー限定性

ブランドA（●）（ブランドB（▲））に対する感じ方について回答して下さい：もっている人が少数派である；購入者はほとんどいない。

⑶現実LSC

ブランドA（●）（ブランドB（▲））のユーザーがどんな人か想像してみて下さい：このブランドのユーザーはありのままの（素の）私のようなタイプだ；このブランドユーザーはありのままの（素の）私と似ている，このブランドユーザーはありのままの（素の）私みたいだ。

⑷理想社会的LSC

ブランドA（●）（ブランドB（▲））のユーザーがどんな人か想像してみ

て下さい：このブランドのユーザーは他の人々からみられたい（思われたい）私のようなタイプだ；このブランドユーザーは他の人々からみられたい（思われたい）私と似ている，このブランドユーザーは他の人々からみられたい（思われたい）私みたいだ。

(5)店舗立地フレームに基づくブランド態度

ブランドA（●）（ブランドB（▲））がルイ・ヴィトン（ユニクロ，トースト）だったらどう感じますか？：魅力を感じる（好ましい，好きだ）。

データ収集は，第3章，第4章，および第5章の消費者調査と同様に，我が国のオンライン・リサーチ最大手であるマクロミルを起用し，インターネットを介して行われた。回答者は無作為抽出された首都圏（東京都，神奈川県，埼玉県，千葉県）に在住する20代～60代の一般消費者（男女）ある[1]。回答者はあらかじめスクリーニングにおいて，分析対象ブランドであるルイ・ヴィトンとユニクロを知っており，トーストを知らないことが確認された。回答バイアスを避ける為，本書における他の調査の回答者はあらかじめ調査対象から除外した。富裕層に限らず一般的な消費者の行動について調査する為，回答者の抽出にあたり回答者の所得は考慮していない。回答者は店舗分布図（図7-2），およびブランド店舗の写真を参照して回答した。

7.3.2　調査・分析の結果

調査は2016年11月10日～11日に行われ，312の有効回答が得られた。回答者の属性を表7-1に示す。

得られたデータに基づき，選択的店舗立地イメージ，ユーザー限定性，現実LSC，理想社会的LSC，およびブランド態度についてCronbach's alphaを確認した所，各構成概念について.848～.953と十分な値が得られた。また，これらの構成概念についてCFAを行った所，各項目の因子負荷量は.830～.971となっていることが確認された。また，各構成概念のCRは.871～.953，AVEは.770～.872であった。したがって，各構成概念について内部一貫的信頼性，収束的妥当性が確認された（Peterson, 1994; Fornell and Larcker, 1981; Hair et al.,

1　国勢調査に基づく男女・年齢別比率を目安として，性別・年齢のセグメント毎にマクロミルのモニターから無作為に回答者を抽出した。

表7-1 回答者属性

回答者属性		n	%
性別	男性	159	51.0
	女性	153	49.0
年齢 (単位：歳)	20－24	17	5.4
	25－29	35	11.2
	30－34	31	9.9
	35－39	33	10.6
	40－44	41	13.1
	45－49	37	11.9
	50－54	30	9.6
	55－59	27	8.7
	60－64	33	10.6
	65－69	28	9.0
職業	公務員	14	4.5
	経営者・役員	4	1.3
	会社員	121	38.8
	自営業	10	3.2
	自由業	7	2.2
	専業主婦（主夫）	73	23.4
	パート・アルバイト	40	12.8
	学生	10	3.2
	その他	11	3.5
	無職	22	7.1
世帯年収 (単位：円)	2,000,000未満	102	32.7
	2,000,000－3,999,999	60	19.2
	4,000,000－5,999,999	52	16.7
	6,000,000－7,999,999	24	7.7
	8,000,000－9,999,999	6	1.9
	10,000,000－11,999,999	5	1.6
	12,000,000－14,999,999	1	0.3
	15,000,000－19,999,999	2	0.6
	20,000,000以上	1	0.3
	無回答	59	18.9

2014）。また，弁別的妥当性を確認する為，各構成概念のAVEと各構成概念間の相関係数の平方の大きさを比較した。確認の結果，選択的店舗立地イメージとユーザー限定性についてはそれぞれのAVEが相関係数の平方を下回り，弁別性が疑われる結果となった。その他の各構成概念については全てAVEが相関係数の平方を上回り，弁別的妥当性が確認された。CFAの結果，および弁別的妥当性の確認結果を表7-2，7-3に示す。

尚，本調査では，目的変数と独立変数を単一の回答者に尋ねる方法を採用し

表7-2　構成概念に関するCFAの結果

構成概念	測定項目	因子負荷量	CR	AVE	α
選択的店舗立地イメージ	選ばれた流通（立地）	.837	.909	.770	.907
	少量生産	.886			
	本来の雰囲気	.908			
ユーザー限定性	購入者はほとんどいない	.830	.871	.772	.848
	持っている人が少数派	.925			
現実LSC	私のようなタイプ	.911	.953	.871	.953
	私みたい	.944			
	私と似ている	.944			
理想社会的LSC	私のようなタイプ	.924	.953	.872	.953
	私みたい	.932			
	私と似ている	.945			
ブランド態度	魅力	.906	.951	.867	.950
	好ましい	.971			
	好き	.915			

表7-3　構成概念に関する弁別的妥当性の確認

構成概念	選択的店舗立地イメージ	ユーザー限定性	現実LSC	理想社会的LSC	ブランド態度
選択的店舗立地イメージ	.770				
ユーザー限定性	.794	.772			
現実LSC	.052	.056	.871		
理想社会的LSC	.065	.043	.153	.872	
ブランド態度	.004	.000	.055	.025	.888

注：表は構成概念間の相関係数の平方を示しており，対角線には各構成概念のAVEを記載している。

ており，Common Method Biasが生じる可能性あることから，Harman's One Factor Testを行った（Podsakoff and Organ, 1986; Jakobsen and Jensen, 2015）。選択的店舗立地イメージ，ユーザー限定性，現実LSC，理想社会的LSC，およびブランド態度を構成する14項目を用い，回転のない主因子法に基づくEFAを行った所，固有値が1以上の因子が複数抽出され，第1因子の寄与率は50%を下回ることが確認された。したがって，本調査においてCommon Method Biasは問題とはならないことが確認された。

次に，立地フレームとして設定されたブランドAの仮想的店舗分布とブランドBの仮想的店舗分布（図7-2）の選択的店舗立地イメージに関する消費者の知覚差異をCorrelated t-testにより確認し，manipulation checkを行った。

図7-3 仮想的店舗分布の選択的店舗立地イメージ比較

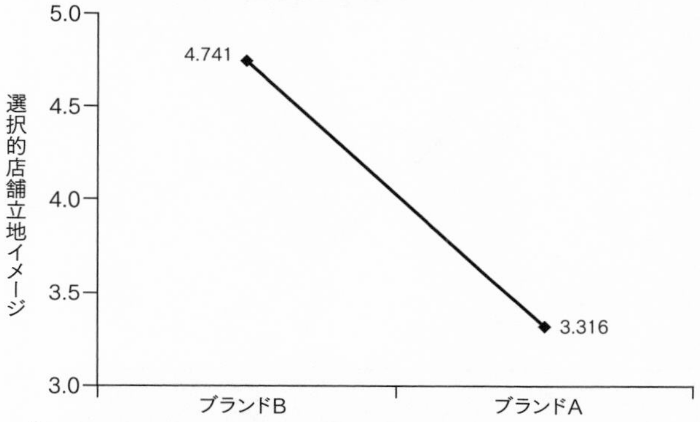

注：Correlated t-test: $t_{311}=14.056$; $p<.001$。

CFAにより選択的店舗立地イメージについて内部一貫的信頼性，および収束的妥当性が確認されたことから，構成項目の平均値を，当該概念を示す合成変数として用いた（Hair et al., 1998）。その結果，選択的店舗立地イメージはブランドBの店舗分布の方がブランドAの場合よりも高いことが確認された（mean＝4.741 versus 3.316; $t_{311}=14.056$; $p<.001$）（図7-3）。

本結果に基づき，これ以降の分析では，ブランドBの店舗が分布する立地は選択的イメージが高い店舗立地であり，ブランドAの場合は当該イメージが低い店舗立地であると位置付け比較分析を行った。

次に，選択的イメージが高い店舗立地と低い店舗立地において，ユーザー限定性に関する消費者の知覚がどのように変化するか，1-way ANOVA（within subject design）を用いて確認した。その結果，選択的イメージに基づくユーザー限定性の変化が統計的有意に確認された（mean＝3.888 versus 2.742; $F_{1,311}=135.873$, $p<.001$, $\eta^2=.304$）（図7-4）。

CFAの結果，選択的店舗立地イメージとユーザー限定性の弁別的妥当性は確認されなかったことから，これらの構成概念はほぼ同じ意味を成すとみることもできよう。すなわち，本章で用いた仮想的店舗分布に基づくと，ブランドBの店舗分布は店舗立地の厳選性と共に当該ブランドのユーザー限定性を連想させるものであると考えられる。一方，ブランドAの店舗分布は店舗立地が厳

図7-4　選択的店舗立地イメージに基づくユーザー限定性の変化

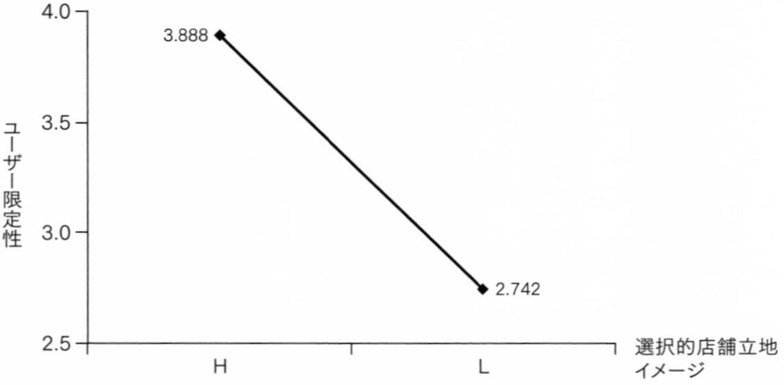

選択的店舗立地イメージ	ユーザー限定性
H	3.888
L	2.742

注：1-way ANOVA：$F_{1,311}=135.873$；$p<.001$，$\eta^2=.304$。H：選択的イメージが高い立地；L：選択的イメージが低い立地。

選されておらずユーザーも限定されていないという連想をもたらすものであると考えられる。これらの連想は，ブランドAやブランドBについて店舗分布以外の情報を与えずに消費者のマインド内に形成されたものである。

さらに，本調査・分析では，店舗立地フレームに基づき形成された消費者のブランド態度の変化について2-way ANOVA（within-subject design）を用いて確認した。これらの分析結果を表7-4および図7-5に示す。

ここではブランド態度に対する選択的店舗立地イメージと分析対象ブランドの交互作用が確認された（$F_{2,622}=99.968$, $p<.001$, Partial $\eta^2=.243$）。したがって，ブランドのラグジュアリー性水準や有名・無名等の性質によって選択的店舗立地イメージによるブランド態度形成インパクトが変化することが示唆された。ラグジュアリーブランドであるルイ・ヴィトンに対する消費者のブランド態度は，店舗立地の選択的イメージが高い時に向上し，当該イメージが低い時に低下することが確認された。一方，非ラグジュアリーブランドであるユニクロに対する消費者のブランド態度は，店舗立地の選択的イメージが高い時低下し，当該イメージが低い時に向上することが確認された。他方，未知ブランドであるトーストに対する消費者のブランド態度はほとんど変化しなかった。

さらに，店舗立地フレームに基づく消費者の現実LSC，および理想社会的

表7-4　選択的店舗立地イメージに基づくブランド態度の変化（2-way（3×2）ANOVA）

要　因	df	F value	Partial η^2
選択的店舗立地イメージ（主効果）	(1,311)	1.101 n.s.	.004
分析対象ブランド（主効果）	(2,622)	15.598***	.048
選択的イメージ×分析対象ブランド（交互作用）	(2,622)	99.968***	.243

多重比較（Bonferroni）			ラグジュアリーブランド	非ラグジュアリーブランド	未知ブランド
ブランド態度	H	L	***	***	n.s.

注：H：選択的イメージが高い立地；L：選択的イメージが低い立地。***p<.001, n.s.＝non-significant。

図7-5　選択的店舗立地イメージに基づくブランド態度の変化

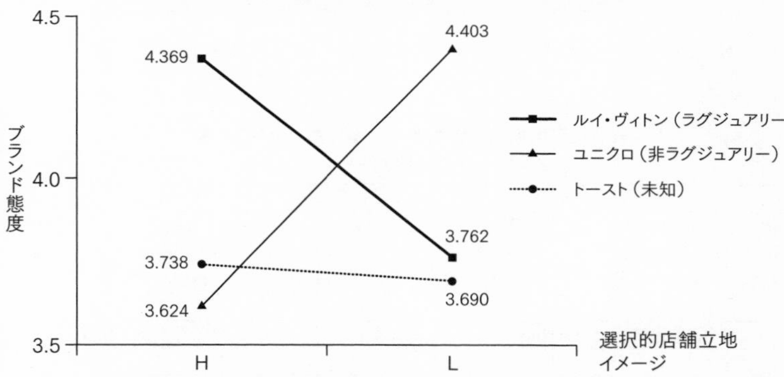

注：H：選択的イメージが高い立地；L：選択的イメージが低い立地。

LSCについて2-way ANOVA（within-subject design）を行った。これらのLSCは，純粋に店舗立地情報のみから連想されるブランドのユーザーイメージと消費者の自己概念の一致性に基づくものであり，店舗立地イメージの効果によって形成される消費者心理を反映すると考えられる。分析結果を図7-6および表7-5に示す。

ここでは，消費者のLSCに対する選択的店舗立地イメージとLSCタイプの交互作用が確認された（$F_{1,311}=89.242$, $p<.001$, Partial $\eta^2=.223$）。したがって，現実LSCと理想社会的LSCでは選択的店舗立地イメージから受ける影響が異なることが確認された。

本分析を通じて，理想社会的LSCは選択的イメージの高い立地で向上し，当

図7-6　選択的店舗立地イメージに基づくLSCの変化

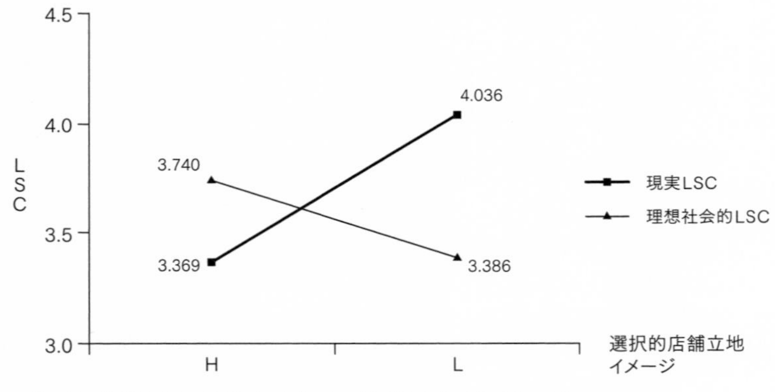

注：H：選択的イメージが高い立地；L：選択的イメージが低い立地。

表7-5　選択的店舗立地イメージに基づくLSCの変化
（2-way（2×2）ANOVA）

要　因	df	F value	Partial η^2
選択的店舗立地イメージ（主効果）	（1,311）	5.867*	.019
LSCタイプ（主効果）	（1,311）	11.566**	.036
選択的イメージ×LSCタイプ（交互作用）	（1,311）	89.242***	.223

多重比較（Bonferroni）			現実LSC	理想社会的LSC
LSC	H	L	***	***

注：H：選択的イメージが高い立地；L：選択的イメージが低い立地。***$p<.001$，**$p<.01$，*$p<.05$。

該イメージが低い立地では低下することが確認された。一方，現実LSCは選択的イメージが低い立地で向上し，当該イメージが高い立地では低下することが確認された。この結果は，選択的店舗立地イメージは理想社会的LSCにポジティブなインパクトを与える一方，現実LSCにネガティブなインパクトを与えることを示唆しており，H7-1の仮説を支持している。

次に，現実LSCと理想社会的LSCがブランド態度に与える影響について，SEMを用いてパス解析を行った。その結果，各構成概念の間に表7-6および図7-7に示す関係が確認された。図7-7に示す現実LSC，理想社会的LSC，およびブランド態度の関係について，SEMの結果得られた適合度は次の通りである：$\chi^2=274.459$，df＝72；p＝.000；AGFI＝.942；NFI＝.985；CFI＝.989；RMSEA

表7-6　LSC, ブランド態度, およびブランドのラグジュアリー性の関係（パス解析）

パ　ス	ルイ・ヴィトン（ラグジュアリー）	ユニクロ（非ラグジュアリー）	トースト（未知）
現実LSC ⟶ ブランド態度	−.037 n.s.	.461***	.184***
理想社会的LSC ⟶ ブランド態度	.326***	−.135**	.052 n.s.

注：χ^2 = 274.459, df = 72; p = .000; AGFI = .942; NFI = .985; CFI = .989; RMSEA = .039。
***p < .001, **p < .01, n.s. = non-significant。

図7-7　LSC, ブランド態度, およびブランドのラグジュアリー性の関係（パス解析）

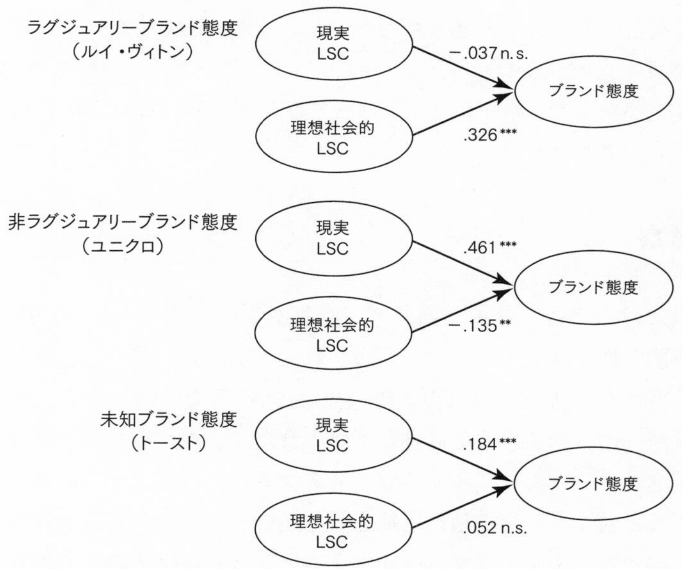

注：***p < .001, **p < .01, n.s. = non-significant。

= .039。RMSEA等のモデル適合度指標は，それぞれ先行研究における基準を満たしている（Hair et al, 2014; 狩野・三浦, 2007）。パス解析の結果，理想社会的LSCはラグジュアリーブランド態度にポジティブな影響を与える一方，非ラグジュアリーブランド態度に与える影響はネガティブであることが確認された。また，現実LSCは非ラグジュアリーブランド態度にポジティブな影響を与える一方，ラグジュアリーブランド態度に与える影響に統計的有意性は確認されなかった。

したがって，ラグジュアリーブランド態度に対する理想社会的LSCの影響は，非ラグジュアリーの場合よりもポジティブに大きいことが示唆された。この結果は仮説H7-2を支持している。また，非ラグジュアリーブランド態度に対する現実LSCの影響は，ラグジュアリーブランドの場合よりもポジティブに大きいことが示唆された。この結果は仮説H7-3を支持している。

さらに，本章における消費者調査データに基づくと，未知ブランドに対する態度は現実LSCからポジティブな影響を受ける一方，理想社会的LSCの影響については統計的有意性が確認されなかった。また，現実LSCによる未知ブランド態度形成インパクトは，ラグジュアリーブランド態度に対する理想社会的LSCのインパクトや，非ラグジュアリーブランド態度に対する現実LSCのインパクトより小さかった。

7.4　考察

本章における調査・分析を通じて，選択的店舗立地イメージが向上するとユーザー限定性も向上することが示唆された（図7-4）。また，これらの構成概念間の相関係数の平方がこれらの構成概念のAVEを上回ったことから，これらはほぼ同一の概念を示す可能性が示唆された。したがって，本章における仮想的店舗立地フレームに基づく調査・分析結果によれば，ブランドにふさわしいと思われる厳選された立地に店舗を絞り込むという選択的店舗立地戦略は，ユーザー限定性に関する消費者の知覚を向上させる戦略そのものであると捉えることができるだろう。

ところで，これまで多くのラグジュアリー研究において，だれもが所有できるわけではなく，限られた人々しか所有することができないことを示す「稀少性」はラグジュアリーブランドの価値要素であり（例えば，Dubois et al., 2001; Vigneron and Johnson, 2004），ブランドの中核である（Kapferer and Bastien, 2012）と指摘されてきた。また，稀少性が高いブランド製品を所有・使用することは，使用者が一般的ではなく限られた社会的存在であることを示すことから，稀少性は経済力や社会的地位の高さを示す社会的価値を成す要素とされる

（例えば，Vigneron and Johnson, 2004）。さらに，稀少性の知覚が消費者のラグジュアリーブランド評価を向上させる効果については実証研究においても確認されている（Dubois and Paternault, 1995）。今日，価格水準が高いにも関わらずラグジュアリーブランドビジネスが成立しているのは，希少性に基づく社会的価値による便益を期待してラグジュアリーブランドを求める消費者がWTP（Willing to Pay）を高めているからだと考えられる。

本章では，選択的店舗立地イメージが高まると，消費者のラグジュアリーブランド態度が向上することが確認された。この結果に鑑みると，消費者は，ラグジュアリーブランドの店舗が選択的イメージの高い立地に所在していると，当該ブランドのユーザーは一般的ではなく限られた消費者であると感じて，当該ブランドの社会的価値に関する期待を高め，好意的なブランド態度を形成すると考えられる。この結果は，選択的店舗立地戦略によってブランドの稀少性イメージを高め，ラグジュアリーブランドの価値を維持・向上させるという，ラグジュアリー戦略に関する先行研究（例えば，Catry, 2003; Kapferer and Bastien, 2012; Kapferer, 2015）を支持するものである。

一方，本章における消費者調査データからは，選択的店舗立地イメージが高まると，非ラグジュアリーブランドに対する消費者のブランド態度は低下することが確認された。非ラグジュアリーブランドの主要価値は機能的価値であり，消費者は非ラグジュアリー製品に対して現実の生活における有用性を期待すると考えられる。今日，コモディティ化市場においては，服飾品ブランドについても製品属性の同質化が進み差別化が困難になっているとみられる（杉原・染原, 2017）。したがって，非ラグジュアリーブランドの購買において機能的価値を求める消費者は，ラグジュアリーブランドの場合と比べて，機能的な差異だけでなく買物コストを気にすると考えられる。この時，評価対象となる非ラグジュアリーブランドの店舗は，利便性が高く買物コストが小さい立地に所在することが期待されると考えられる。本章における調査・分析の結果に鑑みると，非ラグジュアリーブランドの店舗が選択的イメージの高い立地に所在していると，消費者は店舗立地が不便だと感じ，買物コストの上昇を懸念することで，非ラグジュアリーブランド態度を低下させると考えられる。

さらに，本章における調査・分析から，選択的イメージが高い店舗立地に出店しているブランドのユーザーイメージは，一般消費者の理想の社会的自己概念に近いことが確認された。一般消費者は選択的イメージが高い店舗立地において店舗を設置・運営するブランドのユーザーは限定的な消費者層だと知覚し，当該ブランドについて稀少性に基づく社会的価値を連想するだろう。この時，当該ブランドのユーザーは経済力や社会的地位が高いと感じられ，一般消費者の社会的願望に近づくと考えられる。

一方，本章の結果から，選択的イメージが高い店舗立地において店舗を設置・運営するブランドよりも，選択的イメージが低い店舗立地において店舗を設置・運営するブランドの方が，そのユーザーイメージは一般消費者の現実の自己概念に近づくことが確認された。この結果から，一般の消費者は自分自身が限定的で特別な消費者ではないと考えており，一般的な立地に店舗が所在する一般ブランドのユーザーは，現実の自分自身のようなタイプだと感じると考えられる。

また，本章における調査・分析結果から，理想社会的LSCはラグジュアリーブランド態度を向上させることが確認された。社会的価値を求めてラグジュアリーブランドの購入を検討する一般の消費者は，他の人々からどのようにみられるかという社会心理的影響を受けて，当該ブランド購入時のイメージが理想の社会的自己概念から乖離しないか懸念し，ブランドに関する情報探索を活性化させると考えられる。この時，消費者はブランドの中心的情報だけでなく周辺的情報（青木他，2012）である店舗立地イメージを参照し，そこで店舗を設置・運営するブランドのユーザーイメージを想起すると考えられる。このユーザーイメージが理想の自己概念と近い時，消費者は斯かる懸念を低下させ，ブランド態度を向上させると考えられる。

一方，本章における結果から，非ラグジュアリーブランド態度に対して，現実LSCはポジティブに影響し，理想社会的LSCはネガティブに影響することが確認された。機能的価値を求めて非ラグジュアリーブランドの購入を検討する一般の消費者は，ブランド製品に対して実生活における有用性があるか気にすると考えられる。この時，消費者はブランドの中心的情報とともに周辺的情報（青木他，2012）である店舗立地イメージを参照し，そこで店舗を設置・運営するブランドのユーザーイメージを想起すると考えられる。このユーザーイメージがありのままの(素の)自分と近い時，消費者はブランドの有用性を連想し，ブランド態度を向上させると考えられる。逆に，このブランドユーザーイメージが，現実の自己概念とは異なる社会的願望に基づく自己イメージに近い時，一般消費者は実生活における当該ブランド製品の使い勝手に懸念をもつとみられる。消費者は現実の自分と近いユーザーがいるブランドの方が，日常生活における高い有用性が期待できると感じるのだろう。

本章における調査・分析を通じて得られた最も重要な示唆は，消費者のブランド態度形成がブランドのラグジュアリー性水準によって切り替わる心理メカニズムである(図7-7)。本章では，ラグジュアリーブランドを評価する時，一般の消費者は主に理想の社会的自己概念を参照することが示唆された。一方，非ラグジュアリーブランドを評価する時，一般の消費者は現実の自己概念と理想の社会的自己概念の両方を参照することが示唆された。ただし，非ラグジュアリーブランドの場合，理想の社会的自己概念はブランドユーザーイメージに一致しない方が消費者に好まれる点に注意が必要である。この結果は，第5章において確認された，ブランドのラグジュアリー性水準とブランド態度形成時に参照される自己概念の関係(表5-7)に近い。

ところで，本章における調査データからは，選択的店舗立地イメージによる未知ブランドに対するブランド態度形成インパクトは確認されなかった(図7-5)。この結果は第4章および第5章で示された店舗立地の高級感と同様であり，今日の消費者は，初めて目にするブランドについて，店舗立地を厳選して出店を絞りこんでいるだけでは安易に態度を向上させないということを示唆している。

本章における消費者調査データは，消費者の未知ブランドに対する現実LSCのポジティブな影響を示している。しかしながら，パス係数は，理想社会的LSCのラグジュアリーブランド態度形成インパクトや現実LSCの非ラグジュアリーブランド態度形成インパクトと比べて小さく，2つの店舗立地フレームにおける未知ブランドの態度変化は統計的に有意でない(表7-4)。したがって，有名ブランドと比べると，やはり，未知ブランドについては，ブランド態度に対する店舗立地イメージによる効果は僅少であり，期待しづらいと考えられる。

本章で得られた示唆に基づくと，服飾品企業経営者は自社ブランドの店舗立地戦略の策定にあたり，店舗立地の選択的イメージや自社ブランドのラグジュアリー性水準，および店舗立地に基づく消費者の現実LSCと理想社会的LSCをあらかじめ精査することが望ましいと考えられる。

7.5　小括

第4章～第7章における調査・分析を通じて，店舗立地高級感や選択的店舗立地イメージを消費者が知覚すると，当該立地で店舗を設置・運営するラグジュアリーブランドに対する態度を向上させること示唆された。一方，これらの店舗立地イメージを知覚すると，消費者は，当該立地で店舗を設置・運営する非ラグジュアリーブランドに対する態度を低下させる可能性が示唆された。

さらに，ここまでの調査・分析を通じて，消費者は店舗立地を参照すると，当該立地から連想される買物客や，当該立地に店舗を構える服飾品ブランドのユーザーイメージと，自己のイメージを比較することが示唆された。

高級で厳選された店舗立地から連想される消費者のイメージは，一般消費者の理想の社会的自己概念に近く，店舗立地高級感や選択的店舗立地イメージは理想社会的LSCを高めることが確認された。この時，消費者はラグジュアリーブランドに対する態度を向上させることも示唆された。一方，高級で厳選された店舗立地から連想される消費者のイメージは，一般消費者の現実の自己概念とは異なるとみられ，店舗立地高級感や選択的店舗立地イメージは現実LSCを低下させることが確認された。この時，消費者は非ラグジュアリーブランドに対する態度を向上させることも示唆された。

ここで留意が必要なのは，第5章および第7章で消費者心理の分析に用いられたLSCは店舗立地情報のみから連想された買物客やブランドユーザーイメージに基づく点である。したがって，LSCによって分析された消費者心理は，純粋に店舗立地イメージによる影響を反映したものであり，ブランド態度形成プロセスにおける，周辺的情報としての店舗立地イメージに基づく心理的効果を示すものと考えられる。

ところで，第4章～第7章の調査・分析は，いずれも仮想的・仮説的な枠組みに基づく消費者調査に基づいている。したがって，これらの調査・分析結果からブランド態度に対する店舗立地イメージの効果について一定の示唆が得られるものの，これを以て服飾品企業経営における実務上の示唆とするには限界があるといわざるを得ない。これらの示唆が，国内服飾品市場における消費者行動や，その背景にある消費者心理メカニズムの一端を反映しているとすれば，これらの示唆を裏付ける状況が，実際の服飾品企業のブランド事業において確認できるはずである。

第8章では，実際にラグジュアリー性水準が異なる服飾品ブランドの店舗が設置・運営されている商業施設や商業地域を一般の消費者に提示し，当該立地の高級感や選択的イメージに関する消費者のパーセプションを調査する。あわせて，当該立地イメージに基づく現実LSCや理想社会的LSC，および当該立地に店舗が所在する服飾品ブランドに関する消費者のブランド態度を調査する。実在する服飾品店舗に基づく調査データを用いて，店舗立地イメージによるブランド態度形成インパクトや消費者心理の変化を考察し，第4章～第7章における調査・分析によって得られた示唆を検証する。

第8章
検証：店舗立地イメージによるブランド態度形成メカニズム

8.1　はじめに

第2章では先行研究に基づく考察を通じ，ラグジュアリー戦略で有効とされる店舗立地の高級感や選択的店舗立地イメージが，非ラグジュアリーブランドには効果的でない，もしくは，ネガティブな影響を与える可能性が示唆された（図2-2）。さらに，第4章～第7章では消費者調査に基づく分析を通じて，店舗立地の高級感や選択的イメージが理想社会的LSCを向上させ，消費者のラグジュアリーブランド態度を向上させる一方，現実LSCを低下させ，消費者の非ラグジュアリーブランド態度を損なうことが示唆された。しかしながら，本書においてここまで確認された態度形成メカニズムは，いずれも仮想的・仮説的枠組みによる消費者調査データに基づくものである。

そこで，本章では，国内市場における服飾品企業の実例に基づき，実際の服飾品ビジネスの事例においても，消費者のブランド態度形成時に当該メカニズムがはたらいているか検証する。また，本章では，実際の服飾品企業のブランド店舗について，店舗立地イメージに関する出店意思決定時の評価，および運営開始後の店舗損益データを，当該立地やブランドに対する消費者のパーセプションと比較する。これらの比較を通じて店舗立地戦略の妥当性を検討し，非ラグジュアリー服飾品企業の店舗開発に対するラグジュアリー戦略の適用可能性を考察する。

本章におけるLSCは，第5章および第7章と同様に，純粋に店舗立地イメージから想起される消費者のイメージと自己概念の一致性である。ブランド名を提示せず，店舗立地に関する情報だけで想起されるイメージは，店舗立地イメージに基づく心理的効果の測定に有用と考えられる。本章におけるLSCの

図8-1 店舗立地イメージとLSCに基づくブランド態度形成モデル

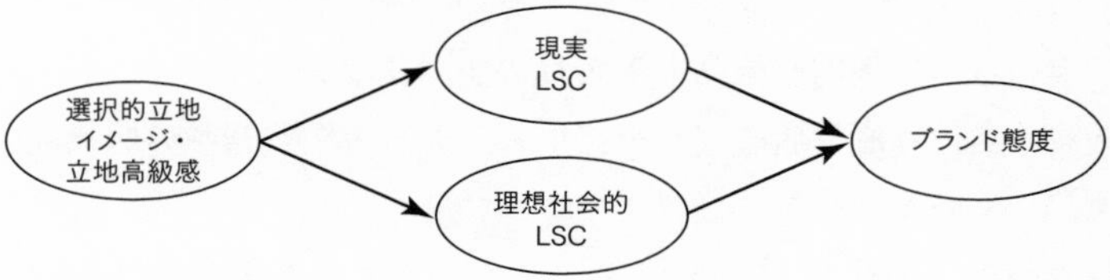

出所：著者作成。

定義を以下に示す。

(1)現実LSC

現実の自己概念と，特定の店舗立地で店舗を設置・運営するブランドのユーザーイメージの一致性。

(2)理想社会的LSC

理想の社会的自己概念と，特定の店舗立地で店舗を設置・運営するブランドのユーザーイメージの一致性。

本章で検証に用いる分析モデルは第5章，第7章において示唆された店舗立地高級感，選択的立地イメージ，LSC，ブランド態度の関係を示すモデルである（図8-1）。

本章で検証するのは，第7章までの先行研究に基づく考察，および仮想的枠組みに基づく消費者調査・分析に基づき示唆された，以下の5つの仮説である。

H8-1：消費者のラグジュアリーブランド態度に対する店舗立地高級感や選択的店舗立地イメージの影響は正である。

H8-2：消費者の非ラグジュアリーブランド態度に対する店舗立地高級感や選択的店舗立地イメージの影響は負である。

H8-3：店舗立地高級感や選択的店舗立地イメージは理想社会的LSCに正の影響を与える一方，現実LSCに負の影響を与える。

H8-4：理想社会的LSCは，消費者のラグジュアリーブランド態度に対して，非ラグジュアリーブランドの場合よりも正に強い影響を与える。

H8-5：現実LSCは，消費者の非ラグジュアリーブランド態度に対して，ラグジュアリーブランドの場合よりも正に強い影響を与える。

検証に用いるのは国内服飾品大手K社の主力ブランド事業（以下，SCB）[1]の事例である。当社は直営店モデルを採用し，SCBを含む複数の服飾品ブランド事業を運営している。

SCBはK社の主力事業で，20代女性をターゲットとする低価格のカジュアル衣料ブランドである。当該ブランドはK社において非ラグジュアリーブランドと位置付けられ，多店舗展開が進められている。しかしながら，当社の店舗立地戦略は必ずしも万全とはいえず，過去，店舗開発の意思決定が不適切だったと考えられる事例もみられる。直営店モデルに基づき，大型商業施設を主要販路として多店舗展開し自社ブランドを付した服飾品を販売するK社の手法は，コモディティ化市場において厳しい市場競争に直面している我が国の多くの服飾品企業と共通している。したがって，SCB事業の分析から得られる示唆は，厳しい市場環境に直面する一般服飾品企業に対する実務上の示唆として期待できる。

8.2　検証の方法

本章では，K社が運営するSCB事業の実例に基づく消費者調査を通じ，店舗立地高級感や選択的店舗立地イメージによる消費者のブランド態度形成インパクトについて2つの検証を行う。これらの検証には消費者調査に基づくデータ，K社の店舗損益データ，および同社の店舗開発責任者に対する聞き取り調査を通じて入手したデータを用いた。

消費者調査に起用したのは，第3章～第7章と同様に，我が国のオンライン・リサーチ最大手，マクロミルである。回答者は無作為抽出された首都圏（東京都，神奈川県，埼玉県，千葉県）在住の一般消費者である。

ただし，SCBは20代女性を主なターゲットとしていることから，第3章～第7章のように幅広い年齢層の男女を対象としても消費者調査に実効性が伴わない。したがって，本章では，実効性を確保するため，20代の女性を対象に調査

1　K社，SCBはいずれも仮称。

を行った。回答バイアスを回避する為，本書における他の調査の回答者はあらかじめ本調査の対象から除外した。スクリーニング段階で検証Ⅰ，検証Ⅱで分析対象とする全てのブランド，および検証Ⅱで分析対象とする全ての店舗立地を知っていることが確認された消費者が本調査に回答した。回答の際，回答者には店舗立地および店舗の写真が提示された。尚，富裕層に限らず，一般消費者について調査する為，本調査では回答者の所得は考慮していない。消費者調査はデータの欠測が生じぬよう，回答者はすべての設問に回答することが必要な設計とした。回答に偏りが生じないよう，設問毎に質問項目はランダムに提示された。調査は2017年2月9日～10日に行われ，310の有効回答が得られた。回答者の属性を表8-1に示す。

K社の店舗損益データは当社店舗開発部長から入手した。また，店舗開発時の意思決定の経緯は同部長に対するインタビューにより確認した。

表8-1 回答者属性

回答者属性		n	%
性別	女性	310	100.0
年齢	20－24	155	50.0
（単位：歳）	25－29	155	50.0
職業	公務員	4	1.3
	経営者・役員	0	0.0
	会社員	106	34.2
	自営業	1	0.3
	自由業	1	0.3
	専業主婦	60	19.4
	パート・アルバイト	48	15.5
	学生	73	23.5
	その他	5	1.6
	無職	12	3.9
世帯年収	2,000,000未満	17	5.5
（単位：円）	2,000,000－3,999,999	55	17.7
	4,000,000－5,999,999	45	14.5
	6,000,000－7,999,999	27	8.7
	8,000,000－9,999,999	12	3.9
	10,000,000－11,999,999	11	3.5
	12,000,000－14,999,999	8	2.6
	15,000,000－19,999,999	1	0.3
	20,000,000以上	2	0.6
	無回答	132	42.6

8.3　検証Ⅰ

8.3.1　調査・分析の方法

検証Ⅰでは，東京都における実際の店舗リストをブランド態度形成における店舗立地フレームとして，消費者のパーセプション調査を行った。ここではSCBの事例と共にルイ・ヴィトンおよびユニクロの事例を対象とし，比較分析を行った。

本調査では，先ず，対象となる3ブランドの東京都における実際の店舗リストを提示し，店舗リストから知覚される選択的立地イメージ，立地高級感，現実LSC，理想社会的LSCについて調査した。店舗リストには2016年12月末時点で各ブランドのウェブサイトに掲載されていた店舗名に，店舗が所在する市区町村名を付記した。ブランド名を記載すると，ブランドイメージが店舗立地イメージに影響する恐れがあるため，ブランドが特定される語句が店舗名に付されている場合は当該部分を削除している。同様に，回答バイアスを避けるため，店舗リストについても実際のブランド名は伏せ，3つのリストはそれぞれブランドA，ブランドB，ブランドCの店舗リストとして提示した。尚，実際は，ブランドAがルイ・ヴィトン，ブランドBがSCB，ブランドCがユニクロである。

次に，分析対象ブランドであるSCB，ルイ・ヴィトン，ユニクロのラグジュアリー性水準について，回答者のパーセプションを確認した。さらに，これらの3ブランドが，出店パターンが異なるブランドA，B，Cである場合のブランド態度について調査した。最後に選択的立地イメージ，立地高級感，LSC，ブランド態度の関係についてANOVA，および図8-1に示す分析モデルによるSEMを用いて分析した。

検証Ⅰに関する調査における立地高級感の測定にはDonvito et al.（2016）による4項目，選択的立地イメージの測定にはKapferer and Valette-Florence（2016）による3項目を用いた。また，ブランドのラグジュアリー性についてはKapferer（1998）によるBLIを用いた。第3章および第4章では，当該BLIについてオリジナルの16項目の内，1項目（流行の最先端）の因子負荷量が小さいことが確認された為，当該項目を除く15項目を用いて分析した。これらの結果を踏まえ，本章も同様に，15項目を用い2因子モデルに基づく分析を行った。現実のLSCおよび理想の社会的LSCの測定にはSirgy et al.（1997）に基づく3項目を用い，Assarut（2008）を参考として設問文を設定した。また，ブランド態度の測定にはAdaval and Monroe（2002）による3項目を用い，Graeff（1997）を参考として設問文を設定した。本調査における設問は，全て7点尺度のリッカートスケール（1：全くそう思わない～7：非常にそう思う）に基づき設計した。本調査で用いた測定項目を以下に示す。

(1)店舗立地高級感

上流階級のイメージがある；一流である；（商品が）高価である；高所得者層向けである。

(2)選択的店舗立地イメージ

どこにでもあるわけではない，選ばれた流通（立地）である；大量生産ではなく少量生産である；本来の雰囲気を伴う厳選された店舗である。

(3)現実LSC

ブランドA（B, C）のユーザーはありのままの（素の）私のようなタイプだ；ブランドA（B, C）のユーザーはありのままの（素の）私と似ている；ブランドA（B, C）のユーザーはありのままの（素の）私みたいだ。

(4)理想社会的LSC

ブランドA（B, C）のユーザーは他の人々からみられたい（思われたい）私のようなタイプだ；ブランドA（B, C）のユーザーは他の人々からみられたい（思われたい）私と似ている；ブランドA（B, C）のユーザーは他の人々からみられたい（思われたい）私みたいだ。

(5)ブランドのラグジュアリー性（贅沢感，ユーザー限定性）

物品の美しさ，製品の卓越さ，魔力，独自性，伝承やノウハウ，創造性，製品の官能性，例外的な感じ，絶対に廃れないこと，国際的な評判，職人による生産，長い歴史，天才的なクリエイター，もっている人が少数派，購入者はほとんどいない

(6)店舗立地フレームに基づくブランド態度

ブランドA（B, C）がSCB（ルイ・ヴィトン，ユニクロ）だったら，この

ブランドに魅力を感じる（このブランドは好ましい；このブランドが好きだ）。

8.3.2　調査・分析の結果

分析対象とした3ブランドのラグジュアリー性について第3章，第4章と同様に2因子（贅沢感，ユーザー限定性）モデルに基づきCFAを行った（表8-2）。ここで，2つの構成概念に関する各項目の因子負荷量は.702～.907，Cronbach's alphaは.889～.958，CRは.891～.959，AVEは.643～.803であった。また，AVEはそれぞれ構成概念間の相関係数の平方（$r^2=.265$）を上回った。これらの値は先行研究において示された基準を満たしており（Peterson, 1994; Fornell and Larcker, 1981; Hair et al., 2014），各構成概念の内部一貫的信頼性，収束的妥当性，弁別的妥当性が認められ，構成概念の妥当性が確認された。

この結果を踏まえ，測定項目の平均値を構成概念の値を示す合成変数として（Hair et al., 1998）3ブランドのラグジュアリー性水準を比較した所，ルイ・ヴィトンのラグジュアリー性水準は非常に高く，SCBおよびユニクロは低位に留まることが確認された（図8-2）。

SCBとユニクロの各構成概念の値にも有意差がみられたことから当該2ブラ

表8-2　ブランドのラグジュアリー性に関するCFA（検証Ⅰ）

構成概念	BLI項目	因子負荷量	CR	AVE	α
贅沢感	物品の美しさ	.786	.959	.643	.958
	製品の卓越さ	.842			
	魔力	.801			
	独自性	.781			
	伝承やノウハウ	.858			
	創造性	.804			
	製品の官能性	.819			
	例外的な感じ	.795			
	絶対に廃れないこと	.702			
	国際的な評判	.735			
	職人による生産	.845			
	長い歴史	.823			
	天才的なクリエイター	.819			
ユーザー限定性	もっている人が少数派	.907	.891	.803	.889
	購入者はほとんどいない	.885			

注：2つの構成概念のAVEは，構成概念間の相関係数の平方（$r^2=.265$）を上回っている。

図8-2　分析対象ブランドのラグジュアリー性水準に基づくブランドポジション（検証 I）

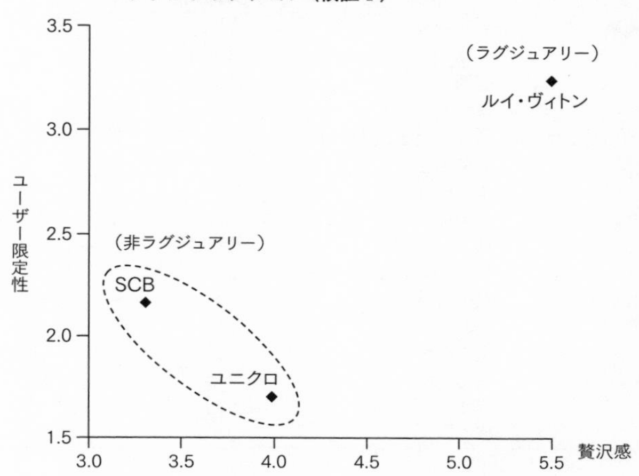

ンドの特徴についても完全に同一とはいえないが，ルイ・ヴィトンと較べると2ブランドのラグジュアリー性水準に基づくポジションは近く，クラスター分析（ユークリッド距離，ウォード法）ではルイ・ヴィトンとは異なる同一クラスターに分類された。したがって，K社社内および先行研究における位置付けと同様に，本章ではルイ・ヴィトンをラグジュアリー，SCBおよびユニクロを非ラグジュアリーと位置付け考察する。

次に，選択的店舗立地イメージ，立地高級感，現実のLSC，理想の社会的LSC，およびブランド態度の各構成概念についてCFAを用いて分析した。その結果，測定項目による因子負荷量は.891～.978，Cronbach's alphaは.936～.967であった。また，各構成概念のCRは.937～.974，AVEは.833～.903であり，AVEはそれぞれ構成概念間の相関係数の平方を上回った。これらの値は，いずれも先行研究において示された基準を満たしている（Peterson, 1994; Fornell and Larcker, 1981; Hair et al., 2014）。したがって，これらの構成概念について内部一貫的信頼性，収束的妥当性，弁別的妥当性が認められ，構成概念の妥当性が確認された。CFAの結果を表8-3および表8-4に示す。

尚，本調査では，目的変数と独立変数を単一の回答者に尋ねる方法を採用し

表8-3　構成概念に関するCFA（検証Ⅰ）

構成概念	測定項目	因子負荷量	CR	AVE	α
立地高級感	上流階級	.947	.974	.873	.967
	一流	.893			
	高価	.962			
	高所得	.953			
選択的店舗立地イメージ	選ばれた流通（立地）	.891	.937	.833	.936
	少量生産	.892			
	本来の雰囲気	.954			
現実LSC	私のようなタイプ	.932	.963	.896	.962
	私みたい	.942			
	私と似ている	.965			
理想社会的LSC	私のようなタイプ	.908	.956	.879	.956
	私みたい	.941			
	私と似ている	.963			
ブランド態度	魅力	.942	.965	.903	.965
	好ましい	.978			
	好き	.930			

表8-4　構成概念に関する弁別的妥当性（検証Ⅰ）

構成概念	立地高級感	選択的店舗立地イメージ	現実LSC	理想社会的LSC	ブランド態度
立地高級感	.873				
選択的店舗立地イメージ	.691	.833			
現実LSC	.135	.106	.896		
理想社会的LSC	.020	.038	.249	.879	
ブランド態度	.002	.002	.035	.004	.903

注：表は構成概念間の相関係数の平方を示しており，対角線には各構成概念のAVEを記載している。

ており，Common Method Biasが生じる可能性あることから，Harman's One Factor Testを行った（Podsakoff and Organ, 1986; Jakobsen and Jensen, 2015）。店舗立地高級感，選択的店舗立地イメージ，現実LSC，理想社会的LSC，およびブランド態度を構成する16項目を用い，回転のない主因子法に基づくEFAを行った所，固有値が1以上の因子が複数抽出され，第1因子の寄与率は50％を下回ることが確認された。したがって，本調査においてCommon Method Biasは問題とはならないことが確認された。

そこで，測定項目の平均値を各構成概念の値を示す合成変数として用い（Hair et al., 1998）1-way ANOVA（within-subject design）を用いて分析した結果，店舗リストに基づく立地高級感はブランドAが最も高く，次いでブランドB,

ブランドCの順に高く知覚された（$F_{2,618}=336.621, p<.001, \eta^2=.521$）。同様に，選択的立地イメージはブランドAが最も高く，次いでブランドB，ブランドCの順に知覚された（$F_{2,618}=384.760, p<.001, \eta^2=.555$）。さらに，ブランドA，ブランドB，ブランドCの店舗リストに基づく高級感，および選択的イメージはそれぞれ0.1％水準で差異があることが多重比較（Bonferroni）によって確認された。店舗立地高級感，および選択的店舗立地に関する比較の結果を図8-3，図8-4，および表8-5に示す。

これらの店舗リストに基づくパーセプションに基づき，ブランドA，ブラン

図8-3　店舗立地の高級感の比較（検証Ⅰ）

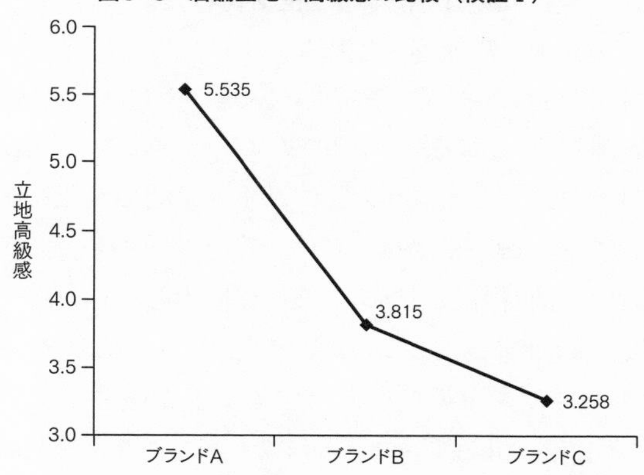

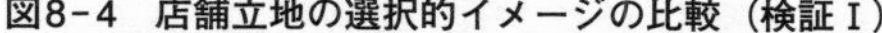

図8-4　店舗立地の選択的イメージの比較（検証Ⅰ）

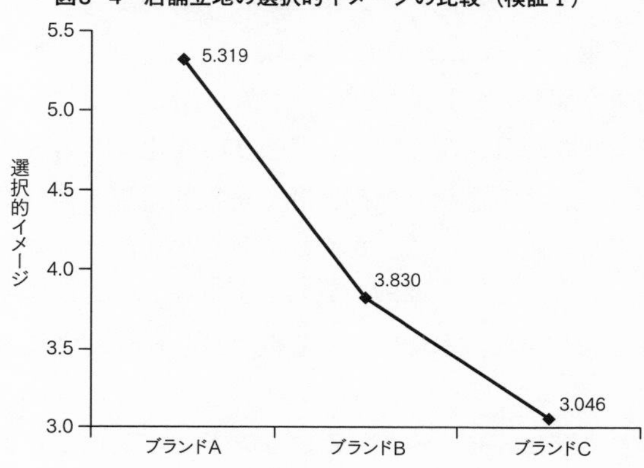

表8-5　店舗立地イメージの比較（検証Ⅰ）（1-way（3-levels）ANOVA）

目的変数	要　因	df	F value	η^2
立地高級感	店舗立地	(2,618)	336.621***	.521
選択的店舗立地イメージ	店舗立地	(2,618)	384.760***	.555

多重比較（Bonferroni）			店舗立地高級感	選択的店舗立地イメージ
店舗立地（ブランド）	ブランドA	ブランドB	***	***
	ブランドA	ブランドC	***	***
	ブランドB	ブランドC	***	***

注：***p<.001。

ドB，ブランドCの店舗立地を以下の通り位置付けた。

(1)ブランドAの店舗立地：高級感，選択的イメージ共に高位（HH）

(2)ブランドBの店舗立地：高級感，選択的イメージ共に中位（MM）

(3)ブランドCの店舗立地：高級感，選択的イメージ共に低位（LL）

これらの位置付けに基づく3ブランドに対する態度の変化を確認した所，立地高級感や選択的立地イメージが高いほどラグジュアリーブランドであるルイ・ヴィトンに対する消費者のブランド態度が向上していた。一方，これらの立地イメージが低いほど非ラグジュアリーブランドであるSCBおよびユニクロに対する消費者のブランド態度が向上することが確認された。ここでは，2-way ANOVA（within- subject design）によって，ブランド態度に対する店舗立地イメージとブランドの交互作用が確認された（$F_{4,1236}=206.900$，$p<.001$，Partial $\eta^2=.401$）。また，各ブランドについて，立地イメージに基づくブランド態度の変化が多重比較（Bonferroni）によって0.1%～1%水準で確認されている。分析の結果を図8-5および表8-6に示す。

図8-5および表8-6に示されるブランド態度の変化は，消費者のラグジュアリーブランド態度に対する店舗立地高級感や選択的店舗イメージの影響がポジティブであることを示唆している。また，これらの店舗立地イメージは，消費者の非ラグジュアリーブランド態度に対してネガティブに影響することを示唆している。これらの結果は，本章における仮説H8-1，およびH8-2を支持している。

次に，図8-5および表8-6に示されるブランド態度変化の背景にある消費者

図8-5　店舗立地イメージに基づくブランド態度の変化（検証 I）

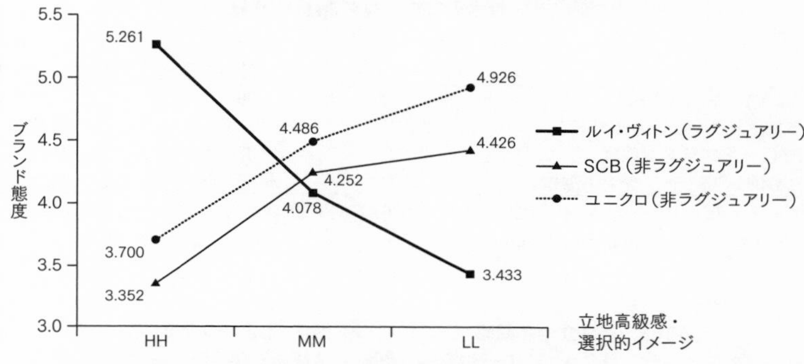

注：HH：高級感，選択的イメージが共に高位の店舗立地（ブランドA），MM：高級感，選択的イメージが共に中位の店舗立地（ブランドB），LL：高級感，選択的イメージが共に低位の店舗立地（ブランドC）。

表8-6　店舗立地イメージに基づくブランド態度の変化（検証 I）（2-way（3×3）ANOVA）

要　因	df	F value	Partial η^2
店舗立地イメージ（主効果）	(2,618)	7.834***	.025
分析対象ブランド（主効果）	(2,618)	15.940***	.049
立地イメージ×分析対象ブランド（交互作用）	(4,1236)	206.900***	.401

多重比較(Bonferroni)				
店舗立地		ルイ・ヴィトン	SCB	ユニクロ
HH	MM	***	***	***
HH	LL	***	***	***
MM	LL	***	**	***

注：HH：高級感，選択的イメージが共に高位の店舗立地（ブランドA），MM：高級感，選択的イメージが共に中位の店舗立地（ブランドB），LL：高級感，選択的イメージが共に低位の店舗立地（ブランドC）。***p<.001，**p<.01。

心理について，立地高級感の影響に関するパス解析を図8-1の分析モデルに基づき行った。SEMによるパス解析の結果を表8-7および図8-6に示す。SEMによる分析の結果，立地高級感，LSC，およびブランド態度の関係について十分なモデル適合度が確認された（χ^2=805.903，df=180; p=.000; AGFI=.936; NFI=.983; CFI=.987; RMSEA=.035）（Hair et al., 2014; 狩野・三浦, 2007）。

さらに，図8-5および表8-6に示されるブランド態度変化の背景にある消費者心理について，選択的店舗立地イメージの影響に関するパス解析を行った。

表8-7　店舗立地高級感, LSC, ブランド態度, およびブランドのラグジュアリー性水準の関係（パス解析）（検証Ⅰ）

パス	ルイ・ヴィトン（ラグジュアリー）	SCB（非ラグジュアリー）	ユニクロ（非ラグジュアリー）
立地高級感 ⟶ 現実LSC	−.374***	−.369***	−.370***
立地高級感 ⟶ 理想社会的LSC	.150***	.143***	.143***
現実LSC ⟶ ブランド態度	−.399***	.375***	.419***
理想社会的LSC ⟶ ブランド態度	.457***	−.001 n.s.	−.048 n.s.

注：χ^2＝805.903, df＝180, p＝.000; AGFI＝.936; NFI＝.983; CFI＝.987; RMSEA＝.035。
　***p＜.001, n.s.＝non-significant。

図8-6　店舗立地高級感, LSC, ブランド態度, およびブランドのラグジュアリー性水準の関係（パス解析）（検証Ⅰ）

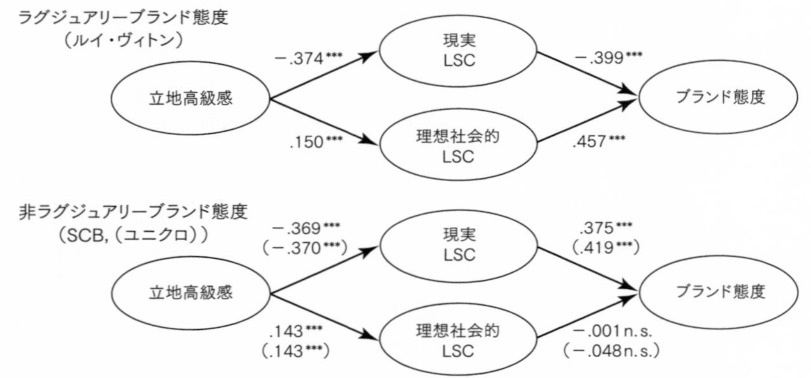

注：非ラグジュアリーブランド態度に関するパス係数表記はSCB（ユニクロ）の場合を示す。
　***p＜.001, n.s.＝non-significant。

SEMを用いたパス解析の結果を表8-8, および図8-7に示す。SEMによる分析の結果, 立地高級感に関する分析と同様に十分なモデル適合度が確認された（χ^2＝482.111, df＝180; p＝.000; AGFI＝.958; NFI＝.988; CFI＝.991; RMSEA＝.029）（Hair et al., 2014; 狩野・三浦, 2007）。

検証Ⅰにおけるパス解析の結果から, 店舗立地高級感や選択的店舗立地イメージは, 理想社会的LSCにポジティブな影響を与える一方, 現実LSCにネガティブな影響を与えることが確認された。この結果は, H8-3の仮説を支持している。また, 解析の結果, 理想社会的LSCはラグジュアリーブランド態度に

表8-8　選択的店舗立地イメージ，LSC，ブランド態度，およびブランドのラグジュアリー性水準の関係（パス解析）（検証Ⅰ）

パ　ス	ルイ・ヴィトン（ラグジュアリー）	SCB（非ラグジュアリー）	ユニクロ（非ラグジュアリー）
選択的店舗立地イメージ ⟶ 現実LSC	−.332***	−.328***	−.329***
選択的店舗立地イメージ ⟶ 理想社会的LSC	.204***	.196***	.196***
現実LSC ⟶ ブランド態度	−.400***	.377***	.420***
理想社会的LSC ⟶ ブランド態度	.458***	−.003 n.s.	−.049 n.s.

注：χ^2＝482.111，df＝147，p＝.000；AGFI＝.958；NFI＝.988；CFI＝.991；RMSEA＝.029。
***p＜.001，n.s.＝non-significant。

図8-7　選択的店舗立地イメージ，LSC，ブランド態度，およびブランドのラグジュアリー性水準の関係（パス解析）（検証Ⅰ）

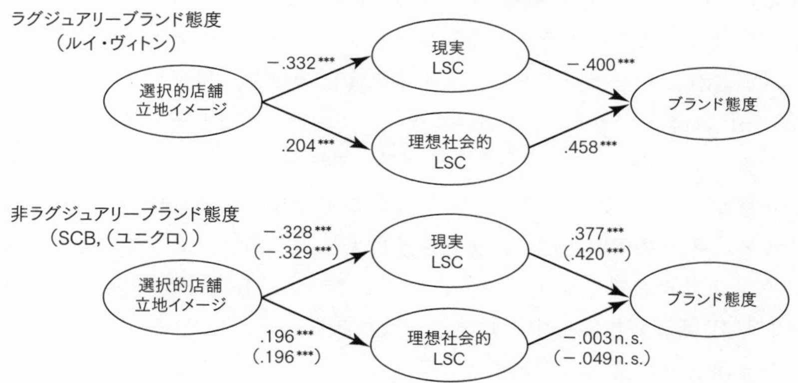

注：非ラグジュアリーブランド態度に関するパス係数表記はSCB（ユニクロ）の場合を示す。
***p＜.001，n.s.＝non-significant。

ポジティブな影響を与える一方，非ラグジュアリーブランド態度に対する影響は統計的に有意でないことが確認された。さらに，現実LSCはラグジュアリーブランド態度に対してネガティブな影響を与える一方，非ラグジュアリーブランド態度にポジティブな影響を与えることが確認された。この結果は，H8-4およびH8-5の仮説を支持している。

8.4　検証Ⅱ

8.4.1　調査・分析の方法

検証Ⅱでは，東京都内にあるSCBの特定3店舗を対象として店舗立地に基づく消費者のパーセプション調査を行い，得られたデータを分析すると共に，K社の非公開店舗損益データ，および店舗開発責任者に対する聞き取り調査の内容を分析した。調査対象とした店舗立地は六本木ヒルズ，ルミネエスト新宿，アリオ亀有という特徴の異なる3つの商業施設であり，実際にSCBの店舗が存在する（していた）立地である。

六本木ヒルズは港区に所在するショッピングモール，ホテル，オフィス，住居が設置された複合ビルであり，大手不動産開発企業，森ビルグループが運営している。ルイ・ヴィトン，ジョエル・ロブション，グランド・ハイアットホテル等のラグジュアリーブティック，ラグジュアリーレストラン，ラグジュアリーホテル等が複合ビル内に所在している（森ビル, 2017; 六本木ヒルズ, 2017）。

ルミネエスト新宿は新宿区に所在する商業施設であり，流行的で若い女性向けのカジュアル衣料ブランドが多数出店している。JR東日本グループが運営しておりJR新宿駅に隣接する立地に特徴がある（ルミネ, 2017）。

アリオ亀有は葛飾区に所在する大型ショッピングモールで，セブン＆アイグループが運営している。服飾品向けの売場区画にはカジュアル衣料チェーン店舗が出店する一方，同グループ傘下の大型スーパーマーケット，イトーヨーカドーがアンカー店舗として設置されており，買物客は服飾品と共に日常的な食品等を購入できる商業施設である（アリオ亀有, 2017）。

本調査では，先ず分析対象となる3つの店舗立地を提示し，各立地から知覚される立地高級感，選択的立地イメージ，およびLSCについて調査した。次に，各立地イメージに基づくSCBに対するブランド態度について調査した。次に立地高級感，選択的立地イメージ，LSC，ブランド態度の関係についてANOVA，および図8-1に示すモデルによるSEMを用いて分析した。最後に，K社における店舗開発意思決定時の各立地に対する評価，および各店舗の損益データを，消費者調査・分析の結果とあわせて考察した。

検証Ⅱに関する消費者調査は，検証Ⅰに関する調査に続けて同じ回答者によって行われた。したがって，これらの回答者のパーセプションに基づくSCBの位置付けは検証Ⅰと同様に非ラグジュアリーである（図8-2）。検証Ⅰと同様に，検証Ⅱに関する立地高級感の測定にはDonvito et al.（2016）による4項目，選択的立地イメージの測定にはKapferer and Valette-Florence（2016）による3項目，現実のLSC，および理想の社会的LSCの測定にはSirgy et al.（1997）に基づく3項目を用い，Assarut（2008）を参考として設問文を設定した。また，ブランド態度の測定にはAdaval and Monroe（2002）による3項目を用い，Graeff（1997）を参考として設問文を設定した。

本調査における設問は，全て7点尺度のリッカートスケール（1：全くそう思わない～7：非常にそう思う）に基づき設計した。本調査で用いた測定項目を以下に示す。

⑴店舗立地高級感

上流階級のイメージがある；一流である；（商品が）高価である；高所得者層向けである。

⑵選択的店舗立地イメージ

どこにでもあるわけではない，選ばれた流通（立地）である；大量生産ではなく少量生産である；本来の雰囲気を伴う厳選された店舗である。

⑶現実LSC

六本木ヒルズ（ルミネエスト新宿，アリオ亀有）に出店しているブランドのユーザーはありのままの（素の）私のようなタイプだ；六本木ヒルズ（ルミネエスト新宿，アリオ亀有）に出店しているブランドのユーザーはありのままの（素の）私と似ている；六本木ヒルズ（ルミネエスト新宿，アリオ亀有）に出店しているブランドのユーザーはありのままの（素の）私みたいだ。

⑷理想社会的LSC

六本木ヒルズ（ルミネエスト新宿，アリオ亀有）に出店しているブランドのユーザーは他の人々からみられたい（思われたい）私のようなタイプだ；六本木ヒルズ（ルミネエスト新宿，アリオ亀有）に出店しているブランドのユーザーは他の人々からみられたい（思われたい）私と似ている；六本木ヒルズ（ルミネエスト新宿，アリオ亀有）に出店しているブランドのユーザーは他の人々からみられたい（思われたい）私みたいだ。

(5)店舗立地フレームに基づくブランド態度

六本木ヒルズ（ルミネエスト新宿，アリオ亀有）にショッピングに来た時，SCBの店舗があったとします。この時，SCBに魅力を感じる（SCBは好ましい；SCBが好きだ）。

8.4.2　調査・分析の結果

調査データに基づき，選択的店舗立地イメージ，立地高級感，現実のLSC，理想の社会的LSC，ブランド態度の各構成概念についてCFAを用いて分析した所，各項目の因子負荷量は.876～.969，Cronbach's alphaは.934～.976であった。また，各構成概念のCRは.936～.982，AVEは.829～.918であった。これらは先行研究において示された基準を満たしており（例えば，Peterson, 1994; Fornell and Larcker, 1981; Hair et al., 2014），各構成概念について内部一貫的信頼性と収束的妥当性が確認された。一方，AVEを構成概念間の相関係数の平方と比較した所，選択的立地イメージと立地高級感の相関係数の平方が僅かに選択的イメージのAVEを上回り，弁別的妥当性について疑いがあることが確認された。しかし，選択的イメージは流通の限定性や立地の厳選性を示す項目によって構成されているのに対し，高級感は社会的地位や高所得を示す項目で構成されており，両概念は同一とは言い切れない。また，多数の店舗に基づくリストにより調査した検証Ⅰではこれらの構成概念について弁別的妥当性が確認されている。したがって，これらの概念は近似しているとみられるものの，ここでは検証Ⅰと同様に異なる概念と位置付け分析を行った。CFAの結果を表8-9および表8-10に示す。

尚，本調査では，目的変数と独立変数を単一の回答者に尋ねる方法を採用しており，Common Method Biasが生じる可能性あることから，Harman's One Factor Testを行った（Podsakoff and Organ, 1986; Jakobsen and Jensen, 2015）。店舗立地高級感，選択的店舗立地イメージ，現実LSC，理想社会的LSC，およびブランド態度を構成する16項目を用い，回転のない主因子法に基づくEFAを行った所，固有値が1以上の因子が複数抽出され，第1因子の寄与率は50%を下回ることが確認された。したがって，本調査においてCommon Method Bias

表8-9 構成概念に関するCFA（検証Ⅱ）

構成概念	測定項目	因子負荷量	CR	AVE	α
立地高級感	上流階級	.964	.982	.913	.976
	一流	.938			
	高価	.964			
	高所得	.950			
選択的店舗立地イメージ	選ばれた流通（立地）	.876	.936	.829	.934
	少量生産	.917			
	本来の雰囲気	.937			
現実LSC	私のようなタイプ	.950	.971	.918	.971
	私みたい	.956			
	私と似ている	.969			
理想社会的LSC	私のようなタイプ	.913	.960	.888	.959
	私みたい	.944			
	私と似ている	.969			
ブランド態度	魅力	.959	.969	.913	.969
	好ましい	.966			
	好き	.941			

表8-10 構成概念に関する弁別的妥当性（検証Ⅱ）

構成概念	立地高級感	選択的店舗立地イメージ	現実LSC	理想社会的LSC	ブランド態度
立地高級感	.982				
選択的立地イメージ	.833	.829			
現実LSC	.065	.045	.971		
理想社会的LSC	.071	.103	.222	.888	
ブランド態度	.036	.028	.141	.046	.913

注：表は構成概念間の相関係数の平方を示しており，対角線には各構成概念のAVEを記載している。

は問題とはならないことが確認された。

CFAの結果を踏まえ，測定項目の平均値を各構成概念の値を示す合成変数として（Hair et al., 1998），1-way ANOVA（within-subject design）を用いて3つの店舗立地の高級感を比較した。その結果，立地高級感は，六本木ヒルズ，ルミネエスト新宿，アリオ亀有の順に高く知覚されていることが確認された（$F_{2,618}=872.555$, $p<.001$, $\eta^2=.728$）。同様に，選択的立地イメージも六本木ヒルズ，ルミネエスト新宿，アリオ亀有の順に高く知覚されることが確認された（$F_{2,618}=616.212$, $p<.001$, $\eta^2=.666$）。ここで選択的イメージ，高級感共に，3つの店舗立地に関する知覚はそれぞれ0.1％水準で差異があることが多重比較（Bonferroni）によって確認された。これらの店舗立地高級感，および選択的店

図8-8　店舗立地の高級感の比較（検証Ⅱ）

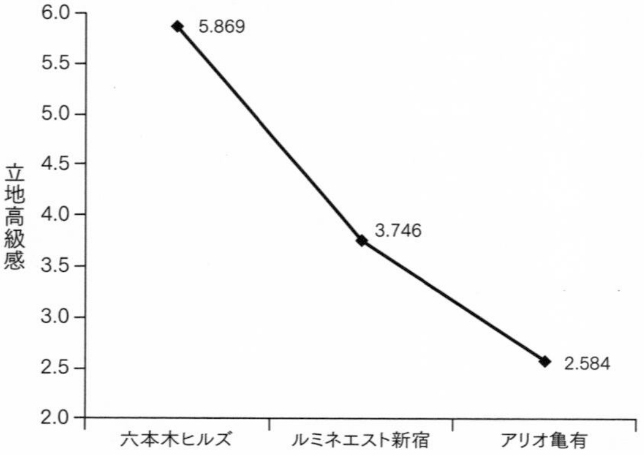

図8-9　店舗立地の選択的イメージの比較（検証Ⅱ）

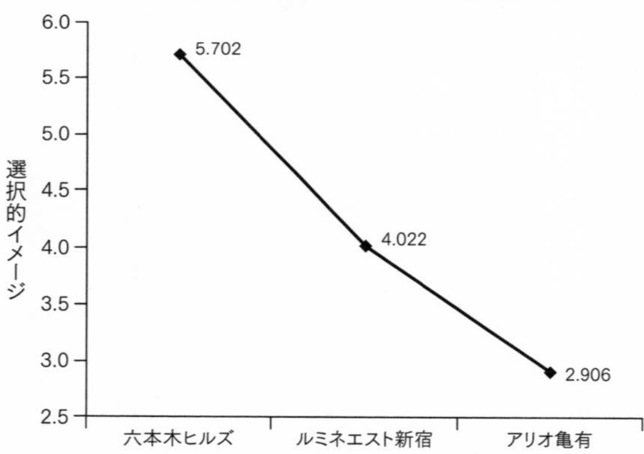

表8-11　店舗立地イメージの比較（検証Ⅱ）（1-way（3-levels）ANOVA）

目的変数	要　因	df	F value	η^2
立地高級感	店舗立地	（2,618）	827.255***	.728
選択的店舗立地イメージ	店舗立地	（2,618）	616.212***	.666

多重比較（Bonferroni）			店舗立地高級感	選択的店舗立地イメージ
店舗立地（商業施設）	六本木ヒルズ	ルミネエスト新宿	***	***
	六本木ヒルズ	アリオ亀有	***	***
	ルミネエスト新宿	アリオ亀有	***	***

注：***p<.001。

舗立地に関する比較の結果を図8-8，図8-9，および表8-11に示す。

これらの店舗立地に関するパーセプションに基づき，六本木ヒルズ，ルミネエスト新宿，アリオ亀有の店舗立地を以下の通り位置付けた。

(1)六本木ヒルズ：高級感，選択的イメージ共に高位（HH）

(2)ルミネエスト新宿：高級感，選択的イメージ共に中位（MM）

(3)アリオ亀有：高級感，選択的イメージ共に低位（LL）

さらに，これらの立地におけるブランド態度の変化について1-way ANOVA（within-subject design）を用いて確認した結果を表8-12および図8-10に示す。

表8-12　店舗立地イメージに基づくブランド態度の変化（検証Ⅱ）（1-way（3-levels）ANOVA）

要　因	df	F value	Partial η^2
店舗立地イメージ	（2,618）	114.840***	.271

多重比較(Bonferroni)		
店舗立地		SCB
HH	MM	***
HH	LL	***
MM	LL	n.s.

注：HH：高級感，選択的イメージが共に高位の店舗立地（六本木ヒルズ），MM：高級感，選択的イメージが共に中位の店舗立地（ルミネエスト新宿），LL：高級感，選択的イメージが共に低位の店舗立地（アリオ亀有）。***$p<.001$，n.s.＝non-significant。

図8-10　店舗立地イメージに基づくブランド態度の変化（検証Ⅱ）

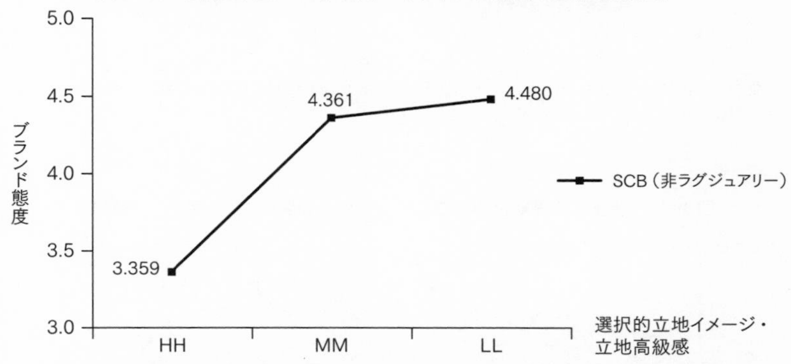

注：HH：高級感，選択的イメージが共に高位の店舗立地（六本木ヒルズ），MM：高級感，選択的イメージが共に中位の店舗立地（ルミネエスト新宿），LL：高級感，選択的イメージが共に低位の店舗立地（アリオ亀有）。

多重比較（Bonferroni）ではルミネエスト新宿とアリオ亀有の場合を除く全てのペアで立地イメージに基づく態度変化が0.1％水準で確認され，立地高級感や選択的立地イメージが低い時にブランド態度が向上していることが確認された（$F_{2,618}=114.840$, $p<.001$, $\eta^2=.271$）。表8-12および図8-10に示されるブランド態度変化は，店舗立地の高級感や選択的イメージが消費者の非ラグジュアリーブランド態度に対してネガティブに影響することを示唆している。これらの結果は，本章における仮説H8-2を支持しており，仮説H8-1を否定しない。

次に，表8-12および図8-10に示されるブランド態度変化の背景にある消費者心理について，立地高級感の影響に関するパス解析を図8-1の分析モデルに基づき行った。SEMによる分析の結果，立地高級感，LSC，ブランド態度の関係について，十分なモデル適合度が確認された（$\chi^2=244.269$, df＝60; p＝.000; AGFI＝.939; NFI＝.986; CFI＝.989; RMSEA＝.057）（Hair et al., 2014; 狩野・三浦, 2007）。パス解析の結果を表8-13および図8-11に示す。

さらに，表8-12，図8-10に示されるブランド態度変化の背景にある消費者心

表8-13　店舗立地高級感, LSC, ブランド態度の関係（パス解析）（検証Ⅱ）

パス	SCB（非ラグジュアリー）
立地高級感 ⟶ 現実LSC	−.256***
立地高級感 ⟶ 理想社会的LSC	.266***
現実LSC ⟶ ブランド態度	.356***
理想社会的LSC ⟶ ブランド態度	.044 n.s.

注：$\chi^2=482.111$, df＝147, p＝.000; AGFI＝.958; NFI＝.988; CFI＝.991; RMSEA＝.029。
***p＜.001, n.s.＝non-significant。

図8-11　店舗立地高級感, LSC, ブランド態度の関係（パス解析）（検証Ⅱ）

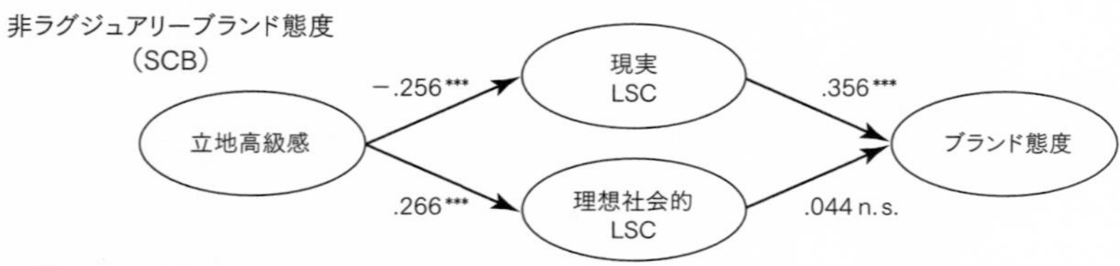

注：***p＜.001, n.s.＝non-significant。

理について，選択的立地イメージの影響に関するパス解析を，図8-1の分析モデルに基づき行った。SEMによる分析の結果，立地高級感に関する分析と同様に，十分なモデル適合度が確認された（χ^2＝124.782, df＝49; p＝.000; AGFI＝.965; NFI＝.991; CFI＝.994; RMSEA＝.041）（Hair et al., 2014; 狩野・三浦, 2007）。パス解析の結果を表8-14および図8-12に示す。

検証Ⅰと同様に，検証Ⅱにおけるパス解析の結果からも，店舗立地高級感や選択的店舗立地イメージは，理想社会的LSCにポジティブな影響を与える一方，現実LSCにネガティブな影響を与えることが確認された。この結果は，H8-3の仮説を支持している。

また，解析の結果，理想社会的LSCの非ラグジュアリーブランド態度に対する影響は統計的に有意でない一方，現実LSCは非ラグジュアリーブランド態度にポジティブな影響を与えることが確認された。この結果は，H8-4およびH8-5の仮説を否定するものではない。

ここで，K社から入手した財務データに基づき3店舗の業績を比較した。ここでは景気動向等の要因による影響を排除する為，3店舗の営業が同時並行的

表8-14　選択的立地イメージ, LSC, ブランド態度の関係（パス解析）（検証Ⅱ）

パ　ス	SCB（非ラグジュアリー）
選択的イメージ ⟶ 現実LSC	－.214***
選択的イメージ ⟶ 理想社会的LSC	.319***
現実LSC ⟶ ブランド態度	.356***
理想社会的LSC ⟶ ブランド態度	.044 n.s.

注：χ^2＝124.782, df＝49；p＝.000；AGFI＝.965；NFI＝.911；CFI＝.994；RMSEA＝.041。
***p＜.001, n.s.＝non-significant。

図8-12　選択的立地イメージ, LSC, ブランド態度の関係（パス解析）（検証Ⅱ）

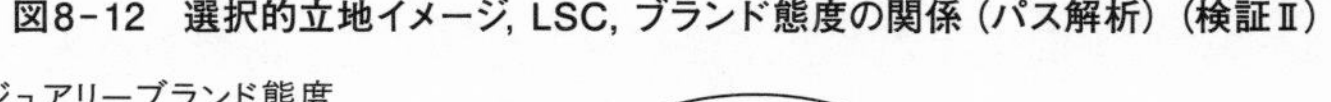
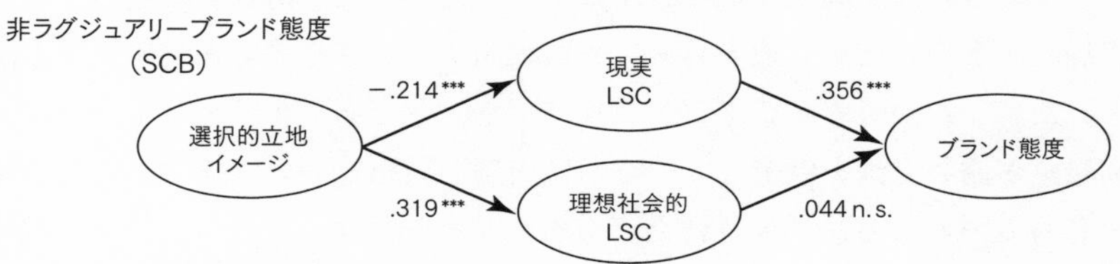

注：***p＜.001, n.s.＝non-significant。

に行われた2011年～2012年の営業利益を対象とした。その結果，当該期間において六本木ヒルズ店は営業赤字，ルミネエスト新宿店，およびアリオ亀有店では営業黒字を計上していたことが確認された。

また，K社の店舗開発責任者に対するインタビューを通じて，これらの店舗の出店に関する意思決定時の意図とその後の経緯が以下の通り確認された。

(1)六本木ヒルズ

当該立地は高額家賃により低利益が予想されたが，ラグジュアリーと同様に高級立地を厳選して出店することによるブランドイメージ向上を狙い，2005年に出店した。しかし，業績が想定以上に悪化した為，2013年に退店した。

(2)ルミネエスト新宿

当該立地は20代女性に人気のあるブランドが多く，売上・利益が期待され，また，ブランドイメージにもプラスと判断して2011年に出店し，2017年1月現在も営業を継続している。

(3)アリオ亀有

当該立地は庶民的でありブランドイメージの毀損が懸念されたが，低家賃による高利益を期待して2010年に出店し，2017年1月現在も営業を継続している。

8.5　考察

検証Ⅰはルイ・ヴィトン，SCB，ユニクロの東京都における実際の店舗リストによる調査・分析に基づいている。検証Ⅰにおける調査・分析の結果から，ルイ・ヴィトンに対する消費者のブランド態度は，当該ブランドの店舗リストに基づく場合に最も向上することが確認された。また，消費者は当該ブランドの店舗リストから店舗立地の高級感や選択的イメージを最も知覚することが確認された。したがって，ラグジュアリーブランドであるルイ・ヴィトンは実際に高級感が高い立地を厳選して戦略的に店舗開発を行い，ブランドの競争優位性を高めていることが示唆された。ルイ・ヴィトンは，ラグジュアリー戦略において重要性が指摘される立地イメージ（例えば，長沢，2007; Som and Blanckaert, 2015）に基づく二次的ブランド連想を巧みに活用し，消費者のブランド態度を向上させ，ブランドエクイティを向上させていると考えられる。

一方，検証Ⅰでは，非ラグジュアリーブランドであるSCBやユニクロについて，高級感や選択的立地イメージが低い方が消費者のブランド態度が向上することが確認された。また，ルイ・ヴィトンと比べ，SCBやユニクロの現在の店舗立地はこれらのイメージが低位であり，これらの立地の方が消費者のブランド態度は向上した。したがって，周辺的情報である店舗立地イメージによるエクイティ効果の観点からみて，当該2ブランドの現行の店舗開発戦略も妥当と思われる。

また，検証Ⅰでは店舗立地の高級感や選択的イメージが高い時，理想社会的LSCが高まることが確認された。これらのイメージが高い立地に出店する服飾品ブランドのユーザーは，一般消費者の社会的願望に基づく自己概念に近いと考えられ，この時，消費者のラグジュアリーブランド態度は向上した。また，店舗立地の高級感や選択的イメージが低い時は，現実LSCが高まることが確認された。これらのイメージが低い立地に出店する服飾品ブランドのユーザーは一般消費者の現実の自己概念に近いと考えられ，この時，消費者の非ラグジュアリーブランド態度は向上した。したがって，服飾品市場において，消費者は，服飾品企業が店舗を設置・運営する立地情報に基づきLSCを参照しながらブランド態度を変化させていることが示唆された。また，この結果は，この店舗立地イメージに基づくブランド態度形成時の消費者心理がブランドのラグジュアリー性水準によって変化することを示唆している。

検証ⅡはSCBが実際に出店している，または出店していた店舗立地に基づく調査・分析によるものである。検証Ⅰと同様に，店舗立地の高級感や選択的イメージが低い時，消費者は現実LSCを高め，非ラグジュアリーであるSCBに対するブランド態度を向上させていることが確認された。

実際の服飾品ブランドビジネス事例に基づく検証Ⅰ，検証Ⅱの結果は，第2章において先行研究の考察を通じて得られた示唆（図2-2）を支持している。また，これらの結果は，第4章～第7章において仮想的・仮説的枠組みに基づき行われた調査・分析の結果を支持するものである。

ところで，K社の店舗開発責任者に対する聞き取り調査から，六本木ヒルズにおける出店は「収益性を犠牲にしてもブランドのイメージを高めたい」との意図を以て決定されたことが明らかとなった。しかし，実際には，当該立地での店舗運営は収益性が悪かった上に，本章の調査・分析では消費者のブランド態度も低下していたことが示唆された。ラグジュアリーブランドに追随し高級立地を厳選して店舗開発を進めても，少なくとも短期的には非ラグジュアリーのブランドエクイティ向上には繋がらないことがここで改めて示唆されたといえる。

また，聞き取り調査を通じ，アリオ亀有における出店はブランドイメージを犠牲にしても収益性を確保したいとの意図を以て決定されたことが明らかとなった。しかし，実際には，当該立地での店舗運営によって高収益が得られた上に，本章の調査・分析では消費者のブランド態度も向上していたことが示唆された。したがって，当該立地への出店は良い結果をもたらしたものの，事前の出店の狙いが適切であったとは言い切れない。ブランドイメージ低下と高収益のトレードオフという事前予想は，K社の経営状況によっては出店しないという不適切な意思決定をもたらす可能性もあっただろう。

一方，ルミネエスト新宿に対する出店については，事前にブランドイメージ向上と高収益性の両方が予想され，実際の店舗運営結果並びに本章における調査・分析結果と予想が一致している。したがって，事前の出店意図は適切だったといえるだろう。

8.6　小括

第2章，および第4章～第7章では，ラグジュアリー戦略で重視される店舗立地高級感や選択的店舗立地イメージは，ラグジュアリー性水準が高いラグジュアリーブランドのエクイティ向上に効果的であることが示唆された。一方，非ラグジュアリーブランドのエクイティ向上に対して，これらの店舗立地イメージは効果的でない，あるいはネガティブな影響が生じることが示唆された。さらに，第5章および第7章では，これらのイメージが理想社会的LSCを向上させラグジュアリーブランド態度に貢献する一方，現実LSCを低下させ非ラグジュアリーブランド態度を悪化させることが示唆された。ただし，これらの示唆は，先行研究に基づく考察や，仮想的・仮説的枠組みによる消費者調査・分析に基づくものに留まっていた。

この点を踏まえ，本章では，第7章までに確認された一連の示唆について，実際の服飾品ビジネス事例に基づき検証した。その結果，店舗立地イメージとLSC，およびブランドのラグジュアリー性に基づくブランド態度形成の心理メカニズムが，実際のビジネス事例からも確認された。さらに，本章では，非ラグジュアリー企業の店舗開発が，ラグジュアリー戦略で重視される店舗立地高級感や選択的店舗立地イメージを重視するあまり妥当性を欠く実際のケースが確認された。

ところで，これまでの消費者の態度形成に関する研究では，消費者の関与水によって周辺的情報の影響が変化する可能性が示唆されている（Petty and Cacioppo, 1986; 1996; 池尾, 1999）。したがって，周辺的情報としての店舗立地イメージの効果は，消費者の服飾品全般に関する購買関与や，特定ブランドに対する対象特定的関与（すなわち，ブランドコミットメント）によって変化する可能性があろう。そこで，次章では，店舗立地イメージの内，立地高級感に注目し，第8章までに確認された店舗立地イメージのブランド態度形成インパクトが，消費者の購買関与水準やブランドコミットメント水準によって変化するか考察する。考察を通じて，本書で確認された店舗立地イメージ効果の頑健性について検討する。

第9章
ブランド態度に対する店舗立地高級感と購買関与およびブランドコミットメントの影響

9.1　はじめに

消費者行動に関するこれまでの研究では，消費者は中心的情報と周辺的情報の両方に影響を受けながら態度を形成することが明らかになっている（清水，1999）。また先行研究では，態度形成に対するこれらの情報の影響は，消費者の動機づけの水準によって変化することが示唆されている（例えば，Petty and Cacioppo, 1986; 1996）。関与概念を動機づけの代理変数としてみると（青木他，2012），消費者のブランド態度に対する店舗立地イメージの影響は，当該消費者の服飾品全般に対する関与や，特定ブランドに対する関与（すなわち，ブランドコミットメント）の水準によって変化する可能性があろう。

実際のビジネスにおいても，服飾品企業は，消費者の服飾品に対する関与や自社ブランドに対するコミットメントの水準を考慮して店舗を開発しているとみられる。例えば，低価格のカジュアル衣料を主力とするファーストリテイリングは，ニューヨークの五番街のような高級立地に出店することで，服飾品全般や自社ブランドであるユニクロにあまり関心をもたない一般消費者に対して好ましいブランド連想の構築を図っている（長沢・菅波，2012）。他の多くの産業と同様に，服飾品企業は事業成長を求める投資家からの圧力に晒されていることから，関与やコミットメントが高水準の消費者はもとより，これらが低水準の消費者に対してもアプローチし売上拡大を図ることは，経営者にとって当然ともいえる行動であろう。

第8章までの実証研究に基づく考察では，周辺的情報である店舗立地の高級感や選択的イメージが一般消費者のラグジュアリーブランド態度に貢献する一方，非ラグジュアリーブランド態度にはネガティブに影響する可能性が示唆された。しかしながら，一連の実証研究では，店舗立地イメージの効果が消費者の関与水準やコミットメント水準によって変化する可能性について検討されていない。

そこで，本章では2つの消費者調査に基づき，店舗立地高級感のブランド態度形成インパクトとブランドのラグジュアリー性，消費者の服飾品全般に対する購買関与，およびブランドコミットメントの関係について考察する。考察を通じて，消費者の動機づけの状態が異なる場合における店舗立地イメージ効果の頑健性について検討することが本章の目的である。本章におけるリサーチクエスチョンは以下の2点である。

RQ9-1：店舗立地高級感のブランド態度形成インパクトは服飾品全般に関する消費者の購買関与水準によってどのように変化するか。

RQ9-2：店舗立地高級感のブランド態度形成インパクトは特定ブランドに対する消費者のブランドコミットメント水準によってどのように変化するか。

9.2　ブランド態度に対する店舗立地高級感と購買関与およびブランドコミットメントの影響

9.2.1 ブランド態度に対する関与と周辺的情報の影響

関与とは消費者の意思決定に影響する重要な要因の1つであり，特定の状況において消費者が知覚する重要性や関心を意味する（Blackwell et al., 2001）。関与水準が高い時，消費者は目標志向的で対象に対して動機づけられた状態にあると考えられる（青木他, 2012）。消費者行動研究における関与の概念は，対象によって製品関与，購買関与，コミュニケーション関与等に分けることができる（杉本他, 1997; 守口他, 2012）。

意思決定時の情報処理における関与の影響については様々な報告がなされている。池尾（1999）によれば，消費者は，購買関与が高い時に対象製品に関する情報を主体的に探索する一方，関与水準が低い時は限られた情報探索しか行わない。ブランドに対する態度形成の観点からみると，購買関与が高い消費者は情報探索を活性化させ，ブランドの中心的情報だけでなく周辺的情報も積極的に参照すると考えられる。これに従えば，購買関与の水準が高い消費者は，低関与の場合よりも周辺的情報に影響されやすくなると考えられる。

一方，Petty and Cacioppo（1986）によるELMでは，説得的コミュニケーションに関する情報処理について動機づけが高い場合，消費者は主に当該コミュニケーションに基づく中心的ルートによって認知的情報処理を行い，動機づけが低い場合，主に周辺的手掛かりに基づく周辺的ルートによって感情的情報処理を行うことが示されている。関与を動機づけの代理変数と位置づけ（青木他，2012）ELMに鑑みると，説得的コミュニケーションに対する関与水準が低い消費者は周辺的情報に影響されやすくなる可能性があるだろう。

池尾モデルとELMにおける議論に鑑みると，周辺的情報と位置付けられる店舗立地イメージのブランド態度形成インパクトと服飾品購買関与の関係は判然としない。

9.2.2 ブランド態度に対するブランドコミットメントと周辺的情報の影響

ブランドコミットメントは関与概念の1つで，特定のブランドに対する対象特定的関与と位置づけられ，ブランドと消費者の心理的な結びつきの程度を表す概念である（青木他，2011）。ブランドコミットメントには主として2つの源泉があると考えられている。1つは，消費者のブランドに対する愛着や情緒，フィーリングに基づく感情的コミットメントであり，もう1つは知覚リスクやブランド間の知覚差異に基づく計算的コミットメントである（Amine, 1998; 青木他，2011; 寺本・西尾，2012）。感情的コミットメントはブランドに対するポジティブな態度の状態を示すのに対し，計算的コミットメントは他ブランドへのスイッチに伴う経済的，心理的コストやリスクを回避したいといった消極的な動機を背景としたコミットメントといえる（Fullerton, 2005; 寺本・西尾，2012）。したがって，動機の積極性について差異はあるものの，いずれのタイプのコミットメントも総合的には肯定的なブランド態度的概念と捉えることができる（井上，2009）。

ブランドコミットメントは特定ブランドに対する対象特定的関与である点を踏まえ，池尾モデル，ELMの議論に基づけば，周辺的情報である店舗立地イメージのブランド態度形成インパクトと評価対象ブランドに対するコミットメント水準の関係は服飾品購買関与の場合と同様に判然としない。

9.3　調査・分析 I

9.3.1　調査・分析の方法

調査・分析 I では，第5章における消費者調査データに基づき，店舗立地高級感のブランド態度形成インパクト，およびブランドのラグジュアリー性水準と服飾品購買関与に基づく当該インパクトの変化を分析する。ここでは，先ず，消費者の服飾品ブランドや製品全般に関する購買関与について調査し，消費者を高関与グループと低関与グループに分類した。次に，消費者に対して6つの特徴が異なる店舗立地フレームを設定し，これらの立地フレームから知覚される高級感について調査した上で，高級感が高い立地と低い立地に分類した。次に，これらの立地フレームに基づき，ラグジュアリー性水準が異なる2つの服飾品ブランドに対する消費者のブランド態度を調査した。最後に，高級感が異なる立地フレームに基づく消費者のブランド態度変化についてANOVAを用いて分析し，ブランドのラグジュアリー性水準や消費者の購買関与水準の影響を考察した。

調査・分析 I で対象とした服飾品ブランドは，第5章で分析対象としたブランドの内，ラグジュアリーブランドのルイ・ヴィトン，および非ラグジュアリーブランドのユニクロである。また，立地フレームは第5章と同様に，新宿伊勢丹，丸の内ビルヂング，銀座地区，イオンレイクタウン，ららぽーと東京ベイ，および池袋地区である。

本調査における服飾品の購買関与の測定には，Mittal（1989）を参考として4項目を用いた。また，店舗立地の高級感の測定項目はDonvito et al.（2016）による4項目を用いた。ブランド態度はAdaval and Monroe（2002）による3項目を用いて測定した。店舗立地フレームを用いた設問文は，Graeff（1997）を参考として設定した。

服飾品購買関与の測定項目を以下に示す。

様々な服飾品ブランドから選択する時，注意深く選ぶ；様々な服飾品ブランドを検討する時，それぞれの違いがよく分かる；服飾品を買う時，正しい選択をすることは重要だと思う；服飾品を選ぶ時，選んだ結果がどのようになるか気になる。

その他の設問については第5章を参照願いたい。

9.3.2 調査・分析の結果

調査は2016年7月1日～2日に行われ，312の有効回答が得られた。回答者の属性は第5章，表5-1に示す通りである。

調査データに基づき，消費者の服飾品ブランド・製品購買関与，店舗立地の高級感，ブランド態度の各構成概念についてCronbach's Alphaを計算した所，.830～.955と十分な値が得られた（Peterson, 1994）。さらにCFAを行った結果，各項目の因子負荷量は.540～.954となり，服飾品購買関与における「違いがよく分かる」の因子負荷量がやや低いものの許容範囲であった（Hair et al., 2014）。各構成概念のCRは.832～.955，AVEは.560～.876となり，これら

表9-1　構成概念に関するCFA（調査・分析Ⅰ）

構成概念	測定項目	因子負荷量	CR	AVE	α
服飾品購買関与	注意深く選ぶ	.741	.832	.560	.830
	違いがよく分かる	.540			
	選択は重要である	.868			
	結果が気になる	.804			
立地高級感	上流階級	.912	.953	.836	.953
	一流	.897			
	高価	.928			
	高所得	.921			
ブランド態度	魅力	.954	.955	.876	.955
	好ましい	.944			
	好き	.909			

表9-2　構成概念に関する弁別的妥当性（調査・分析Ⅰ）

構成概念	服飾品購買関与	立地高級感	ブランド態度
服飾品購買関与	.560		
立地高級感	.008	.836	
ブランド態度	.025	.061	.876

注：表は構成概念間の相関係数の平方を示しており，対角線には各構成概念のAVEを記載している。

も先行研究で望ましいとされる値を上回った。また，各構成概念のAVEは，それぞれ構成概念間の相関係数の平方を上回った。したがって，各構成概念について内部一貫的信頼性，収束的妥当性，弁別的妥当性が認められ，構成概念妥当性が確認された（Fornell and Larcker, 1981; Hair et al., 2014）（表9-1，表9-2）。

本調査では，目的変数と独立変数を単一の回答者に尋ねる方法を採用しており，Common Method Biasが生じる可能性あることから，Harman's One Factor Testを行った（Podsakoff and Organ, 1986; Jakobsen and Jensen, 2015）。購買関与，店舗立地高級感，ブランド態度を構成する11項目を用い，回転のない主因子法に基づく探索的因子分析（EFA）を行った所，固有値が1以上の因子が複数抽出され，第1因子の寄与率は50%を下回ることが確認された。したがって，ここでCommon Method Biasは問題とはならないことが確認された。

服飾品購買関与に関する構成概念の妥当性が確認されたことから，構成項目の平均値を当該概念を示す合成変数として用い（Hair et al., 1998），Median Splitにより回答者を関与水準に基づき次の通り分類した：高関与グループ；184（男性81，女性103）；低関与グループ；128（男性78，女性50）（単位：人）。

同様に，Median Splitを用いて店舗立地を高級感が高いグループと低いグループに分類した（図9-1）。

図9-1　店舗立地フレームの高級感（調査・分析Ｉ）

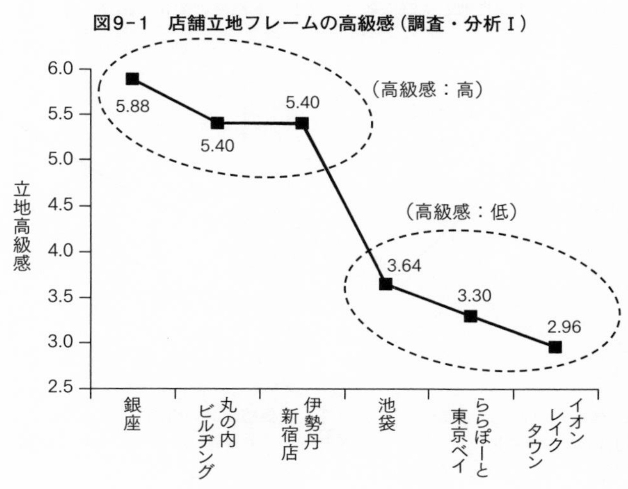

次に，これらの結果に基づき，高級感が異なる立地フレームに基づく消費者のラグジュアリーブランド（ルイ・ヴィトン）態度，および非ラグジュアリーブランド（ユニクロ）態度の変化について，それぞれ店舗立地の高級感（2水準）と回答者の購買関与水準（2水準）に基づく2×2の2-way ANOVA（mixed design）を行った（表9-3，図9-2）。ここでは，ラグジュアリーブランド態度に対する店舗立地の高級感と服飾品購買関与の交互作用が5％水準で確認された（$F_{1,310}=5.316$, $p<.05$, Partial $\eta^2=.017$）。一方，非ラグジュアリーブランド態度に対する店舗立地の高級感と服飾品に対する購買関与の交互作用は確認できなかった。これらの結果は，ラグジュアリーブランド態度を形成する時，服

表9-3　店舗立地高級感のブランド態度に対する影響（2-way（2×2）ANOVA）（調査・分析Ⅰ）

目的変数	要　因	df	F value	Partial η^2
ラグジュアリーブランド（ルイ・ヴィトン）	店舗立地高級感（主効果）	(1,310)	182.113***	.370
	購買関与水準（主効果）	(1,310)	10.854**	.034
	立地高級感×関与水準（交互作用）	(1,310)	5.316*	.017
非ラグジュアリーブランド（ユニクロ）	店舗立地高級感（主効果）	(1,310)	97.328***	.239
	購買関与水準（主効果）	(1,310)	8.348**	.026
	立地高級感×関与水準（交互作用）	(1,310)	.708 n.s.	.002

注：***p<.001，**p<.01，*p<.05，n.s.＝non-significant。

図9-2　店舗立地高級感に基づくブランド態度の変化（調査・分析Ⅰ）

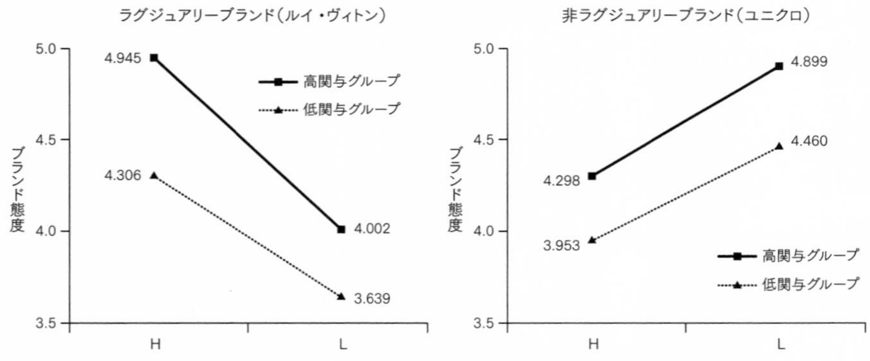

注：H：高級感が高い店舗立地フレーム，L：高級感が低い店舗立地フレーム。多重比較（Bonferroni）の結果，全てのブランドタイプ，消費者グループにおいて店舗立地高級感に基づくブランド態度変化は0.1％水準で有意。

飾品購買関与水準が高い消費者は，当該水準が低い消費者よりも店舗立地高級感の影響を正に強く受ける一方，非ラグジュアリーブランドの場合は店舗立地高級感の影響が変化しないことを示している。

したがってRQ9-1について，服飾品購買関与が高水準の消費者はラグジュアリーブランド態度形成時に低水準の消費者よりも店舗立地高級感の影響を受けやすいことが示唆された。一方，非ラグジュアリーブランドの場合は，服飾品購買関与水準に関わらず店舗立地高級感の影響は変化しないことが示唆された。

9.4　調査・分析Ⅱ

9.4.1　調査・分析の方法

調査・分析Ⅱでは新たに消費者調査を行い，店舗立地高級感によるブランド態度形成インパクト，および感情的・計算的ブランドコミットメントとブランドのラグジュアリー性水準に基づく当該インパクトの変化について分析する。ここでは，先ず，ラグジュアリー性水準が異なる2つの分析対象ブランドに対する消費者の感情的・計算的コミットメントについて調査し，回答者をそれぞれのコミットメント水準が高いグループと低いグループに分類した。次に，消費者に対して2つの店舗リストを立地フレームとして提示し，知覚される高級感について調査した。次に，これらの立地フレームに基づき，ラグジュアリー性水準が異なる2つのブランドに対する消費者のブランド態度を調査した。最後に，高級感水準が異なる立地フレームにおける消費者のブランド態度の変化についてANOVAを用いて分析し，ブランドのラグジュアリー性水準や感情的・計算的ブランドコミットメントの影響を考察した。

調査・分析Ⅱで対象とした服飾品ブランドは，調査・分析Ⅰと同様にラグジュアリーブランドのルイ・ヴィトンと非ラグジュアリーブランドのユニクロである。より実務的な示唆を得る為，立地フレームには各ブランドの東京都における実際の店舗リストを用いた。調査対象ブランド店舗が実在する立地をフレームとして，ブランド態度に対するブランドコミットメントの影響を考察することで，各ブランドがこれまで進めてきた店舗開発の妥当性が検討できると考えられる。調査では，ブランドイメージによるバイアスを回避する為，ブランド名は伏せ，2つのブランドをブランドA，Bとして提示した。実際は，ブランドAがルイ・ヴィトン，ブランドBがユニクロである。店舗リストには2016年12月末時点で各ブランドのウェブサイトに掲載されていた店舗名に，店舗が所在する市区町村名を付記した。

服飾品ブランドに対するコミットメントの測定には，井上（2009）による5項目を採用した。店舗立地の高級感の測定項目はDonvito et al.（2016）による4項目を用いた。ブランド態度はAdaval and Monroe（2002）による3項目を用いて測定した。店舗立地フレームを用いた設問文は，Graeff（1997）を参考として設定した。本調査における設問は，全て7点尺度のリッカートスケール（1：全くそう思わない～7：非常にそう思う）に基づく設計とした。本調査で用いた測定項目を以下に示す。

(1)感情的ブランドコミットメント

このブランドを信頼している；このブランドに対して愛着や親しみを抱いている。

(2)計算的ブランドコミットメント

商品を選ぶ時，他のブランドを検討するのは面倒である；商品を選ぶ時，他のブランドを買って失敗したくない；商品を選ぶ時，あまり深く考えておらず，何となくこのブランドにしている。

(3)店舗立地の高級感

次に挙げるイメージについて，以下の6つの商業施設（エリア）にそれぞれどの程度あてはまると思うか回答して下さい。：上流階級のイメージがある；一流である；（商品が）高価である；高所得者層向けである。

(4)店舗立地フレームに基づくブランド態度

ブランドA（B）がルイ・ヴィトン（ユニクロ）だったら，あなたはどのように感じますか。：このブランドに魅力を感じる（好ましい；好きだ）。

データ収集は，マクロミルを起用し，調査・分析Ⅰと同様の方法を用いて実施された。回答者はあらかじめスクリーニングにおいて，2つの分析対象ブランドを知っていることが確認された一般消費者である。ただし，回答バイアスを避ける為，本書における他の調査の回答者はあらかじめ調査対象から除外した。

9.4.2　調査・分析の結果

調査は2017年7月28日～29日に行われ，回答は回答者が保有するパーソナルコンピューター等からインターネットを通じて回収された。本調査では312の有効回答が得られた。回答者の属性を表9-4に示す。

消費者の感情的ブランドコミットメント，計算的ブランドコミットメント，店舗立地の高級感，ブランド態度の各構成概念についてCronbach's Alphaを計算した所，.739～.965と十分な値が得られた（Peterson, 1994）。また，CFAの

表9-4　回答者属性（調査・分析Ⅱ）

回答者属性		n	%
性別	男性	159	51.0
	女性	153	49.0
年齢（単位：歳）	20－24	17	5.4
	25－29	35	11.2
	30－34	30	9.6
	35－39	34	10.9
	40－44	41	13.1
	45－49	37	11.9
	50－54	32	10.3
	55－59	25	8.0
	60－64	36	11.5
	65－69	25	8.0
職業	公務員	10	3.2
	経営者・役員	6	1.9
	会社員	124	39.7
	自営業	16	5.1
	自由業	11	3.5
	専業主婦（主夫）	70	22.4
	パート・アルバイト	32	10.3
	学生	7	2.2
	その他	9	2.9
	無職	27	8.7
世帯年収（単位：円）	2,000,000未満	12	3.8
	2,000,000－3,999,999	54	17.3
	4,000,000－5,999,999	63	20.2
	6,000,000－7,999,999	48	15.4
	8,000,000－9,999,999	31	9.9
	10,000,000－11,999,999	16	5.1
	12,000,000－14,999,999	8	2.6
	15,000,000－19,999,999	7	2.2
	20,000,000以上	4	1.3
	無回答	69	22.1

表9-5　構成概念に関するCFAの結果（調査・分析Ⅱ）

構成概念	測定項目	因子負荷量	CR	AVE	α
感情的コミットメント	信頼している	.658	.762	.621	.739
	愛着や親しみがある	.899			
計算的コミットメント	他ブランドを検討するのは面倒である	.778	.831	.622	.830
	他のブランドで失敗したくない	.788			
	何となくこのブランドにしている	.799			
立地高級感	上流階級	.923	.965	.874	.965
	一流	.909			
	高価	.967			
	高所得	.940			
ブランド態度	魅力	.949	.951	.866	.951
	好ましい	.935			
	好き	.908			

表9-6　構成概念に関する弁別的妥当性（調査・分析Ⅱ）

構成概念	感情的コミットメント	計算的コミットメント	立地高級感	ブランド態度
感情的コミットメント	.621			
計算的コミットメント	.480	.622		
立地高級感	.008	.005	.874	
ブランド態度	.394	.209	.018	.866

注：表は構成概念間の相関係数の平方を示しており，対角線には各構成概念のAVEを記載している。

結果，各項目の因子負荷量は.658～.967，各構成概念のCRは.762～.965，AVEは.621～.874となった。また，AVEはそれぞれ構成概念間の相関係数の平方を上回った。したがって，各構成概念について内部一貫的信頼性，収束的妥当性，弁別的妥当性が認められ，構成概念妥当性が確認された（Fornell and Larcker, 1981; Hair et al., 2014）（表9-5，表9-6）。

さらに，調査・分析Ⅰと同様に，Harman's One Factor Testを行った（Podsakoff and Organ, 1986; Jakobsen and Jensen, 2015）。感情的ブランドコミットメント，計算的ブランドコミットメント，店舗立地高級感，およびブランド態度を構成する12項目を用い，回転のない主因子法に基づくEFAを行った所，固有値が1以上の因子が複数抽出され，第1因子の寄与率は50%を下回ることが確認された。したがって，ここでCommon Method Biasは問題とはならないことが確認された。

感情的・計算的ブランドコミットメントに関する構成概念の信頼性・妥当性

が確認されたことから，構成項目の平均値を当該概念を示す合成変数として用い（Hair et al., 1998），Median Splitにより回答者をコミットメント水準に基づき消費者に分類した（表9–7）。

同様に，構成項目の平均値を当該概念を示す合成変数として用い（Hair et al., 1998），2つの立地フレームの高級感を比較した。その結果ブランドAの立地がブランドBの立地より高級感が高いことが確認された（mean＝4.966 versus 3.589, t_{311}＝16.422, p＜.001）。

次に，高級感が異なる立地フレームに基づく消費者のラグジュアリーブランド（ルイ・ヴィトン）態度，および非ラグジュアリーブランド（ユニクロ）態度の変化について，店舗立地の高級感（2水準）と回答者の感情的・計算的ブランドコミットメント水準（それぞれ2水準）に基づく2×2の2-way ANOVA（mixed design）を行った（表9–8，図9–3）。

ここでは，ラグジュアリーブランド態度に対する店舗立地の高級感と感情的

表9–7　コミットメント水準に基づく回答者分類（調査・分析Ⅱ）

ブランド	コミットメント水準	感情的コミットメント	計算的コミットメント
ラグジュアリー	高	220（男性111，女性109）	156（男性86，女性70）
（ルイ・ヴィトン）	低	92（男性48，女性44）	156（男性73，女性83）
非ラグジュアリー	高	187（男性89，女性98）	188（男性94，女性94）
（ユニクロ）	低	125（男性70，女性55）	124（男性65，女性59）

注：単位：人。

表9–8　店舗立地高級感のブランド態度に対する影響（2-way（2×2）ANOVA）（調査・分析Ⅱ）

目的変数	要　因	df	F value	Partial η^2
ラグジュアリー	店舗立地高級感（主効果）	(1,310)	43.530***	.123
ブランド	感情的コミットメント水準（主効果）	(1,310)	114.955***	.271
（ルイ・ヴィトン）	立地高級感×感情的コミットメント水準（交互作用）	(1,310)	5.810***	.018
	店舗立地高級感（主効果）	(1,310)	67.956***	.180
	計算的コミットメント水準（主効果）	(1,310)	42.362***	.120
	立地高級感×計算的コミットメント水準（交互作用）	(1,310)	.110n.s.	.000
非ラグジュアリー	店舗立地高級感（主効果）	(1,310)	84.075***	.123
ブランド	感情的コミットメント水準（主効果）	(1,310)	103.933***	.251
（ユニクロ）	立地高級感×感情的コミットメント水準（交互作用）	(1,310)	.937n.s.	.003
	店舗立地高級感（主効果）	(1,310)	85.354***	.216
	計算的コミットメント水準（主効果）	(1,310)	25.598***	.076
	立地高級感×計算的コミットメント水準（交互作用）	(1,310)	.236n.s.	.001

注：***p＜.001，**p＜.01，*p＜.05，n.s.＝non-significant。

図9-3　店舗立地高級感に基づくブランド態度の変化（調査・分析Ⅱ）

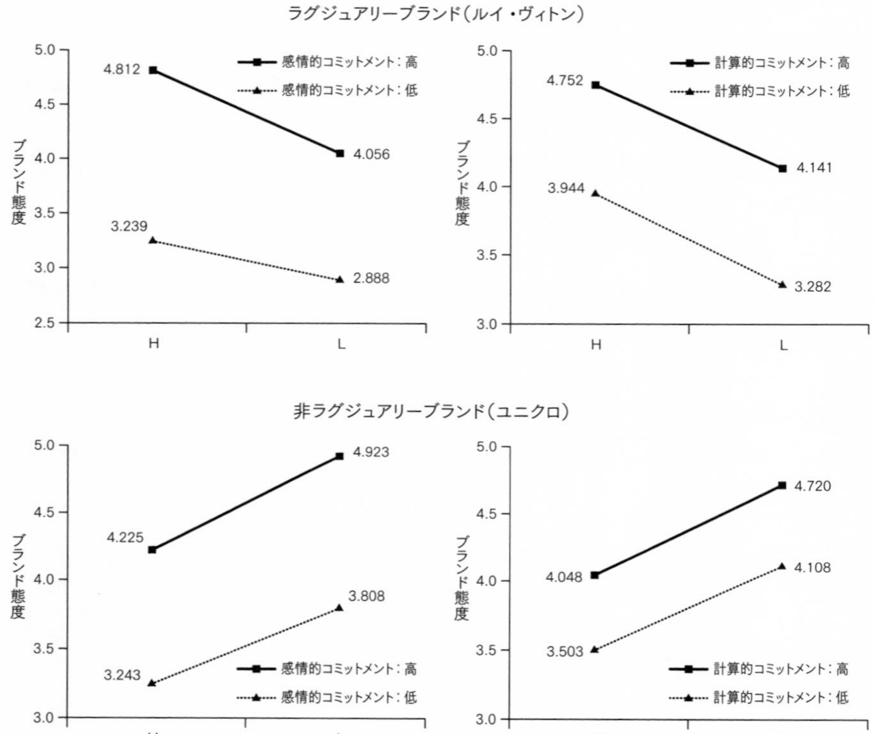

注：H：高級感が高い店舗立地フレーム，L：高級感が低い店舗立地フレーム。多重比較（Bonferroni）の結果，全てのブランドタイプ，消費者グループにおいて店舗立地高級感に基づくブランド態度変化は0.1％水準で有意。

ブランドコミットメントの交互作用が5％水準で確認された（$F_{1,310}=5.810$, $p<.05$, Partial $\eta^2=.018$）。一方，ラグジュアリーブランド態度に対する店舗立地の高級感と計算的コミットメントの交互作用，および非ラグジュアリーブランド態度に対する店舗立地の高級感と感情的・計算的コミットメントの交互作用は確認できなかった。

RQ9-2について，これらの結果は，ラグジュアリーブランド態度を形成する時，感情的コミットメント水準が高い消費者は，当該水準が低い消費者よりも店舗立地の高級感による影響を正に強く受ける一方，計算的コミットメント水準によって影響は変化しないことを示している。また，非ラグジュアリーブランドの場合は，感情的コミットメント水準，計算的コミットメント水準によって店舗立地高級感による影響は変化しないことを示している。

9.5　考察

本章における調査・分析結果から，消費者のラグジュアリーブランド態度に対する店舗立地高級感の影響は，消費者の服飾品全般に関する購買関与水準や評価対象ブランドに対する感情的コミットメント水準が高い場合に，これらの水準が低い場合よりも正に大きくなることが確認された。

清水（1999）は，消費者が対象を属性や特徴に基づき認知的に捉える場合にはELMにおける中心的ルートで情報処理がなされ，イメージに基づき感情的に捉える場合はELMにおける周辺的ルートで情報処理がなされることを示している。ここで，中心的ルートは中心的情報に基づく情報処理・態度形成，周辺的ルートは周辺的情報に基づく情報処理・態度形成を示す。清水（1999）の視点から本章における調査・分析結果をみると，社会的価値や快楽的価値が高いラグジュアリーブランドを評価する際，消費者はブランドをイメージで捉え，周辺的ルートによる感情的情報処理を非ラグジュアリーブランドの場合よりも盛んに行っている可能性がある。Kapferer and Bastien（2012）によれば，ラグジュアリー戦略では，コミットメント水準が高い上顧客，特に熱狂的支持者（enthusiast）には会員制クラブのような社会的地位を象徴するマーケティング手法が重要とされる。本章の分析結果は，こうしたラグジュアリー戦略の指摘と一致する。

一方，本章の結果から，計算的コミットメント水準は消費者のラグジュアリーブランド態度に対する店舗立地高級感の影響とは無関係であることが示唆された。清水（1999）の視点からこの結果をみると，計算的コミットメントが高水準の消費者は，ラグジュアリーブランドについても認知的に捉えて評価している可能性があろう。

また，本章の結果から，非ラグジュアリーブランドの場合，購買関与やコミットメント水準はブランド態度に対する店舗立地高級感の影響を変化させないことが確認された。非ラグジュアリーブランドの中核的価値は機能性であり，消費者が当該ブランドに関心をもつ時，その関心は機能的価値に向かい認知的に情報処理を行うと考えられる。機能的価値は店舗立地とは無関係であり，当該価値に対する関心の水準は，立地イメージの影響を変化させないと考えられるのである。

本章から得られる最も重要な示唆は，服飾品購買関与やブランドコミットメントの水準に関わらず，ブランド態度に対する店舗立地高級感とブランドのラグジュアリー性の関係は頑健であるという点である。この結果は，非ラグジュアリーブランドが，低関与消費者や低コミットメント消費者に対し，ラグジュアリーブランドに追随し高級立地に出店してブランド連想を向上させる等の店舗開発手法に疑問を投げかけるものである。

9.6　小括

第8章までの一連の実証研究において，店舗立地の高級感や選択的イメージは，理想社会的LSCを向上させラグジュアリーブランド態度に貢献する一方，現実LSCを低下させ非ラグジュアリーブランド態度を悪化させる可能性が示唆された。また，本章における調査・分析を通じて，これらの店舗立地イメージのブランド態度に対する影響は消費者の服飾品購買関与やブランドコミットメントの水準に関わらず頑健であることが示唆された。

第10章ではここまで得られた示唆に基づき本書の学術的意義を示すと共に，服飾品ビジネスにおける店舗立地戦略に関して戦略的提言を示す。さらに，一連の実証研究の限界を今後の研究課題として示し本書を括る。

第10章

総　括

10.1　はじめに

2010年前後から，我が国は人口減少の局面に入り，高齢化が進んでいる（総務省, 2018）。さらに，消費者のライフスタイルが変化し，一般家計における被服費は減少している（総務省, 2017）。斯かる環境変化に伴い，我が国の服飾品市場は縮小を続け（AT Kearney, 2014; 矢野経済研究所, 2017a），服飾品業界ではコモディティ化が深刻となっている。服飾品企業各社では，ブランドや製品，さらにはマーケティング戦略までも同質化が進んでおり（杉原・染原, 2017），各社は価格競争の激化に苦しんでいる。

一方，ラグジュアリー市場は世界的に拡大の一途にあり，日本国内においても改めて拡大局面にある（Bain & Company, 2016a）。ルイ・ヴィトン等に代表されるラグジュアリーブランドは持続的競争優位を構築しているとみられ，有力ラグジュアリー・コングロマリットの財務諸表を参照すると，我が国の代表的な服飾品企業と比べてラグジュアリー企業の高い収益性が伺える。したがって，非ラグジュアリー服飾品企業がラグジュアリー戦略を脱コモディティ化戦略とみなし，当該戦略を参考としてブランドの価値向上を図ることは自然な試みといえる。

しかしながら，現実のビジネスにおいて，一般の服飾品企業がラグジュアリーブランドと同品質の製品を同様の価格を付して上市したとしても，ラグジュアリーブランド製品と同様に売れるとは考えづらい。ラグジュアリーブランドには，ラグジュアリー特有の価値に基づくブランドプレミアムが存在するからである。そのブランドプレミアムを獲得しようと，直営店モデルを採用する非ラグジュアリー企業は，程度の差こそあれ，ラグジュアリーブランドと同様に高級な店舗立地に選択的出店を試み，ラグジュアリーブランドとの類似点連想（Keller, 1998）を構築し，格上のカテゴリーメンバーシップ（Kotler and Keller, 2006）の獲得を目論むのである。この時，服飾品企業経営者は，ラグジュアリーブランドと同様に，周辺的情報（青木他，2012）である店舗立地イメージに基づく二次的ブランド連想（Keller, 1993）によるエクイティ効果（Keller, 1998; 青木他，2011）を期待していると考えられる。

だが，直営店モデルに基づくブランド事業は，ブランドイメージが管理しやすいというメリットがある（Kotler and Keller, 2006）一方で，高額の店舗運営費用が必要となる。また，現実の服飾品ビジネスにおいて，ブランドエクイティに対する店舗立地イメージの効果を定量的に分析することは難しく，当該効果は経営者の経験や肌感覚によって見積もられることが多い。服飾品企業における店舗関連費用の損益インパクトは非常に大きいことから，このような肌感覚に基づく店舗開発による経営全体の不確実性の高まりが懸念される。

斯かる問題意識の下，本書ではラグジュアリー戦略に基づく店舗立地イメージのブランド態度形成インパクトについて，ラグジュアリーブランドの社会的価値に注目し調査・分析を行った。その結果，一連の実証研究を通じて，ラグジュアリー戦略が重視する店舗立地の高級感や選択的店舗立地イメージが，非ラグジュアリーブランドに対する消費者のブランド態度には貢献しない可能性が示唆された。これは，ブランドの格上げ効果を期待し，高額の投資や費用を投じて進められた店舗開発が，実際にはブランドエクイティの低下をもたらすこともあり得ることを意味する。この研究結果は，服飾品企業に対し，これまでの店舗立地戦略の見直しを促すものといえるだろう。

本章では，先ず，本書を通じて得られた示唆を振り返り，一連の調査，分析，および考察を総括する。次に，これまでのラグジュアリー戦略研究，および店舗と消費者行動に関する研究に基づき，本書の学術的意義を示す。次に，一連の示唆に基づき，非ラグジュアリー服飾品企業の店舗立地戦略に対する戦略的提言を行い，本書の実務的意義を示す。最後に，一連の実証研究の限界を今後の研究課題として示し本書を括る。

10.2 本書に基づく示唆と本書の学術的意義

10.2.1　先行研究に基づく示唆

第2章ではこれまでのラグジュアリー戦略研究および店舗と消費者行動に関する研究を考察した。服飾品企業の店舗立地戦略を論じる上で本書が注目したのはブランドの価値構成である。多くのラグジュアリー研究では，経済力や社会的地位の高さを示す社会的価値や個人的な快楽に繋がる快楽的価値がラグジュアリーブランドを特徴づける要素として指摘されている（例えば，Kapferer and Bastien, 2012）。社会的価値は，ブランド価値を評価する本人だけでなく，社会的に他の消費者からも当該ブランドが評価されなければ成立しない。また，消費者にとって，一般の立地で店舗を設置・運営するブランドは平凡に感じられ，快楽的価値を期待しづらいと考えられる。したがって，ラグジュアリー戦略研究では，ラグジュアリーブランドの店舗立地について店舗立地高級感や選択的店舗立地イメージが重要とされる（例えば，長沢，2007; Som and Blanckaert, 2015; Kapferer and Vallete-Florence, 2016）。一般的に，高級な立地に店舗を構えていれば，当該ブランドは経済力や社会的地位が高い人が買う快楽性の高いブランドだと思われるだろう。また，店舗があちこち設置されておらず，限られた立地に絞り込んで設置されていると，当該ブランドのユーザーは，非凡で限られた階層の消費者であると思われるだろう。したがって，ラグジュアリーブランドに社会的価値や快楽的価値を期待する時，消費者は高級で厳選された立地で店舗を設置・運営するブランドを高く評価すると考えられるのである。

一方，非ラグジュアリーブランドについては，ブランド価値の中核は機能的価値だと指摘される（Heine and Phan, 2011）。機能的価値は製品属性に基づくものであり，製品属性は販売店舗の立地とは無関係である。この場合，店舗は，買物コストの低減に繋がる利便性の高い立地にある方が望ましいと考えられる。製品属性に基づく差別化が困難なコモディティ化市場では，コスト低減によるコスト1単位あたりの便益向上が重要と考えられるからである。実際に，FMCG等，非ラグジュアリー製品を販売する店舗に関する多くの実証研究では，これまで，店舗立地の利便性が消費者の店舗評価に寄与するマーケティング要素として挙げられている。したがって，非ラグジュアリーブランドに機能的便益を期待する時，消費者は利便性の高い立地で店舗を設置・運営するブランドを高く評価し，この時，店舗立地高級感や選択的店舗立地イメージの効果は期待しづらいと考えられる。むしろ，これらの店舗立地イメージは買物コスト増大を連想させ，非ラグジュアリーブランドの評価を低下させる懸念もある。

勿論，ラグジュアリーブランドの特徴として指摘される社会的価値や快楽的価値についても，買物コストが低減されれば，当該価値から得られるコスト1単位あたりの便益は向上する。しかし，実際には，コンビニエンスストアのようにいたるところにブランド店舗が設置されていると利便性は高くなるものの，当該ブランドのユーザーは経済力や社会的地位が高い，非凡な消費者だとは思われず，ブランドの社会的価値は知覚されづらいだろう。また，このような平凡な立地で販売されるブランドに特別な快楽性は期待しづらいと考えられる。この場合，これらの価値の毀損が買物コスト低減に基づく便益の増分を上回れば，結局は消費者のブランド評価は低下してしまう。

以上から，ラグジュアリー戦略に基づく店舗立地高級感や選択的店舗立地イメージは，ラグジュアリーブランドのエクイティ向上に貢献する一方，非ラグジュアリーブランドに対するエクイティ効果は期待できない，もしくは，ネガティブに影響する可能性が示唆されるのである。

10.2.2　実証研究に基づく示唆

第4章～第9章では，第2章における先行研究に基づく示唆を，首都圏における消費者調査に基づく複数の実証研究によって検討した。その結果，店舗立地の高級感や選択的イメージは，ブランドのラグジュアリー性水準が高いほど効果的である一方，ラグジュアリー性水準が低くなると効果は低下し，当該水準が非常に低位であるブランドについては効果がネガティブとなることが確認された。また，これらの店舗立地イメージとラグジュアリー性水準，およびブランド態度の関係は，服飾品全般に対する消費者の購買関与水準や評価対象ブランドに対するブランドコミットメント水準に関わらず頑健であることが確認された。

消費者のブランドに対する好意的な評価や態度は，ブランドエクイティの大きさを示す1つの指標になると考えられる（Aaker, D., 1991）。したがって，一連の実証研究の結果は，ラグジュアリー戦略で重要なマーケティング要素とされる店舗立地高級感や選択的店舗立地イメージのブランドエクイティ効果が，ラグジュアリーブランドの場合はポジティブとなる一方，非ラグジュアリーブランドの場合にはネガティブとなることを示唆している。

また，本書では，店舗立地イメージに基づくブランド態度形成時における消費者心理について，自己概念調和理論に基づきLSCを用いた分析を試みた。ここで，LSCとは，ブランドイメージとは無関係に，純粋に店舗立地情報から連想される消費者（すなわち，当該立地にいる買物客，または当該立地で店舗を設置・運営するブランドのユーザー）と自己概念の一致性である。その結果，店舗立地の高級感や選択的イメージは理想社会的LSCを向上させラグジュアリーブランド態度に貢献する一方，現実LSCを低下させ非ラグジュアリーブランド態度を悪化させることが示唆された。一連の実証研究において繰り返し同様の結果が得られたことから，このブランド態度形成における心理メカニズムには一定の頑健性があるとみられる。ここで，改めて当該メカニズムを図10–1に示す。

図10–1　店舗立地イメージとブランドのラグジュアリー性水準に基づく服飾品ブランド態度形成メカニズム

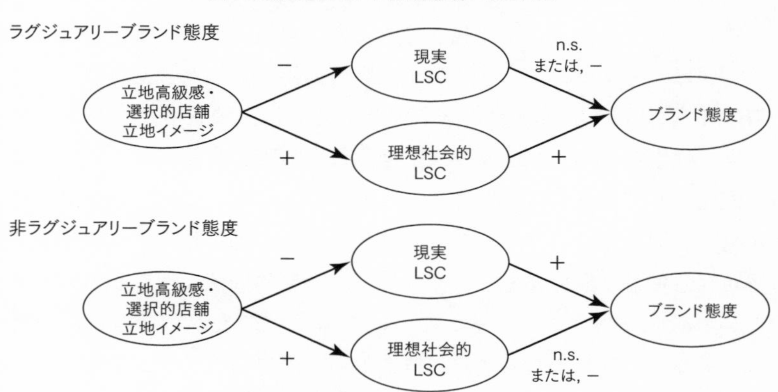

注：図中の符号は影響の正負を示す。n.s.＝non-significant。
出所：著者作成。

一連の実証研究で得られた示唆に鑑みると，ラグジュアリーブランドを評価する時，消費者は主に理想の社会的自己概念を参照すると考えられる。店舗立地から連想された買物客やブランドユーザーのイメージがこの自己概念に近づくと，消費者はラグジュアリーブランド態度を向上させると考えられる。さらに，当該消費者の社会的願望が現実の自己イメージと相反する場合は，消費者は現実の自己概念も参照し，当該自己概念が店舗立地から連想された買物客やブランドユーザーのイメージと離れる場合も，ブランド態度を向上させると考えられる。第8章における検証結果から，実際に，ラグジュアリーブランドは，一般的な消費者の理想の社会的自己概念に近いタイプの消費者を連想させるような立地に出店することで，店舗立地イメージによるブランドエクイティ効果を得ているとみられる。

一方，非ラグジュアリーブランドを評価する時，消費者は主に現実の自己概念を参照すると考えられる。店舗立地から連想された買物客やブランドユーザーのイメージがこの自己概念に近づくと，消費者は非ラグジュアリーブランド態度を向上させると考えられる。さらに，当該消費者の現実の自己イメージが社会的願望に基づく自己イメージと異なる場合は，消費者は理想の社会的自己概念も参照し，当該自己概念が店舗立地から連想された買物客やブランドユーザーのイメージと離れる場合も，ブランド態度を向上させると考えられる。したがって，非ラグジュアリーブランドは，一般的な消費者の現実の自己概念に近いタイプの消費者を連想させるような立地に出店することで，店舗立地イメージによるブランドエクイティ効果を期待できると考えられる。

図10-1に示される心理メカニズムが生じるのは，消費者がブランドのラグジュアリー性水準に応じて，ブランドを評価する際に当該ブランドに期待する価値を変化させているからだと考えられる。ラグジュアリーブランドは社会的価値が高い。消費者はラグジュアリーブランドを評価する時，その社会的価値から得られる便益を期待すると考えられる。社会的価値は他者からの社会的評価が低いと意味を成さない。そこで，消費者は他の人から見られたい自己イメージ，すなわち理想の社会的自己概念から実際に当該ブランドを所有した時の自己イメージが乖離しないか，社会的評価懸念を抱くと考えられる。この社会心理的影響の下で情報探索を活性化させた消費者は，中心的情報だけでなく

周辺的情報である店舗立地イメージを参照し，そこから連想される消費者のイメージを，実際に当該ブランド製品を所有した時の自己イメージに重ね合わせると考えられる。このイメージが理想の社会的自己概念に近ければ，実際に当該ブランド製品を所有した場合に社会的価値に基づく便益が得られると感じられ，ブランド態度が向上すると考えられる。

例えば，具体的なブランド名を聞かない場合でも，「伊勢丹百貨店新宿店」を思い浮かべると，当該立地を知る消費者は，そこにいる買物客や，そこに店舗を構える服飾品ブランドのユーザーイメージをある程度連想するだろう。それらのイメージが消費者が社会的に理想とするようなタイプであれば，当該立地で店舗を設置・運営するラグジュアリーブランドを所有することによって，自分も同様に社会的に理想のイメージに近づけると考え，当該ラグジュアリーブランドに対する当該消費者の評価は好意的になると考えられるのである。

一方，非ラグジュアリーブランド価値の中核は機能的価値である。コモディティ化が深刻となりブランド間の同質化が進む今日，非ラグジュアリーブランドを評価する際，消費者は，その機能性だけではブランド間の差異を知覚しづらい為，便益を得る為のコストが現実的な水準か気にするだろう。コスト意識を高めた消費者は，中心的情報だけでなく周辺的情報である店舗立地イメージを参照し，そこから連想される消費者のイメージを，実際に当該ブランドを使用した時の自己イメージと重ね合わせると考えられる。このイメージが現実の自己概念に近ければ，実際に当該ブランド製品を使用した場合に現実の生活に即したコストに基づき機能的便益が得られると感じられ，ブランド態度が向上すると考えられるのである。

例えば，具体的なブランド名を聞かない場合でも，「イオンモール越谷レイクタウン」を思い浮かべると，当該立地を知る消費者は，そこにいる買物客や，そこに店舗を構える服飾品ブランドのユーザーイメージをある程度連想するだろう。それらのイメージが消費者の現実のライフスタイルに通じるタイプであれば，当該立地で店舗を設置・運営する非ラグジュアリーブランドの製品は現実の生活水準において有用であると感じられ，当該非ラグジュアリーブランドに対する当該消費者の評価は好意的になると考えられるのである。

以上の視点に基づくと，図10-1が示す心理メカニズムがはたらくブランド評

図10-2　購買意思決定プロセスにおけるブランド評価に対する周辺的情報とブランドのラグジュアリー性水準の影響

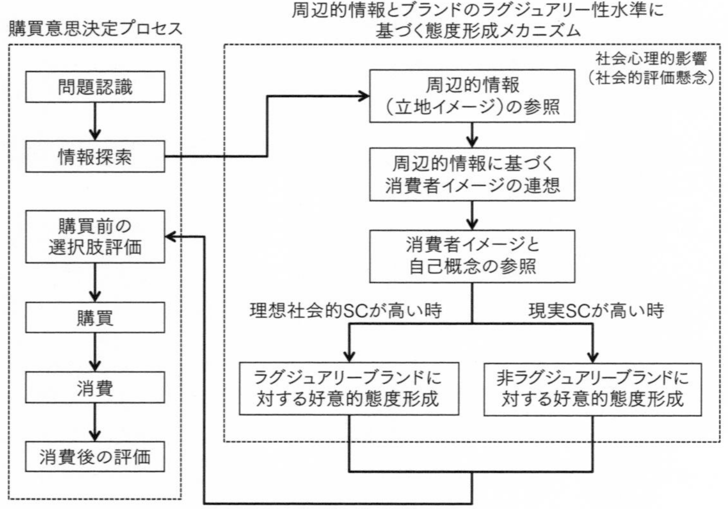

注：SC：周辺的情報に基づく自己概念調和。
出所：Blackwell et al.（2001）を参考に著者作成。

価プロセスは，図10-2のように整理することができるだろう。ここでは，消費者行動研究において広く支持されるBlackwell et al.（2001）による購買意思決定プロセスの一部に本書で示唆された消費者心理メカニズムを組み込んで示している。店舗立地イメージによるブランド態度形成インパクトに注目すると，問題認識を経て購買の必要性を感じた消費者は，情報探索を活性化させ，中心的情報だけでなく周辺的情報の1つである店舗立地イメージを参照し，図10-1に示される心理メカニズムに基づき，購買選択肢としてのブランドの評価に至ると考えられるのである。

ところで，本書では，ラグジュアリー性水準が不明な未知のブランドに対する消費者の態度形成における店舗立地イメージの影響について，追加的に調査・分析を行った。その結果，ラグジュアリー性水準が不明な未知のブランドに対する消費者の態度に対し，店舗立地の高級感や選択的イメージの効果は判然としなかった。この結果は，評価対象となる服飾品ブランドが認知されていない市場においては，ブランド態度に対するこれらの立地イメージの効果は期待できないことが示唆された。この結果は，少なくとも店舗立地イメージのマネジメントだけでは，消費者のブランド態度を向上させることは困難であることを示している。服飾品企業は，自社ブランドについて，BLIに示される多属性に基づくラグジュアリー性を総合的に引き上げることで，はじめてブランド態度に対する立地の高級感や選択的イメージによる二次的ブランド連想の効果を享受できると考えられる。非ラグジュアリー企業がラグジュアリー戦略の一部を都合よく切り取って自社ブランドのマーケティング戦略に取り入れても，ブランドエクイティはそう簡単に向上しないということであろう。

10.2.3　本書の学術的意義

本書では，ラグジュアリーブランド論におけるラグジュアリー戦略研究，並びに，一般のマーケティング論や消費者行動論における店舗と消費者行動を対象とする研究の学際的視座から，消費者のブランド態度に対する店舗立地イメージの効果を考察した。また，当該効果が生じる背景にあるブランド態度形成時の消費者心理について自己概念調和を用いた分析を行った。ここで，本書の主な意義を挙げておきたい。

(1)非ラグジュアリーブランドに関する店舗関連要素のエクイティ効果に関するリサーチ・ギャップに関する貢献

これまで，一般的なマーケティング研究において，店舗関連要素に関する先行研究の多くが，ストア・ロイヤルティやストア・パトロネージ，店舗選好等，消費者の店舗評価を目的変数とするものであった。これは，過去において，多くの非ラグジュアリーブランドや非ラグジュアリー製品は，複数ブランドを取扱う小売専業者を販売チャネルとしてきたことが背景にあると考えられる。特に消費者の店舗評価に関する研究が盛んであった1980年代は，GMS（General merchandise store: 総合スーパーマーケット）の全盛期であったことも影響していると考えられる。

近年は，ストアブランドの存在感の高まりと共に，ストアブランドの評価に対する店舗関連要素の効果に関する研究もようやくみられるようになった。しかし，ここでも店舗立地要素に関する考察は限定的である。これは，ストアブランド研究の多くがFMCGを対象としていることが関係していると考えられる。一般的にストアブランドとしてのFMCGは，他のナショナルブランド製品と共に店頭品揃えの一部として陳列されるケースが多い。この場合，消費者は，店舗立地が当該ブランドの戦略というよりも，小売企業の戦略に基づいて設定されていると知覚するだろう。このようなケースにおいては，店舗立地イメージの効果がブランド評価には直接的に影響しづらいと考えられる。

服飾品業界においても，非ラグジュアリーブランドについては，従来，小売専業者が主力の販売チャネルであった。ユニクロ等の製造小売（S.P.A.: specialty store retailer of private label apparel）モデルと呼ばれる垂直統合モデルが台頭したのは1990年代と比較的最近である。しかし，今日の服飾品ビジネスでは，ブランドマネジメントの重要性の高まりを背景として，非ラグジュアリーブランドであっても川下に垂直統合を進めた直営店モデルが主流となっている。したがって，店舗立地は服飾品のマーケティング上重要な要素となっており，服飾品企業は，店舗から生み出される直接的なキャッシュフローを犠牲にしてまで特定の店舗立地獲得を目指すケースがみられるほど，店舗立地イメージのエクイティ効果を重視している。斯かる状況を踏まえると，ブランドエクイティに対する店舗立地イメージの効果に関する調査・分析に対するニーズは高まっているとみられる。

本書は，直営店モデルに基づく非ラグジュアリーブランドについて，店舗立地イメージのエクイティ効果を消費者のブランド態度から論じるものであり，当該リサーチ・ギャップについて貢献するものである。

⑵ラグジュアリーブランドの評価に対する店舗関連要素の影響に関する量的研究のリサーチ・ギャップに関する貢献

非ラグジュアリーブランドに関する研究は，店舗立地要素によるブランドエクイティ効果に関する考察がほとんどみられないのに対し，Kapferer and Bastien（2012）やSom and Blanckaert（2015）に代表されるラグジュアリー戦略研究では，多くの研究者がラグジュアリーブランドの社会的価値の観点から，店舗立地の高級感や選択的店舗立地イメージの重要性を指摘している。しかしながら，ラグジュアリー戦略研究の多くは，有力ラグジュアリーブランドに関する事例研究に基づき，ベストプラクティスを抽出して整理することで，ラグジュアリーブランドの戦略的成功要因を提案するものである。したがって，消費者行動やブランドエクイティに対するこれらの戦略要素の効果について，量的研究が不足しており，因果関係が判然としない点が少なからず残っている。

一方，本書は，ラグジュアリー戦略研究が重視する店舗立地イメージによる消費者のブランド態度形成インパクトについて，消費者調査を通じ実証的に定量分析を行っている点で，当該リサーチ・ギャップについて貢献するものである。

(3)同一の店舗関連要素がもたらす消費者のブランド評価形成インパクトのラグジュアリー性水準による変化に関するリサーチ・ギャップに対する貢献

これまでのラグジュアリー戦略研究は，有力なラグジュアリーブランドの事例に基づき，ラグジュアリーブランドの戦略的成功要因を報告するものが多く，これらはラグジュアリー企業経営に対して多くの戦略的示唆をもたらしている。これらの研究では，店舗立地イメージによる二次的ブランド連想に焦点があてられ，ブランド評価に対する立地の高級感や選択的イメージの貢献が示唆されている。しかしながら，このような研究は，ラグジュアリーブランドの戦略検討に有用である一方，多くの一般企業が参考とするには不十分である。ラグジュアリーブランドにとって有効なマーケティング戦略がブランド特性の異なる非ラグジュアリーブランドにも有効か，という点について研究が不足しているからである。Kapferer and Bastien（2012）やCorbellini and Saviolo（2009）等，非ラグジュアリーブランドへの適用に言及するケースも一部にみられるが，これらの文献も少数の事例に基づくラグジュアリー戦略の適用可能性を述べるに留まっている。したがって，従来のラグジュアリー戦略研究は，ラグジュアリーブランド分析に基づくラグジュアリー企業の為のラグジュアリー戦略研究に留まっているといわざるを得ない。

一方，一般のマーケティング論や消費者行動論における店舗と消費者行動に関する研究では，主にFMCGを取り扱う非ラグジュアリー店舗を対象として，店舗までの距離や移動時間等の買物コストに焦点があてられ，店舗評価に対する立地利便性の効果を指摘するケースが多い（例えば，Ghosh and McLafferty, 1987; Jones and Simmons, 1990; Blackwell et al., 2001）。したがって，ラグジュアリーブランド論と一般ブランドのマーケティング論において，店舗立地のブランド評価に対する影響は，これまで異なるアプローチによって論じられてきたといえる。

他方，本書は，特定の店舗立地イメージによる消費者のブランド態度形成インパクトについて，同一のアプローチに基づきラグジュアリーブランドと非ラグジュアリーブランドの比較分析を試みている点に独自性があり，従来のラグジュアリーブランド論と一般のマーケティング論を架橋し，上掲のリサーチ・ギャップに貢献するものである。

(4)店舗関連要素のブランド評価形成インパクトに関する消費者心理研究におけるリサーチ・ギャップに関する貢献

これまでの店舗研究では，消費者の店舗評価に対する様々な店舗関連要素の影響が考察されている一方，ブランド評価に対する店舗関連要素の直接的な影響に関する研究は不足している。さらに，同一の店舗関連要素による影響が，ブランドのラグジュアリー性水準によって変化する点に関する研究はほとんどみられない。斯かる研究の不足に伴い，店舗関連要素によるブランド評価形成インパクトや，ブランドのラグジュアリー性水準に基づくインパクト変化を引き起こす心理メカニズムについて，これまで活発な議論はみられなかった。したがって，「ラグジュアリーブランドに相応しい立地が，非ラグジュアリーブランドには不釣り合いである」等という消費者心理がどのように生じるか，これまで判然としなかった。

本書は，同一の店舗立地イメージに基づく効果が服飾品ブランドのラグジュアリー性水準に基づいて変化することを実証的に分析し，自己概念調和理論を用いて店舗立地イメージに基づくブランド態度形成時の心理メカニズムを考察した。その結果，消費者は，評価対象となるブランドのラグジュアリー性水準によって参照する自己概念を切り替え，ブランド態度を形成することが示唆された。本書における実証分析を通じて確認された，ブランド態度形成時にはたらく消費者心理メカニズムは，上掲のリサーチ・ギャップについて貢献するものである。

⑸店舗関連要素のブランド評価形成インパクトに関する消費者心理研究におけるSCを用いた心理分析手法の独自性

本書は店舗立地高級感や選択的店舗立地イメージに基づき連想される消費者と現実の自己概念，および理想の社会的自己概念に基づくLSCを，ブランド態度形成時の消費者の心理分析に用いた。その結果，ラグジュアリー性水準が高いラグジュアリーブランドを評価する際，消費者は理想の社会的自己概念を主に参照し，理想社会的LSCからポジティブな態度形成インパクトを受けることが示唆された。一方，ラグジュアリー性水準が低い非ラグジュアリーブランドを評価する際，消費者は現実の自己概念を主に参照し，現実LSCからポジティブな態度形成インパクトを受けることが示唆された。

したがって，一般の消費者はラグジュアリーブランド態度を形成する際，社会的評価懸念等の社会心理的影響を受け，社会的願望に基づく自己イメージと店舗立地に基づく消費者イメージの一致性を気にしていると考えられる。一方，一般の消費者は非ラグジュアリーブランド態度を形成する際，現実の生活における有用性を期待し，現実の自己イメージと店舗立地に基づく消費者イメージの一致性を気にしていると考えられる。

これまで，自己概念のタイプに基づき消費者心理の考察を行う手法はいくつかの研究において見られたものの（例えば，Sirgy, 1985），評価対象となるブランドの特性に基づき異なるタイプのSCの相反する効果を示し，消費者の態度変化要因として説明するという分析手法はほとんどみられない。この点を本書の独自性として挙げておきたい。

⑹SCの心理的効果に関する追加的示唆

SC研究を体系化したSirgy（1982, 1985）は，現実のSCは自己一致性を示し，理想のSCは自尊心を示すことを指摘した。また，当該研究によると，これらのSCが共に高い場合，購買に関する消費者のモチベーションは向上する一方，これらのSCが共に低位にある時，購買に関する消費者のモチベーションは低下する。また，現実のSCが高く（低く）と理想のSCが低い（高い）場合は，消費者のマインド内にコンフリクトが生じる可能性がある。

しかしながら，本書における調査・分析を通じて示唆された心理メカニズムでは，消費者のラグジュアリーブランド態度に対する理想社会的LSCの影響はポジティブである一方，現実LSCの影響は有意でない，または，ネガティブである。また，消費者の非ラグジュアリーブランド態度に対する現実LSCの影響はポジティブである一方，理想社会的LSCの影響は有意でない，または，ネガティブである。

これらの結果は，理想社会的LSCが高く現実LSCが低い場合の方が，これらのLSCが共に高い場合よりもコンフリクトが生じず，消費者のラグジュアリーブランド態度は向上する場合があることを示唆している。また，これらの結果は，現実LSCが高く理想社会的LSCが低い場合の方が，これらのLSCが共に高い場合よりもコンフリクトが生じず，消費者の非ラグジュアリーブランド態度は向上する場合があることを示唆している。

少なくとも服飾品ブランドを評価する際には，現実SCが反映する自己一致性と理想SCが反映する自尊心が相互に逆に動いた場合の方が，ブランド態度が向上する可能性があることを示したという点で，本書は，SCに関するこれまでの研究に追加的示唆を与えるものといえる。

10.3　服飾品企業の店舗立地戦略に関する提言

本書における調査・分析を通じて得られた示唆は，コモディティ化に苦しむ我が国の服飾品企業における店舗立地戦略の精度向上に有用と思われる。ここで，本書で得られた示唆に基づき，服飾品企業経営者に向けて4つの提言を示しておきたい。

⑴周辺的情報による二次的ブランド連想に基づくエクイティ効果の重要性

コモディティ化が深刻な我が国の服飾品業界では，服飾品企業は厳しい市場競争にさらされており，各社の製品やマーケティング戦略は同質化が進んでいる（杉原・染原，2017）。このような環境において，服飾品企業経営者は，自らが直接管理可能なブランドの中心的情報（青木他, 2012）については，既に，入念にマネジメントを行っていると考えられる。しかしながら，相互にベンチマークを続け，業界のベストプラクティスを取り入れた結果，各社が凌ぎを削る中心的情報マネジメントによるブランドの差別化は困難になっているとみられる。

例えば，最も重要なブランドの中心的情報ともいえる製品は，中国や東南アジアにおいて日本向け製品製造を得意とする服飾品ベンダー群から服飾品専門商社を介して調達するサプライチェーンの活用が，品質やコスト面から最も効率的である。商社が多数の服飾品企業の発注をまとめ，生産工場群を集約し，当該商社が構築した国際物流システムや品質管理システムを活用した方が，規模の経済や一括物流の効果が得られやすいからである[1]。また，商社を活用すれば，服飾品企業は海外工場における生産管理や国際貿易を担う組織を自社内に設置する必要はなくなり，販管費削減のメリットも享受できる。

一方，このような商社機能を活用した調達は，当該商社が提案する売れ筋製品を服飾品企業各社がこぞって仕入・販売するという状況に繋がり，製品の同質化を促しコモディティ化を進行させる要因になっているとみられる（杉原・染原, 2017）。しかしながら，服飾品各社が自ら製品を生産・調達しようとすれば，生産ロットや物流ロットは小さくなり，調達コストは上昇するため，コモディティ化市場で競争優位性を維持することは難しくなってしまう。さらに，特異なデザインで製品の差別化を図るということは，換言すれば，売れ筋製品とは異なる品揃えを行うことであり，自社ブランドの市場競争力低下に繋がりかねない。また，今日のサプライチェーンにおいては，販売期中に企画した製品を2～3週間程度で店頭に納品することも可能であり（宮武他, 2006），独自性の高い製品を上市しても競合他社による追随は容易である。斯かる状況に鑑みると，今日，一般の服飾品ブランド事業において，最も重要な中心的情報としての製品属性に基づき差別化を実現することは容易ではないだろう。

ブランドの中心的情報については，製品属性以外のマーケティング要素についても同質化が進んでいるとみられる。例えば，服飾品企業自ら管理可能な広

1　服飾品専門商社の経営幹部に対し2018年に実施したインタビューに基づく。

告宣伝については広告代理店の存在が大きく，コンテンツの企画・制作やコミュニケーションチャネルの選定，広告宣伝効果の測定等を請け負っている。また，服飾品ブランドの重要なコンタクト・ポイントである店舗の設計・施工は店舗施工業者大手による場合が多い。服飾品企業各社が自社の組織を効率化して販管費を圧縮し，外部企業の専門機能を活用した分業を進めるほど，各社のマーケティングミックスが業界のベストプラクティスに似通って収斂してしまうというジレンマが生じるのである。

したがって，今日の服飾品マーケティングにおいては，従来以上に周辺的情報に基づく二次的ブランド連想のエクイティ効果が重要になっているとみられる。本書では，周辺的情報である店舗立地イメージによるブランド態度形成インパクトが明確に確認された。本書で繰返し分析対象としたルイ・ヴィトンやユニクロは，それぞれのセグメントにおいて高度に競争優位性を構築している服飾品ブランドである。本書の結果は，このような消費者に特徴がよく知られている有名ブランドでさえ，製品の品質やデザイン，広告宣伝手法や店舗設計等，ブランドそのものに関する中心的情報は不変でも，周辺的情報である店舗立地を誤るとエクイティが毀損されてしまう可能性を示している。服飾品企業は，マーケティング戦略の策定において，中心的情報と共に周辺的情報の影響を十分検討する必要があるだろう。

⑵ラグジュアリー性水準に基づく店舗立地イメージ効果の変化

本書における一連の調査・分析では，同一の店舗立地に出店した場合でも，ブランドのラグジュアリー性水準によって，立地イメージに基づく効果が変化することが確認された。したがって，一般の服飾品企業がラグジュアリーブランドの店舗立地戦略に追随し，ラグジュアリーブランドと同様に高級感や選択的イメージの高い立地を獲得してもポジティブな効果が得られない可能性がある。コモディティ化に苦しむ我が国の一般服飾品企業が，例えば，ラグジュアリーブランドであるルイ・ヴィトンの業績が良いからといって，ルイ・ヴィトンの店舗が運営されているような立地に出店しても，経営資源の浪費に終わる懸念がある。さらに，当該ブランドのラグジュアリー性水準が非常に低位に留まるケースにおいては，このような店舗立地は，むしろ消費者のブランド態度を低下させる可能性すらある。

一般の服飾品企業が店舗立地戦略を策定する際は，出店検討立地の市場規模や競合店の運営状況等の市場環境を踏まえ，店舗前通行人数，入店率，買上率，購入点数，販売単価等に基づく売上や，店舗家賃，店舗人件費，店舗光熱費，設備投資に基づく減価償却費等に基づく販管費等が検討されるだろう。本書の示唆に鑑みると，これらの損益に直接影響する要素に加え，服飾品企業は店舗立地イメージによる二次的ブランド連想のエクイティ効果について十分検討する必要がある。この際，服飾品企業は，自社ブランドのラグジュアリー性水準に配慮すべきである。出店検討立地の高級感や選択的イメージと自社ブランドのラグジュアリー性水準によって，ブランドエクイティに対する立地イメージの影響がある程度予想できるからである。設置する店舗から得られる直接的な損益に当該効果を加味することで，店舗立地戦略の精度向上が期待できるだろう。

また，本書の結果は，同一の消費者でもブランドのラグジュアリー性水準によって店舗立地イメージによる効果が変化する可能性を示唆している。したがって，服飾品企業は特定の消費者を分析し「当該消費者は特定の立地を好む」等と分類すべきではない。調査・分析の結果に基づくと，例えば「(高級感が高い）銀座でショッピングすることがお気に入り」という消費者をターゲットとしてラグジュアリー性水準の低い服飾品ブランドが銀座に出店しても効果は期待しづらいとみられる。服飾品企業は消費者の購買動向分析を行う際，単なる買物行動地域の確認に留まらず，当該消費者がどこで何を購入するか（したいか）を考察すべきなのである。その際，購買前のブランド評価に影響する要素として，ブランドのラグジュアリー性水準を忘れてはならない。

(3)ブランド態度に対するLSCの影響

本書における調査・分析では，LSCによる消費者の服飾品ブランド態度形成インパクトが確認され，ブランドのラグジュアリー性水準によって効果的なLSCのタイプが変化することが確認された。一連の調査・分析結果に鑑みると，同一の消費者にアプローチする場合でも，ラグジュアリー性水準が高いブランドには理想社会的LSCが効果的であり，ラグジュアリー性水準が低いブランドには現実LSCが効果的だとみられる。

本書で考察したLSCは店舗立地に基づく消費者イメージに関するSCである。したがって，服飾品企業は店舗立地戦略の策定にあたり，出店検討立地における消費者イメージが，自社ブランドのターゲット消費者の自己概念に一致するか検討すべきであろう。その際留意が必要なのは，ブランドを評価する消費者の理想の社会的自己概念と現実の自己概念は異なる点である。調査・分析の結果に鑑みると，服飾品企業は，消費者の社会的願望に対して訴求したい時，理想の社会的自己概念と出店検討立地における消費者イメージを近づけるべきであり，現実のライフスタイルにおける利便性に対して訴求したい時，現実の自己概念と出店検討立地における消費者イメージを近づけるべきだと考えられる。

あわせて，留意が必要なのは，自社ブランドのラグジュアリー性水準である。ラグジュアリー性水準が十分高い場合には，社会的願望に対する訴求が効果的であり，ラグジュアリー性水準が非常に低い場合には，現実のライフスタイルへの適合性について訴求することが効果的だと考えられる。一般の服飾品企業が，自社ブランドのラグジュアリー性水準が低位である状況を顧みず，消費者の理想の社会的自己概念を意識し店舗立地戦略を推進しても効果は期待しづらいとみられる。

(4)新規市場に参入する場合の店舗立地戦略

本書における調査・分析の結果は，未知ブランドに対する店舗立地イメージの効果は期待しづらいことを示唆している。すなわち，初めて見る服飾品ブランドが高級で選択的イメージの高い立地に出店したとしても，消費者は簡単に当該ブランドを好意的に評価するとは限らないのである。

近年，我が国の服飾品市場が低迷する一方で，中国や東南アジア等の新興国市場の成長は目覚ましい。斯かる状況に鑑み，我が国の服飾品企業も海外へ販路を拡大するケースが少なからずみられる。しかしながら，本書の結果に基づくと，新規市場において高級な立地に選択的出店を行うことで，本来のマーケットポジションよりもブランドのラグジュアリー性水準を高く見せかけ，消費者の憧れを喚起し，ブランドに対する好意的評価を獲得するといった戦略は，実効性に疑問が残る。服飾品企業は，自社ブランド本来のラグジュアリー性水準に基づき，当該立地の消費者の好意的態度形成に効果的な水準の高級感や選択的イメージを検討した上で，新規市場における店舗立地戦略を策定すべきであろう。

尚，上掲の4つの提言は，店舗立地イメージによる二次的ブランド連想に基づくブランドのエクイティ効果に関するものであり，店舗が直接生み出す利益については考慮していない。二次的連想によるエクイティ効果が期待できなくても十分な利益貢献が期待される店舗であれば出店は可能であろう。例えば，ラグジュアリー性水準が非常に低位に留まるブランドであっても，特定の高級立地に出店することで店舗による十分な直接的利益が見込めるのであれば，本書は当該出店の不適切性を指摘するものではない。

ただし，この場合，服飾品企業経営者は，「店舗立地イメージに基づく二次的ブランド連想によるエクイティ効果がネガティブであったとしても，その影響を上回るだけの利益が得られるのか」というトレードオフが生じる可能性に留意する必要があるだろう。

10.4　本書の限界と今後の課題

本書では，複数の実証研究を通じて，店舗立地の高級感や選択的イメージ，現実LSC，理想社会的LSC，ブランド態度，およびブランドのラグジュアリー性の関係や，その背景にあるブランド態度形成メカニズムの存在が示唆された。しかしながら，服飾品企業のマーケティング活動における店舗立地戦略に関し，本書で調査・分析，並びに，考察の対象とした要素は限定的であり，本書の示唆を服飾品企業の実務上の指針とするには，未だ限界があるといわざるを得ない。以下に，本書の主な限界を挙げておく。

(1)同一の調査手法に基づく実証研究の限界

本書における一連の実証研究では，回答者は店舗立地と分析対象ブランドの組み合わせを所与の設定として分析対象ブランドを評価した。その結果，図

10-1に示される店舗立地イメージに基づく消費者のブランド態度形成メカニズムが繰り返し確認された。しかしながら，これらの実証研究で分析されたデータは，いずれも同様の手法に基づいていることにより，分析結果の一貫性が高まっている可能性があり，これらの結果を以て当該メカニズムの頑健性が十分に確認されたとは言えない。当該メカニズムの頑健性を確認するには，例えば,「分析対象ブランドにふさわしい立地をオープンに問う」等の異なる調査手法を用いた場合にも本書と同様の結果が得られるか，追加的な研究による考察が望まれる。

⑵ブランドをラグジュアリー，非ラグジュアリーに二分した考察の限界

今日，服飾品市場では様々なブランドが流通しており，これらのラグジュアリー性水準は多様である。本書においても，第3章，第4章，および第6章において分析対象とした10ブランドのラグジュアリー性水準に多様性が確認された。また，第4章および第6章では，これらの多様なラグジュアリー性水準に基づき，店舗立地イメージやユーザー限定性によるブランド評価形成インパクトの変化が考察された。

一方，第5章，第7章，第8章，および第9章では，我が国のラグジュアリー市場で売上が最も大きいルイ・ヴィトンと，我が国最大の服飾品ブランドであるユニクロをそれぞれラグジュアリー，非ラグジュアリーと位置づけ，主たる調査・分析対象として比較考察が行われた。ここでは，ラグジュアリーブランド態度に対する理想社会的LSCのポジティブな効果，並びに非ラグジュアリーブランド態度に対する現実LSCのポジティブな効果が確認された。

しかしながら，これらの心理分析では，ラグジュアリー性水準がルイ・ヴィトンとユニクロの中間にあるようなブランドについては考察されていない。一方，現実にはこのようなブランドが数多く存在しているとみられる。さらに，ラグジュアリー性水準がルイ・ヴィトンを上回ったり，ユニクロを下回るブランドも存在するだろう。したがって，本書の示唆をより一般的なものとするには，態度形成時の消費者心理についても多様なラグジュアリー性水準に基づく考察が望まれる。

(3)店舗立地の高級感と選択的イメージの水準が異なるケースに関する考察の不足

一般的に，選択的イメージが低位であるにも関わらず高級感が高い立地の存在は想定しづらい。厳選性が低く一般的にみられるような立地はありふれたイメージとなり，消費者が特別な知覚を得ることは難しいからである。

一方，高級とはいえない立地を厳選し服飾品店舗を設置することは可能であろう。このような事例は，世界的デザイナーブランドの1つ，マルタンマルジェラにみることができる。高級ブランド，エルメスのデザイナーを務めたことで知られるベルギーのデザイナー，マルタンマルジェラは，自身の名を冠したブランドを1988年に上市し，2000年には東京に直営店舗を設置した（Maison Margiela, 2018）。当該ブランドの直営店は賑やかな商業立地から離れた住宅地や，昭和初期に建立された旧式のビル内に設置され，独特の雰囲気を醸した[2]。

本書では，第8章において，高級感と選択的イメージが共に高い（低い）立地におけるビジネス事例に基づき，仮想的・仮説的フレームに基づくブランド態度形成メカニズムが検証された。しかしながら，高級感が低く選択的イメージが高い立地のケースは検証されていない。実際の服飾品ビジネスにおいてマルタンマルジェラのような事例がみられることから，より実務的な示唆を得るためには，こうしたケースについて追加的な調査・分析が望まれる。

(4)高級立地における非ラグジュアリー企業の店舗設置に関する追加的考察の必要性

本書における実証研究は，調査時点における首都圏在住者のブランド知識および首都圏の店舗立地に基づき，店舗立地の高級感や選択的イメージによる二次的ブランド連想の効果について調査・分析している。したがって，本書は立地利便性によるブランド評価向上や店舗による直接的利益獲得，あるいは，店舗立地に基づくブランド認知向上等の効果について何らかの示唆をもたらすものではない。ゆえに本書の結果を以て，ラグジュアリー性水準が低位に留まるブランドが都心の一等地で店舗を設置・運営し，旅行客や当該地区で行動する

2　服飾品専門商社の経営幹部に対し2018年に実施したインタビューに基づく。

買物客に対して利便性を高めブランド評価向上や収益拡大を目論んだり，ブランド認知向上によるエクイティ効果を狙う戦略が妥当性を欠くとは言い切れない。

これまでの店舗研究では，ニューヨークの五番街等の高級立地に非ラグジュアリー服飾品ブランドが旗艦店舗を設置し，ブランドエクイティ向上を図る事例が報告されている（長沢・菅波, 2012）。また，これまでのブランド研究では，ブランド認知はエクイティを構成する重要な要素の1つであることが指摘されている（Aaker, 1991）。都心の一等地等，高級立地への出店による利便性や認知率向上の効果が，本書が示唆する立地高級感や選択的イメージによるネガティブな影響を上回る場合には，ラグジュアリー性水準の低い服飾品ブランドが高級な都心一等地に出店することにも合理性があると考えられる。したがって，非ラグジュアリーブランド事業における店舗立地の総合的な妥当性評価については，本書で考察していない利便性等の立地要素やブランド認知向上の効果等に関する追加的考察が望まれる。

(5)国内の消費者調査に基づく実証研究の限界

今日，服飾品業界においても有力企業の活動はグローバル化している。一般的に，このような企業は，経営戦略の策定にあたり，マーケティングの手法についてグローバル化すべきか，あるいはローカル化すべきか検討することになろう。この時，戦略策定においては各地域の国民文化が重要な決定要因になる（太田, 2014）と思われる。したがって，今日，グローバルに事業を展開する服飾品企業に有用な示唆を得るには，海外の各地域における消費者調査が求められるだろう。

本書がブランド態度形成時の消費者心理分析において注目した自己概念については，西洋の消費者は独立的な自己概念が強い一方，東洋の消費者は相互依存的自己概念が強いといわれる（Markus and Kitayama, 1991）。また，日本の消費者は同調性を重んじる傾向が強いという指摘もある（Kapferer, 2015）。したがって，本書が示唆する店舗立地イメージと消費者のブランド態度形成に関する一連の要素の関係は，出店対象地域によって変化する可能性がある。

一方，一般的にブランドマネジメントにおいては，ブランドアイデンティティやブランドポジションの首尾一貫性が求められる（Aaker, D., 1996）。出店地域毎にイメージが異なる立地に店舗を設置すると，グローバル市場において首尾一貫したブランド連想を構築することは難しくなると考えられる。したがって，服飾品企業経営者は，店舗立地戦略の策定にあたり，各地域の国民文化を考慮しながら，ローカル化とグローバル化の最適化を図ることが求められよう。

本書における一連の調査・分析は我が国の消費者を対象に行っており，海外地域毎の国民文化に基づく消費者行動の違いを考慮していない。したがって，本書を今日の服飾品企業のグローバル事業に対する示唆とするには限界がある。本書に基づく示唆をより一般的なものとするには，グローバル市場において地域毎の国民文化の違いを考慮した調査・分析が望まれる。

⑹消費者の属性に基づく考察の必要性

本書では服飾品全般に関する購買関与や評価対象ブランドに対するコミットメントの水準に基づく立地イメージ効果の変化について検討したが，消費者の年齢や性別，所得等のデモグラフィクスや社会経済的地位（Socioeconomic Status）との関連は分析していない。例えば，一般消費者との比較において，富裕層にとってラグジュアリーブランドは身近な存在であると思われ，当該ブランドに対する心理は一般の消費者とは異なる可能性がある。また，消費者のライフスタイルが変化し服飾品に関する購買行動が変化しているとの指摘（例えば，経済産業省, 2017）に基づけば，年齢層によってブランド態度形成における消費者心理は異なる可能性がある。性別によって服飾品に対する心理が異なる可能性もあろう。

店舗立地イメージ効果をより精緻に検討するには，消費者の属性に基づく多面的な調査・分析が望まれる。

⑺自己概念調和以外の心理的効果に関する考察の必要性

本書では，店舗立地イメージによるブランド態度形成インパクトが生じる背景にある消費者心理メカニズムについて自己概念調和理論を用いた分析を行った。しかしながら，服飾品ブランドに対する態度形成において，消費者に自己概念調和以外の心理的効果が生じる可能性もあろう。

例えば，同化と対比（例えば，Hovland et al., 1957; Anderson, 1973; 森藤,

2009; 渋谷, 2013）の効果に鑑みると，評価対象となるブランドのラグジュアリー性水準と店舗立地の高級感や選択的イメージの乖離が大きい場合と小さい場合では，立地イメージによる効果が変化するかもしれない。また，参照する消費者のイメージと自己概念の距離の水準によって効果が非線形となる可能性もあろう。

また，解釈レベル（例えば，Trope and Liberman, 2007; 阿部他, 2010;外川他, 2016）によって，店舗立地イメージによる効果が変化する可能性も考えられる。例えば，消費者心理における時間的距離に注目すると，すぐに購入しようとしている服飾品と，いつか欲しいと思っている服飾品では，ブランド評価に対する心理が変化し，店舗立地イメージ効果も異なる可能性があろう。

服飾品ブランド態度に対する店舗立地イメージの影響に関して消費者心理の理解を深めるには，上掲に限らず，様々な心理的効果について多面的な分析が望まれる。

⑻長期的視点に基づくラグジュアリー戦略適用の可能性

本書で行った調査・分析は，調査時点の消費者のブランド連想に基づく店舗立地イメージの影響である。したがって，本書で確認された店舗立地イメージの効果は，あくまで当該時点の態度形成インパクトであり，ブランドエクイティに対する長期的効果を示唆するものではない。例えば，本書では，ラグジュアリー性水準が非常に低位に留まるブランドがラグジュアリーブランドに追随し高級感の高い立地に出店しても，消費者のブランド態度は低下する可能性が示唆された。しかし本書の結果は，例えば,「非ラグジュアリー服飾品企業が，高級店舗立地への選択的出店戦略を20年間継続した場合にポジティブな効果が得られるという可能性」を否定するものではない。店舗立地イメージによる長期的効果について示唆を得るには，本書とは別に改めて調査を設計し，消費者のブランド評価の変化を長期に亘り継続して観察する必要があろう。

⑼インターネットによる通信販売拡大に伴う発展研究の必要性

商品を直接手に取って確認できないことから，従来，インターネットによる通信販売（EC）は嗜好性が高い服飾品の販売に適さないといわれてきた。しかし，我が国においても服飾品販売全体に占めるECの割合は2016年には10%を超えるまでに成長している（日本経済新聞，2018a）。日本最大の服飾品ECサイト「ゾゾタウン」を運営するスタートトゥデイ（東証一部上場）の商品取扱高は2,120億円，売上高は764億円，当期純利益は170億円（2017年3月期）に達し（スタートトゥデイ，2017），2018年には同社の時価総額は1兆円を超えた（日本経済新聞，2017b）。米国発の総合EC企業であるアマゾンも，服飾品分野で本格的に事業の拡大を図っている（日本経済新聞，2018b）。ラグジュアリー市場においても，多くの有力プレイヤーがECを運営している（例えば，Gucci, 2018）。

斯かる状況に鑑み，近年ではECに関する研究も増加しており（例えば，Kassim and Abdullah, 2018），ラグジュアリーブランドが考察の対象とされるケースもみられる（例えば，Okonkwo, 2009）。さらに，ソーシャルメディアの普及に伴い，インターネット上で展開されるコミュニケーションの効果も服飾品ブランド事業において重要なマーケティング要素となってきている（例えば，Kim and Ko, 2010）。

しかしながら，ECは，本書が論じる店舗立地とは直接的な関係はなく，本書で得られた示唆は直接適用しづらい。例えば，非ラグジュアリー服飾品ブランドが，インターネット上の仮想店舗を高級感のある設計にしたり，ラグジュアリーECモールへ選択的に出店することによって，ブランドエクイティ効果が期待できるのか，本書における調査・分析からは判然としない。また，当該効果が，ブランドのラグジュアリー性水準によって変化するか不明である。また，ブリック＆モルタル店舗によって構築されたブランドイメージがECの信頼性に影響するとの実務家の見解もある（日本経済新聞，2018b）。服飾品分野においても，他の製品分野と同様にECが拡大している状況に鑑みると，消費者の服飾品ブランド評価に対するECマーケティング要素とラグジュアリー性水準の影響や，ECにおける消費者行動に対するブリック＆モルタル店舗要素の間接的な影響等について研究の発展が望まれる。

上記に挙げた項目については，各分野における今後の研究蓄積を期待すると共に，自らの今後の研究課題としたい。

参考文献

Aaker, D. A. (1991) *Managing brand equity*, The Free Press.（陶山計介，中田善啓，尾崎久仁博，小林哲訳（1993），『ブランドエクイティ戦略』，ダイヤモンド社）.

Aaker, D. A. (1996) *Building strong brands*, The Free Press.（陶山計介，小林哲，梅本春夫，石垣智徳訳（1997）『ブランド優位の戦略』，ダイヤモンド社）.

Aaker, J. L. (1997) Dimensions of Brand Personality, *Journal of Marketing Research, 34*(3), 347-356

Aaker, J. L. (1999) The malleable self: the role of self-expression in persuasion, *Journal of Marketing Research, 36*(1), 45-57.

Adaval, R. and Monroe, K. B. (2002) Automatic construction and use of contextual information for product and price evaluations, *Journal of Consumer Research, 28*(4), 572-588.

Amine, A. (1998) Consumers' true brand loyalty: the central role of commitment, *Journal of strategic marketing, 6*(4), 305-319.

Anderson, R. E. (1973) Consumer dissatisfaction: The effect of disconfirmed expectancy on perceived product performance, *Journal of marketing research, 10*(1), 38-44.

AOKIホールディングス（2017）『IRライブラリー』，http://ir.aoki-hd.co.jp/ja/IRFiling.html, accessed on 10 September 2017.

Assarut, N. (2008) *The effect of self-congruity on brand attitude and purchase intention*, PhD Thesis, Hitotsubashi University.

AT Kearney (2014)「平成25年度クールジャパンの芽の発掘・連携促進事業調査報告書（ファッション業況調査およびクールジャパンのトレンド・セッティングに関する波及効果・波及経路の分析）」, http://www.meti.go.jp/press/2014/07/20140716002/20140716002-1.pdf, accessed on 17 July 2016.

Bain & Company (2016a)「世界の高級品レポート（2016年春季版）」，http://www.bain.com/offices/tokyo/ja/press/worldwide-luxury-goods-study-spring-2016-tokyo.aspx, accessed on 27 August 2016.

Bain & Company (2016b) *Luxury Goods Worldwide Market Study (Fall–Winter 2016)*, http://www.bain-company.ch/en/Images/REPORT_Luxury_ Goods_Worldwide_Markt_Study_2016.pdf, accessed on 3 January 2017.

Barney, J. B. (1995) Looking inside for competitive advantage, *Academy of Management Executive, 9*(4), 49-61.

Barney, J. B. (2002) Gaining and Sustaining Competitive Advantage, Second Edition, Prentice Hall.（岡田大訳（2003）『企業戦略論』，ダイヤモンド社）.

Bellaiche, J. M., Pochtler, A. M., and Hanisch, D. (2010) The new world of luxury, *BCG Perspectives*, Boston Consulting Group, https://www. Bcgperspectives.com/content/articles/retail_branding_communication _new_world_of_luxury/. accessed 17 July 2016.

Beristain, J. J. and Zorrila P. (2011) The relationship between store image and store brand equity: A conceptual framework and evidence from hypermarkets, *Journal of Retailing and Consumer services, 18*(6), 562-574.

Blackwell, R. D., Miniard, P. W. and Engel, J. F. (2001) Consumer Behavior, Ninth Edition, Harcourt, Inc.

Bloomberg (2015) *Vuitton looks to close Chinese shops amid luxury slow down,* https://www.bloomberg.com/news/articles/2015-11-17/vuitton-looks-for-shops-to-close-in-china-amid-luxury-slowdown, accessed on 20 February 2017.

Brealey, R. A. and Myers, S. C. (1988) *Principals of corporate finance: 3rd edition,* McGraw-Hill Inc., New York.

Catry, B. (2003) The great pretenders: the magic of luxury goods, *Business Strategy Review, 14*(3), 10-17.

Chebat, J. C., Sirgy, M. J., and Grzeskowiak, S. (2010) How can shopping mall management best capture mall image?, *Journal of Business Research, 63(7),* 735-740.

Chebat, J. C., Sirgy, M. J., and St-James, V. (2006) Upscale image transfer from malls to stores: A self-image congruence explanation, *Journal of Business Research, 59,* 1288-1296.

Christensen, C. and Raynor, M. E. (1997) *The Innovator's Dilemma,* Harvard Business School Press.（玉田俊平太，伊豆原弓訳（2001）『イノベーションのジレンマ（増補改訂版）』，翔泳社）.

Christensen, C. and Raynor, M. E. (2003) *The Innovator's Solution,* Harvard Business School Press.（玉田俊平太，櫻井祐子（2003）『イノベーションへの解』，翔泳社）.

Collins-Dodd, C. and Lindley, T. (2003) Store brands and retail differentiation: the influence of store image and store brand attitude on store own brand perceptions, *Journal of Retailing and Consumer Services, 10*(6), 345–352.

Corbellini, E. and Saviolo, S. (2009) *Managing fashion and luxury companies,* RCS Libri S.p.A.（長沢伸也，森本美紀訳（2013）『ファッション＆ラグジュアリー企業のマネジメント』，東洋経済新報社）.

D'Arpizio, C., and Levato, F. (2018) *ALTAGAMMA 2018 Worldwide Luxury Market Monitor,* https://altagamma.it/media/source/WORLDWIDE%20LUXURY%20MARKET%20MONITOR_BAIN.pdf, accessed on 15 November 2018.

Das, G. (2014) Impacts of retail brand personality and self-congruity on store loyalty: The moderating role of gender, *Journal of Retailing and Consumer Services, 21*(2), 130-138.

Das, G. (2015) Linkages between self-congruity, brand familiarity, perceived quality and purchase intention: A study of fashion retail brands, *Journal of Global Fashion Marketing, 6*(3), 180-193.

Dawson, S. and Cavell, J. (1986) Status recognition in the 1980s: Invidious distinction revised, *Advances in Consumer Research, 14,* 487-491.

Delgado-Ballester, E., Hernandez-Espallardo, M., and Rodriguez-Orejuela, A. (2013) Store image influences in consumers' perceptions of store brands: the moderating role of value consciousness, *European Journal of Marketing 48* (9/10), 1850-1869.

Diallo, M. F. (2012) Effects of store image and store brand price-image on store brand purchase intention: Application to an emerging market, *Journal of Retailing and Consumer Services, 19*(3), 360-367.

Diallo, M. F, Burt, S., and Sparks, L. (2015) The influence of image and consumer factors on store brand choice in the Brazilian market, *European Business Review, 27*(5), 495-512.

Diallo, M. F, Chandon, J. L., Cliquet, G., and Philippe, J. (2013) Factors influencing consumer behavior towards store brands: evidence from the French Market, *International Journal of Retail and Distribution Management 41*(6), 422-441.

Dion, D. and Arnould, E. (2011) Retail luxury strategy: assembling charisma through art and magic, *Journal of Retailing, 87*(4), 502-520.

Dolich, I. J. (1969) Congruence relationships between self images and product brands, *Journal of Marketing Research, 6*(1), 80-84.

Donvito, R., Aiello, G., Godey, B., Pederzoli, D., Wiedmann, K. P., Hennings, N., Klarmann, C., Chan, P., Halliburton, C., Tsuchiya, J., Koyama, T., Skorobogatykh, I. I., Weitz, B., Oh, H., Ewing, M., Newton, J., Lee, Y., Fei, L., Chen, C. R. (2016) Are You Like Me? I Will Be Attached to You: Empirical Findings from an International Research About Consumer, Brand and Store Personality Congruence in Luxury Sector, *In Looking Forward, Looking Back: Drawing on the Past to Shape the Future of Marketing*, 295-304, Springer International Publishing.

Dubois, B. and Paternault, C. (1995) Observations: understanding the world of international luxury brands: the dream formula, *Journal of Advertising Research, 35*(4), 69-76.

Dubois, B., Laurent, G., and Czellar, S. (2001) *Consumer rapport to prestige: Analyzing complex and ambivalent attitudes, Working Paper 736 Jouy-en-Josas,* HEC School of Management, France.

Eagle, T. C. (1984) Parameter stability in disaggregate retail choice models: experimental evidence, *Journal of Retailing, 60*(1), 101-123.

Earl, P. E. (1990) Economics and psychology: a survey, *The Economic Journal, 100*, 718-755.

Eastman, J. K., Goldsmith, R. E., and Flynn, L. R. (1999) Status consumption in consumer behavior: Scale development and validation, *Journal of Marketing Theory and Practice 7*(3), 41-51.

Ehbauer, M. and Gresel, R. (2013) Measuring and managing service performance of luxury stores: development of a balanced scorecard, *The Service Industries Journal, 33*(3-4), 337-351.

El-Adly, M. I. (2007) Shopping malls attractiveness: a segmentation approach, *International Journal of Retail and Distribution Management, 35*(11), 936-950.

Engel, J. F. and Blackwell, R. D. (1982) *Consumer Behavior: Fourth Edition,* CBS College Publishing.

Fionda, A. M., and Moore, C. M. (2009) The anatomy of the luxury fashion brand, *Journal of brand management, 16*(5-1), 347-363.

Fishbein M. and Ajzen I. (1975) *Belief, Attitude, Intention, and Behavior*, Addison-Wesley Publishing Company.

Fornell, C. and Larcker, D. F. (1981) Evaluating Structural Equation Models with Unobservable Variables and Measurement Error, *Journal of Marketing Research, 18*(1), 39-50.

Fullerton, G. (2005) The impact of brand commitment on loyalty to retail service brands, *Canadian Journal of Administrative Science, 22*(2), pp. 97-110.

Ghosh, A. and McLafferty, S. L. (1987) *Location strategies for retail and service firms*, Lexington Books.

Graeff, T. R. (1996) Image congruence effects on product evaluations: The role of self-monitoring and public/private consumption, *Psychology and Marketing, 13*(5), 481-499.

Graeff, T. R. (1997) Consumption situations and the effects of brand image on consumers' brand evaluations, *Psychology and Marketing, 14*(1), 49-70.

Grubb, E. L. and Grathwohl, H. L. (1967) Self-concept, symbolism and market behavior: a theoretical approach, *Journal of Marketing, 31*(4), 22-27.

Gucci（2018）「公式オンラインショップ」, https://www.gucci.com/jp/ja/?gclid=CjwKCAiA-9rTBRBNEiwAt0ZnwwYhy664OMesXcyGuFYAT_cK0e0QQxqW_Y30C2uIrdRfBUdyYbwdjhoCunkQAvD_BwE, accessed on 4 February 2018.

H&M (2017) *History,* http://about.hm.com/en/about-us/history.html, accessed on 26 November 2017.

Hair, J. F., Anderson, R. E., Tatham, R. L., and Black, W. C. (1998) *Multivariate Data Analysis, Fifth Edition,* Prentice-Hall, Inc.

Hair, J. F., Black, W. C., Babin, B. J., and Anderson, R. E. (2014) *Multivariate Data Analysis, Seventh*

Edition, Peason Education.

Han, Y. J., Nunes, J. C., and Drèze, X. (2010) Signaling status with luxury goods: The role of brand prominence. *Journal of Marketing, 74*(4), 15-30.

Hara, K. (2016) Luxury brands downsizing in China, *Nikkei Asian Review,* http://asia.nikkei.com/Business/Trends/Luxury-brands-downsizing-in-China, accessed 20 February 2017.

Heine, K. (2011) *The concept of luxury brands, Edition 1.0,* Technische Universitat, Berlin.

Heine, K. (2012) *The concept of luxury brands,* Technische Universitat, Berlin.

Heine, K. and Phan, M. (2011) Trading-up mass-market goods to luxury products, *Australasian Marketing Journal 19* (2), 108-114.

Hermès (2017) Financial Report 2016, https://finance.hermes.com/en/Reports-and-Presentations/Annual-reports, accessed on 26 November 2017.

Hines, T. and Bruce, M. (2007) *Fashion marketing,* Routledge.

Hovland, C. I., Harvey, O. J., and Sherif, M. (1957) Assimilation and contrast effects in reactions to communication and attitude change, *The Journal of Abnormal and Social Psychology, 55* (2), 244-252.

Huff, D. L. (1962) *Determination of intra-urban retail trade areas,* Real Estate Research Program, Graduate Schools of Business Administration, University of California.

Inditex (2017) *About us,* https://www.inditex.com/about-us/our-brands/zara, accessed on 26 November 2017.

JR東日本（2016）「各駅の乗車人員」, http://www.jreast.co.jp/passenger/index.html, accessed on 17 July 2016.

Jakobsen, M. and Jensen, R. (2015) Common method bias in public management studies, *International Public Management Journal, 18*(1), 3-30.

Jones, K. G. and Simmons, J. W. (1990) *The retail environment,* Routledge.（藤田直晴，村山祐治監訳（1991）『商業環境と立地戦略』，大明堂）.

Kapferer, J. N. (1998) Why are we seduced by luxury brands?, *Journal of Brand Management, 6*(1), 44-49.

Kapferer, J. N. (2012a) *The New Strategic Brand Management, Fifth Edition,* Kogan Page Ltd.

Kapferer, J. N. (2012b) Abundant rarity: The key to luxury growth, *Business Horizons, 55*(5), 453-462.

Kapferer, J. N. (2015) *Kapferer on Luxury: How luxury brands can grow yet remain rare,* Kogan Page Ltd.（長沢伸也監訳（2017）『カプフェレ教授のラグジュアリー論（いかにラグジュアリーブランドが成長しながら稀少であり続けるか）』，同友館）.

Kapferer, J. N. and Bastien V. (2009) The specificity of luxury management: Turning marketing upside down, *Journal of Brand Management, 16*(5/6), 311-322.

Kapferer, J. N. and Bastien, M. (2012) *The Luxury Strategy: Break the Rules of Marketing to Build Luxury Brands Second Edition,* Kogan Page Ltd.

Kapferer, J. N. and Valette-Florence, P. (2016) Beyond rarity: the paths of luxury desire: How luxury brands grow yet remain desirable, *Journal of Product and Brand Management, 25*(2), 120-133.

Kassim, N. and Asiah Abdullah, N. (2010) The effect of perceived service quality dimensions on customer satisfaction, trust, and loyalty in e-commerce settings: A cross cultural analysis, *Asia Pacific Journal of Marketing and Logistics, 22*(3), 351-371.

Kastanakis, M. and Balbanis G. (2012) Bandwagon, Snob, and Veblen Effects in Luxury Consumption, *Advances in Consumer Research, 38,* 609-611.

Kasulis, J. J. and Lusch, R. F. (1981) Validating the retail store image concept, *Journal of the Academy of Marketing Science*, *9*(4), 419-435.

Keller, K. L. (1993) Conceptualizing, measuring, and managing customer-based brand equity. *the Journal of Marketing, 57*(1), 1-22.

Keller, K. L. (1998) *Strategic Brand Management,* Peason Education Inc.（恩蔵直人，亀井昭宏訳（2000）『戦略的ブランド・マネジメント』，東急エージェンシー）.

Keller, K. L. (2009) Managing the growth tradeoff: Challenges and opportunities in luxury branding, *Journal of brand management, 16*(5-1), 290-301.

Kering (2017b) *Brands,* http://www.kering.com/en/brands/luxury/gucci, accessed on 26 Nobember 2017.

Kering (2017a) *Finance: Publications,* http://www.kering.com/en/finance/ publications, accessed on 10 September 2017.

Kim, A. J. and Ko, E. (2010) Impacts of luxury fashion brand's social media marketing on customer relationship and purchase intention, *Journal of Global Fashion Marketing, 1*(3), 164-171.

Kim, W. C. and Mauborgne, R. (1999) Creating new market space, *Harvard Business Review, January-February*, 83-93.

Kim, W. C. and Mauborgne, R. (2005) *Blue Ocean Strategy,* Harvard Business School Publishing Corporation.（有賀裕子訳（2005）『ブルー・オーシャン戦略』，講談社）.

Kinch, J. W. (1963) A Formalized Theory of the Self-Concept, *American Journal of Sociology, 68*(4), 481-486.

Kojima, S. (1994) Psychological approach to consumer buying decisions: Analysis of the psychological purse and psychology of price, *Japanese Psychological Research, 36*(1), 10-19.

Kotler, P. and Keller, K. L. (2006) *Marketing Management, 12nd Edition,* Pearson Education Inc.（恩蔵直人監訳，月谷真紀訳（2014）『コトラー andケラーのマーケティング・マネジメント第12版』，丸善出版）.

Kressmann, F., Sirgy, M. J., Herrmann, A., Huber, F., Huber, S., and Lee, D. J. (2006) Direct and indirect effects of self-image congruence on brand loyalty, *Journal of Business Research, 59*(9), 955-964.

Kumagai, K. and Nagasawa, S. (2016a) The influence of social self-congruity on Japanese consumers' luxury and non-luxury apparel brand attitudes, *Luxury Research Journal, 1*(2), 128-149.

Kumagai, K. and Nagasawa, S. (2016b) The Influence of Perceived Rarity and Luxuriousness on Consumers' Brand Attitudes: Observations in Japan, *Journal of Advanced Computational Intelligence and Intelligent Informatics, 20*(4), 504-511.

Kumagai, K. and Nagasawa, S. (2017a) Consumers' perceptions of store location effect on the status of luxury, non-luxury, and unknown apparel brands, *Journal of Global Fashion Marketing, 8*(1), 21-39.

Kumagai, K. and Nagasawa, S. (2017b) The effect of selective store location strategy and self-congruity on consumers' apparel brand attitudes toward luxury versus non-luxury, *Journal of Global Fashion Marketing, 8*(4), 266-282.

Kumagai, K. and Nagasawa, S. (2019) Psychological switching mechanism of consumers' luxury and non-luxury brand attitude formation: The effect of store location prestige and self-congruity, *Heliyon, 5*(5), e01581.

LVMH (2017a) *Fashion & Leather Goods,* https://www.lvmh.com/houses/fashion-leather-goods/louis-vuitton/, accessed on 31 January 2018.

LVMH (2017b) *Investors,* https://www.lvmh.com/investors/, accessed on 10 September 2017.

Lee, C. H., Ko, E., Tikkanen, H., Phan, M. C. T., Aiello, G., Donvito, R., and Raithel, S. (2014) Marketing mix and customer equity of SPA brands: Cross-cultural perspectives, *Journal of Business Research, 67*(10), 2155-2163.

Leibenstein, H. (1950) Bandwagon, Snob, and Veblen Effects in the Theory of Consumers' Demand, *The Quartely Jounal of Economics, 64*(2), 183-207.

Levy, S. J. (1959) Symbols for sale, *Harvard Business Review, 37*(4), 117-124.

Liljander, V., Polsa, P., and Van Riel, A. (2009) Modelling consumer responses to an apparel store brand: Store image as a risk reducer, *Journal of Retailing and Consumer Services, 16*(4), 281-290.

Liu, F., Li, J., Mizerski, D., and Soh, H. (2012) Self-congruity, brand attitude, and brand loyalty: a study on luxury brands, *European Journal of Marketing 46* (7/8), 922-937.

Luxury Institute (2017) *Product and Services,* http://luxuryinstitute.com/ Luxury Institute/products_services/luxury-intelligence/, accessed on 15 October 2017.

Maison Margiela (2018) *La Maison,* https://www.maisonmargiela.com/gb/lamaison, accessed on 2 August 2018.

Malhotra, N. K. (1983) A threshold model of store choice, *Journal of Retailing, 59*(2), 3-21.

Markus, H. R. and Kitayama, S. (1991) Culture and the Self: Implications for Cognition, Emotion, and Motivation, *Psychological Review, 98*(2), 224-253.

Martineau, P. (1958) The personality of the retail store, *Harvard Business Review, 36*, 47-55.

Mason, R. (1998) *The economics of conspicuous consumption,* Edward Elgar Publishing Ltd.（鈴木信雄，高哲男，橋本努訳（2000）「顕示的消費の経済学」，名古屋大学出版会）.

Meyer, R. J. and Eagle, T. C. (1982) Context-induced parameter instability in a disaggregate-stochastic model of store choice, *Journal of Marketing Research, February 1982*, 62-71.

Millward Brown (2014) *BrandZ 2014: Most valuable global brands 100,* http://www.millwardbrown.com/docs/default-source/global-brandz-downloads/global/2014_BrandZ_Top100_Report.pdf, accessed on 3 January 2015.

Millward Brown (2019) *BrandZ 2019: Most valuable global brands 100,* http://www.millwardbrown.com/brandz/rankings-and-reports/top-global-brands/2019, accessed on 12 October 2019.

Mittal, B. (1989) Measuring Purchase-Decision Involvement, *Psychology and Marketing, 6*(2), 147-162.

Nueno, J. L., and Quelch, J. A. (1998) The mass marketing of luxury, *Business Horizons, 41(6)*, 61-68.

Okonkwo, U. (2009) Sustaining the luxury brand on the Internet, *Journal of brand management, 16*(5-6), 302-310.

Onkvisit, S. and Shaw, J. (1987) Self-concept and image congruence: Some research and managerial implications, *Journal of Consumer Marketing, 4*(1), 13-23.

O'Cass, A. and Frost, H. (2002) Status brands: examining the effects of non-product related brand associations on status and conspicuous consumption, *The Journal of Product and Brand Management, 11*(2), 67-86.

Pan, Y. and Zinkhan, G. M. (2006) Determinants of retail patronage: a meta-analytical perspective, *Journal of retailing, 82*(3), 229-243.

Peterson, R. A. (1994) A meta-analysis of Cronbach's Coefficient Alpha, *Journal of Consumer Research, 21*(2), 381-391.

Petty, R. E. and Cacioppo, J. T. (1986) The elaboration likelihood model of persuasion, *Advances in Experimental Social Psychology, 19,* 124-181.

Petty, R. E., and Cacioppo, J. T. (1996) *Attitudes and persuasion: Classic and contemporary approaches,* Westview Press.

Phau, I. and Prendergast, G. (2000) Consuming luxury brands: The relevance of the Rarity Principal, *Journal of Brand Management, 8*(2), 122-138.

Pine II, B. J. and Gilmore, H. G. (1999) *The Experience Economy,* Harvard Business School Press.（森住正弘，岡本慶一，望月裕，本庄美佳，小高尚子，藤田宏俊訳（2000）『経験経済』，流通科学大学出版）．

Podsakoff, P. M. and Organ, D. W. (1986) Self-reports in organizational research: Problems and prospects, *Journal of management, 12*(4), 531-544.

Porter, M. E. (1979) How competitive forces shape strategy, *Harvard Business Review, 86*(1), 79-93.

Porter, M. E. (1980) *Competitive Strategy,* The Free Press.（土岐坤，中辻萬治，服部照夫訳（1982）『競争の戦略』，ダイヤモンド社）．

Prada (2017) *Group/Brands,* https://www.pradagroup.com/en/brands/prada.html, accessed on 28 January 2018.

Ralph Lauren (2017) *History,* https://www.ralphlauren.com/about-us/global-aboutus.html, accessed on 26 November 2017.

Richmont (2017) *Investor Relations,* https://www.richemont.com/investor- relations.html, accessed on 10 September, 2017.

Rogers, E. M. (1995) *Diffusion of Innovations Fifth Edition,* Simon & Shuster.（三藤利雄訳（2007）『イノベーションの普及』，翔泳社）．

Roselius, T. (1971) Consumer rankings of risk reduction methods, *Journal of Marketing, 35*, 56-61.

Ross, I. (1971) Self-concept and brand preference, *The Journal of Business, 44*(1), 38-50.

S&P Dow Jones (2017) *S&P Dow Jones Indices (Global Luxury Index),* http://us.spindices.com/indices/equity/sp-global-luxury-index, accessed on 28 January 2018.

Schmitt B. H. (1999) *Experiential Marketing,* The Free Press.（嶋村和恵，広瀬盛一訳（2000）『経験価値マーケティング』，ダイヤモンド社）．

Sheth, J. N., Newman, B. I., and Gross, B. L. (1991) Why we buy what we buy: A theory of consumption values, *Journal of business research, 22*(2), 159-170.

Sirgy, J. (1982) Self-concept in consumer behaviour: a critical review, *Journal of Consumer Research 9*(3), 287-300.

Sirgy, J. (1985) Using self-congruity and ideal congruity to predict purchase motivation, *Journal of Business Research, 13* (3), 195-206.

Sirgy, J., Grewal, D., Mangleburg, T.F., Park, J., Chon, K., Claiborne, C.B., Johar, J.S., and Berkman, H. (1997) Assessing the predictive validity of two methods of measuring self-image congruence, *Journal of the Academy of Marketing Science 25*(3), 229-241.

Snyder, M. (1974) Self-monitoring of expressive behavior, *Journal of Personality and Social Psychology, 30*(4), 526-537.

Som, A. and Blanckaert, C. (2015) *The road to luxury,* John Wiley and Sons Singapore Pte. Ltd.

Som, A., and Pape, N. (2015) Brand and line extensions: an empirical study from the new age luxury industry, *Luxury Research Journal, 1*(1), 18-39.

Stephenson, P. R. (1969) Identifying determinants of retail patronage, *The Journal of Marketing, 33*(3), 57-61.

Toast (2017) *About us*, https://www.toa.st/uk/about-us.htm, accessed on 20 December 2017.

Tommy Hilfger (2017) *Biography*, http://global.tommy.com/int/en/about/overview/13, accessed on 26 November 2017.

Torelli, C. J. (2006) Individuality or Conformity? The Effect of Independent and Interdependent Self-Concepts on Public Judgments. *Journal of Consumer Psychology, 16*(3), 240-248.

Trope, Y., Liberman, N., and Wakslak, C. (2007) Construal levels and psychological distance: Effects on representation, prediction, evaluation, and behavior, *Journal of consumer psychology, 17*(2), 83-95.

Tversky, A. and Kahneman, D. (1981) The framing of decisions and the psychology of choice. *Science 211*, 453-458

Veblen, T. B. (1899) *The theory of leisure class: An economic study in the evolution of institutions*, Macmillan.（高哲男訳（1998）『有閑階級の理論』，ちくま学芸文庫）.

Vigneron, F. and Johnson, L.W. (1999) A review of a conceptual framework of prestige-seeking consumer behavior, *Journal of the Academy of Marketing Science, 1999*(1), 1-15.

Vigneron, F. and Johnson, L.W. (2004) Measuring perceptions of brand luxury, *Journal of Brand Management, 11*(6), 484-506.

Ward, D., and Chiari, C. (2008) *Keeping luxury inaccessible (MPRA Paper No. 11373)*, Munich University.

Wiedmann, K.P., Hennings, N., and Siebels, A. (2009) Value-based segmentation of luxury consumption behavior, *Psychology and Marketing, 26*(7), 625-651.

Woodside, A. G. (1973) Patronage motives and marketing strategies, *Journal of Retailing, 49*(1), 35-44.

Wu, P. C., Yeh, G. Y. Y., and Hsiao, C. R. (2011) The effect of store image and service quality on brand image and purchase intention for private label brands, *Australasian Marketing Journal, 19*(1), 30-39.

アダストリアホールディングス（2017）「IRライブラリー」，https://www.adastria.co.jp /ir/library/, accessed on 10 September 2017.

アリオ亀有（2017）http://www.ario-kameari.jp/web/, accessed 26 November 2017.

イオン（2017）「沿革」，https://www.aeon.info/company/enkaku/, accessed on 10 September 2017.

コナカ（2016）「IR情報」，http://www.konaka.co.jp/ir/kesan.html, accessed on 10 December 2016.

しまむら（2017）「IR情報：財務・株式データ」，https://www.shimamura.gr.jp/finance/data/, accessed on 10 September 2017.

スタートトゥデイ（2017）「通期決算説明資料」，https://s3-ap-northeast-1.amazonaws.com/image-contents/wp/wp-content/uploads/2017/04/J_ 2017_4Q.pdf, accessed on 30 Apr 2017.

パルグループホールディングス（2017）「IR情報」，http://www.palgroup.holdings/irinfo/, accessed on 10 September 2017.

はるやまホールディングス（2017）「IR情報」，http://www.haruyama.co.jp/ir/ir_date.php, accessed on 12 October 2017.

ファーストリテイリング（2016）「IRライブラリー」，http://www.fastretailing.com/jp/ir/library/, accessed on 10 December 2016.

ファーストリテイリング（2017）「沿革」，http://www.fastretailing.com/jp/about/history/, accessed on 26 November 2017.

マクロミル（2013）『マクロミルモニターのライフスタイル調査』，マクロミル．

ユーレット（2017）『業績ランキング』，http://www.ullet.com/search/market/1.html, accessed on 12

October 2017.

ユナイテッドアローズ（2017）『IRライブラリー』，https://www.united-arrows.co.jp/ir/lib/index.html，accessed on 10 September 2017.

ルミネ（2017）http://www.lumine.ne.jp，accessed on 26 Novemver 2017.

青木幸弘，新倉貴士，佐々木壮太郎，松下光司（2012）『消費者行動論（マーケティングとブランド構築への応用）』，有斐閣．

青木幸弘，徳山美津恵，四元正弘，井上淳子，菅野佐織，宮澤薫（2011）『価値共創時代のブランド戦略（脱コモディティ化への挑戦）』，ミネルヴァ書房．

青山商事（2017）『IRライブラリー』，http://www.aoyama-syouji. co.jp/ir/library/，accessed on 10 September 2017.

阿部周造，守口剛，恩蔵直人，竹村和久（2010）「解釈レベル理論を用いた消費行動の分析」，『行動経済学』，3, 178-182.

池尾恭一（1999）『日本型マーケティングの革新』，有斐閣

井上淳子（2009）「ブランドコミットメントと購買行動の関係」，『流通研究』，12(2), 3-21.

岩村充（2013）『コーポレートファイナンス』，中央経済社．

太田正孝（2016）『異文化マネジメントの理論と実践』，同文館出版．

小塩真司（2008）『はじめての共分散構造分析』，東京都書．

恩蔵直人（2007）『コモディティ化市場のマーケティング論理』，有斐閣．

片平秀貴（1999）『パワーブランドの本質』，ダイヤモンド社．

加藤雄一郎，金井明人，往済彰文（2001）「認知科学にもとづく広告マネジメントフレーム開発に向けて（ブランド知識形成プロセスの検証・設計方法に関する一考察）」，『季刊マーケティングジャーナル』，80, 13-24.

狩野裕，三浦麻子（2007）『グラフィカル多変量解析増補版』，現代数学社．

神田範明，大藤正，岡本真一，今野勤，長沢伸也（1995）『商品開発七つ道具』，日科技連．

木下明浩（2004）「製品ブランドから製品・小売ブランドへの発展（1970年代ワールドの事例）」，『立命館経営学』，43(2), 113-137.

金順心（2009）「ラグジュアリーブランドの消費者行動研究の系譜と今後の課題」，『早稲田大学商学研究科紀要』，68, 175-185.

熊谷健，長沢伸也（2015）「ラグジュアリーブランドの国内市場におけるポジショニングとKey Success Factor（L-KSF）に関する実証的研究（ラグジュアリーブランドの価値向上に向けた戦略の考察）」，『日本感性工学会論文誌』，14(2), 257-268.

熊谷健，長沢伸也（2017）「服飾品ブランド態度に対する店舗立地イメージと自己概念調和の影響（ブランドのラグジュアリー性水準に基づく店舗開発戦略の検討）」，『商品開発・管理研究』，14(1), 21-43.

熊谷健，長沢伸也（2018）「服飾品企業の店舗立地戦略に対するラグジュアリー戦略の適用可能性（ブランドエクイティに対する立地イメージ効果の考察）」，『商品開発・管理研究』，14(2), 54-78.

経済産業省（2017）『消費者理解に基づく消費経済市場の活性化研究会（消費インテリジェンス研究会）報告書』，http://www.meti.go.jp/press/2016/03/20170331005/20170331005-1.pdf，accessed on 31 January 2018.

研究社（2008）『ルミナス英和・和英辞典』，http://www.kenkyusha.co.jp/modules/08_luminous/index.php?content_id=1，accessed on 24 July 2017.

広辞苑第六版（2008）岩波書店

神山進（1997）『消費者の心理と行動（リスク知覚とマーケティング対応）』，中央経済社．

神山進，高木修（1987a）「ファッション・リスクに関する研究（第1報）（知覚されたファッション・

リスクの構造）」，『日本衣服学会誌』, 31(1), 32-39.
神山進，高木修（1987b）「ファッション・リスクに関する研究（第2報）（ファッション・リスクの知覚に影響する個人的要因）」，『日本衣服学会誌』, 31(1), 40-46.
神山進，高木修（1993）「知覚されたファッション・リスクにもとづく商品分類法（男子の衣料品/お洒落用品について）」，『繊維製品消費か学士』, 34(10), 548-560.
神山進，苗村久恵，高木修（1993）「知覚されたファッション・リスクにもとづく商品分類の提案（女子の衣料品/お洒落用品について）」，『繊維製品消費科学誌』, 34(1), 29-40.
神山進，苗村久恵，田中早苗，高木修（1990）「知覚されたファッション・リスクとその低減戦略に関する研究」，『繊維製品消費科学誌』, 31(4), 190-201.
小嶋外弘（1986）『価格の心理』，ダイヤモンド社.
斉藤孝浩（2014）『ユニクロ対ZARA』，日本経済新聞出版社.
坂口孝則（2015）「イオンは，なぜここまで苦戦しているのか」，『東洋経済オンライン』，http://toyokeizai.net/articles/-/64984, accessed on 20 July, 2016.
渋谷覚（2013）『類似性の構造と判断（他者との比較が行動を変える）』，有斐閣.
清水聰（1989）「ストア・パトロネージの研究―衣料品専門店のストア・パトロネージ形成要因について―」，『三田商学研究』, 32(4), 58-71.
清水聰（1996）「ストア・ロイヤルティと店舗選択」，『消費者行動研究』，3(2)，31-44.
清水聰（1999）『新しい消費者行動』，千倉書房.
杉原淳一，染原睦美（2017）『誰がアパレルを殺すのか』，日経BP.
杉本徹雄（1993）「ブランド志向の態度構造分析」，『広告科学』, 27, 101-105.
杉本徹雄，竹村和久，堀内圭子，棚橋菊夫，堀啓造，秋山学，中谷内一也，永野光朗（1997）『消費者理解のための心理学』，福村出版.
繊研新聞（2015）「百貨店売上高ランキング」，繊研新聞，2015年7月21日.
総務省（2016）『人口推計』，http://www.stat.go.jp/data/jinsui/2016np/index.htm, accessed on 28 January 2018.
総務省（2018）『家計調査年報2018年』，http://www.stat.go.jp/data/kakei/2018np/index.html, accessed on 12 October 2019.
高橋広行（2014）「消費者視点のリテール・ブランド・エクイティ――食品スーパーを対象にしたモデルの検討――」，『マーケティングジャーナル』, 33(4), 57-74.
寺崎新一郎（2013）「ラグジュアリー戦略の誕生とラグジュアリー・ブランドの概念規定の再検討」，『早稲田大学商学研究科紀要』, 77, 139-161.
寺村英信（2016）「アパレルサプライチェーン研究会等について」，第50回IFI繊維ファッションビジネス研究会，2016年5月7日.
寺本高，西尾チヅル（2012）「ブランド・ロイヤルティの形成におけるブランド・コミットメントの長期効果」，『流通研究』, 14(2), 77-96.
東洋経済（2016）「最新版「新・企業力ランキング」トップ300社」，http://toyokeizai.net/articles/print/108548, accessed on 17 July 2016.
外川拓，石井裕明，恩蔵直人（2016）「パッケージへの画像掲載が製品評価に及ぼす効果（解釈レベル理論にもとづく検討）」，『流通研究』, 18(1), 7-27.
中野香織（2005）「店舗内複合要因が消費者に与える影響――統合マーケティング・コミュニケーションの視点から見た店舗環境――」，『早稲田大学商学研究科紀要』, 60, 15-28.
長沢伸也（2007）『ルイ・ヴィトンの法則』，東洋経済社.
長沢伸也（2013）「ラグジュアリーの帝王が進めたブランド再編の歴史」，『日経ビジネス：グローバル経営の教科書』, 120-123.

長沢伸也，杉本香七（2010）『シャネルの戦略（究極のラグジュアリーブランドに見る技術経営）』，東洋経済新報社.

長沢伸也，菅波紀宏（2012）「フラッグシップショップ戦略によるブランド構築――ユニクロの事例――」，『早稲田国際経営研究』，43，109-117.

日本ショッピングセンター協会（2015）「全国のSC数・概況」，http://www.jcsc.or.jp/sc_data/data/overview, accessed on 3 January 2016.

日本経済新聞（2017a）https://www.nikkei.com/article/DGXLASDG28H6S_T00C17A7MM0000/，2017年7月3日付，accessed on 26 November, 2017.

日本経済新聞（2017b）https://www.nikkei.com/article/DGKKZO19530810R00C17A8DTA000/，2017年8月2日付，accessed on 3 August 2017.

日本経済新聞（2018a）https://www.nikkei.com/article/DGXMZO26513790U8A200C1MM8000/，2018年2月4日付，accessed on 4 February 2018.

日本経済新聞（2018b）https://www.nikkei.com/article/DGKKZO26553470V00C18A2DTB000/，2018年2月6日付，accessed on 6 February 2018.

日本百貨店協会（2015）「会員百貨店一覧」，http://www.depart.or.jp/common_jdsa_member/all_list_member, accessed on 3 January, 2016.

野口智雄（1987）『現代小売流通の諸側面』，千倉書房.

野口智雄（2004）『店舗戦略ハンドブック』，PHP研究所.

古川一郎，金春姫，上原渉（2004）「共感を考慮した認知・先行モデル：ブランドの構成要素間の関連性の検討」，『一橋論叢』，131(5)，381-398.

三浦麻子，狩野裕（2002）「SEMFAQ: 共分散構造分析に関する10の質問」，日本グループダイナミクス学会発表資料，2002年3月22日～23日.

三坂昇司（2011）「消費者の店舗選択行動における研究課題」，『流通情報』，493，49-55.

三越伊勢丹ホールディングス（2017）「企業情報」，http://www.imhds.co.jp/ company/history_isetan.html, accessed on 26 November 2017.

宮武 恵子，川中美津子，菅原正博（2006）「梅田都心における消費者文化の担い手としての3百貨店の役割(2)デマンド・チェーン・アプローチ」，『ファッションビジネス学会論文誌』，11，pp.125-135.

守口剛，竹村和久，白井美由里，新倉貴士，神山貴弥，丸岡吉人（2012）『消費者行動論（購買心理からニューロマーケティングまで）』，八千代出版.

森ビル（2017）「森ビルのプロジェクト」，http://www.mori.co.jp/projects/roppongi/, accessred on 26 November 2017.

森藤ちひろ（2009）「マーケティングにおける期待の重要性」，『関西学院大学経営戦略研究』，3，21-34.

山本真紗子（2014）「明治期高島屋貿易店の活動にみる百貨店としてのイメージ戦略の萌芽」，『立命館大学大学院先端総合学術研究科紀要』，10，227-237.

矢野経済研究所（2014）『インポートマーケット＆ブランド年鑑』，矢野経済研究所.

矢野経済研究所（2017a）『アパレル産業白書2017』，矢野経済研究所

矢野経済研究所（2017b）『インポートマーケット＆ブランド年鑑』，矢野経済研究所.

矢野経済研究所（2019）『アパレル産業白書2019』，矢野経済研究所.

良品計画（2017）『IR情報』，https://ryohin-keikaku.jp/ir/，accessed on 10 September 2017.

六本木ヒルズ（2017） http://www.roppongihills.com，accessed on 26 November 2017.

謝　辞

本書並びに原書となる博士学位論文の執筆にあたり，多くの方々から助力を得た。ここで，これまでサポート頂いた皆様に謝意を示したい。

早稲田大学商学研究科教授の長沢伸也先生には，研究の構想段階から消費者調査・分析の手法まで，指導教員として多大なるサポートを賜った。私が長沢先生と出会ったのは2013年。当時，役員を務めていた服飾品企業の経営が安定しはじめた頃である。改めてブランドビジネスについて学ぼうと，早稲田大学でラグジュアリーブランド論を担当していた長沢先生を訪ねた。そこで，自ら携わっていたラグジュアリーブランドビジネスを対象として１つの研究分野が形成されていることを知った私は大いに刺激を受け，博士後期課程まで研究を続けることになった。ブランドビジネスの課題に実務家として取り組む私が，学術研究に取り組み本書並びに学位論文をまとめるに至ったのは，実務上の課題を研究対象として学術的に論じる手法を一からアドバイス下さった長沢先生の指導のおかげである。ここで深く感謝の意を表したい。

早稲田大学商学研究科教授の太田正孝先生，同教授の守口剛先生からは，学位論文の指導委員として多様な観点から助言を頂いた。大学や学会で要職を担い多忙を極める中で指導委員を引き受けて頂いたお二人の助言が無ければ，私の研究を博士学位レベルに引き上げることは困難であった。深謝申し上げる。

尚，学位論文が仕上がり提出を間近に控えた2018年秋，指導委員の一人である太田先生が急逝された。研究活動をグローバルに展開し，多方面で指導的立場にあった太田先生のご逝去は，学界の大きな損失であり残念でならない。心からご冥福をお祈りする。

専門職学位課程時代に学習院大学教授，青木幸弘先生の講義から受けた感銘は，私の研究動機の１つであった。青木先生には，学習院大学経済学部長として多忙を極めている時期にも関わらず，学外から学位論文の審査委員をお引き受け頂き貴重な助言を頂いた。深謝申し上げる。

Journal of Global Fashion MarketingのEditor in Chiefを務めるYonsei UniversityのProf. Eunju Ko, Luxury Research JournalのEditor in Chiefを務めるEMLYON Business SchoolのProf. Michel Phan，商品開発管理学会の会長である京都大学教授の若林靖永先生，同学会誌の編集責任者である同志社大学教授の冨田健司先生には，研究の意義をご理解頂き，建設的なご意見と励ましの言葉を賜り，研究を進める上で大いに勇気づけられた。

我が国のオンライン調査最大手，マクロミルの弓家美穂子氏には消費者調査について多大な協力を頂いた。また，Ms. Zhiqing Jiang, Ms. Chi-Hsien Kuo, 杉本香七氏，入澤祐介氏ら，早稲田大学で研究を共にする方々からは，厳しい討論を通じて多くの有用な意見を頂いた。

早稲田大学経営管理研究科教授の永井猛先生には，多方面で多忙を極める中，研究者としての学術研究に対する取り組みについて，メンター的視点から貴重なアドバイスを頂いた。

東北大学経済学部における恩師であり，現在，早稲田大学経営管理研究科教授の池田昌幸先生の名も挙げておきたい。池田先生との出会いは私が学術研究に興味を抱くきっかけとなった。

ここで名前は挙げられないが，複数の服飾品企業並びに専門商社幹部の方々には，インタビューを通じて実務に関する貴重な情報を提供頂いた。これらの協力がなければ研究を進めることは困難であった。

ここに記して謝意を示す。

最後に，これまでの研究に対する取り組みを理解し生活面からサポートしてくれた家族にもここで謝意を表したい。

著者　熊谷　健

著者紹介

熊谷　健（くまがい・けん）

博士（商学）・MBA（早稲田大学）。現在，三菱商事㈱アパレル・S.P.A. 本部アパレル部グローバルブランド開発プロジェクトマネージャー。三菱商事ファッション㈱マーケティング研究所長，早稲田大学ビジネス・ファイナンス研究センター招聘研究員を兼務。㈱ストライプインターナショナル常務取締役，Thom Browne Inc. 米国本社取締役等を経て現職。早稲田大学大学院経営管理研究科（MBA）他複数の大学でラグジュアリーブランディング論やマーケティング・データサイエンス論等の講義を担当。

監修者紹介

長沢　伸也（ながさわ・しんや）

工学博士（早稲田大学）。立命館大学教授等を経て現在，早稲田大学大学院経営管理研究科（MBA）・商学研究科（博士課程）教授。商品開発・管理学会長，加飾技術研究会長，㈱エポック社社外取締役，英文学術5誌編集委員・顧問等を兼務。仏ESSEC・パリ政治学院各客員教授，経済産業省産業構造審議会等の各省庁委員会委員を歴任。

ラグジュアリーと非ラグジュアリーの店舗立地戦略
――理想の自分，現実の自分とブランドの関係――

2020年4月10日　第1版第1刷発行　　検印省略

著　者　熊　谷　　健
監修者　長　沢　伸　也
発行者　前　野　　隆
発行所　株式会社　文　眞　堂
東京都新宿区早稲田鶴巻町533
電　話　03（3202）8480
FAX　03（3203）2638
http://www.bunshin-do.co.jp/
〒162-0041 振替00120-2-96437

製作・美研プリンティング

定価はカバー裏に表示してあります
ISBN978-4-8309-5081-0　C3034